Ilse Mayer

Mathematik an Schwerpunkten produktiv üben

Arbeitsblätter mit ansteigendem Schwierigkeitsgrad für kompetenzorientierten Unterricht

8. Klasse

Kopiervorlagen mit Lösungen

BRIGG Pädagogik

Gedruckt auf umweltbewusst gefertigtem, chlorfrei gebleichtem
und alterungsbeständigem Papier.

1. Auflage 2013
Nach den seit 2006 amtlich gültigen Regelungen der deutschen Rechtschreibung

ISBN 978-3-8481-**1071**-1 www.brigg-paedagogik.de

Mathematik
an Schwerpunkten produktiv üben
8. Klasse

Prozent- und Zinsrechnung

Zeichnen und Konstruieren

Terme mit Variablen

Gleichungen und Formeln

Prismen

Funktionen

Daten und Zufall

Information

Gruppenarbeit

Lösungswege besprechen

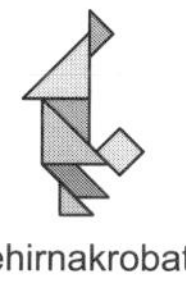
„Gehirnakrobatik“

Es ist nicht möglich, falsche Rechnungen durchzustreichen und sie daneben neu zu schreiben.

- Schreibe daher – sorgfältig – mit einem gespitzten Bleistift.
- Wenn etwas falsch ist, radiere es gut weg.
- Zum Bemalen verwende Buntstifte.

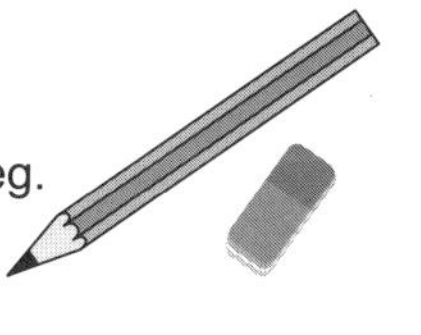

Wenn du Experte für dein eigenes Lernen werden willst ...

Ich gebe bei einer Aufgabe oder einem Rätsel so lange nicht auf, bis ich die Lösung gefunden habe.	☺☺	☺	😐	☹

Aufgabenblätter zum individuell-selbstständigen Lernen

„Mathematik an Schwerpunkten produktiv üben“ enthält 48 Arbeitsblätter mit Lösungen für schülerzentrierten Unterricht. Mit den Lernaufgaben können die wichtigsten Bereiche der Jahrgangsstufe selbstständig und in individuellem Tempo erarbeitet, geübt und vertieft werden.

Jede Seite behandelt ein Schwerpunktthema

Die Aufgabenblätter behandeln auf jeder Seite ein Schwerpunktthema aus der Erfahrungswelt der Schülerinnen und Schüler oder aus der Welt der Zahlen, wodurch sich für die Lernenden immer ein Sinnzusammenhang erkennen lässt. Die Aufgaben bauen aufeinander auf, wobei die Problemstellungen schwieriger und/oder komplexer werden.

Die Besonderheit:
Alle Aufgabenblätter sind bereits bei der Einführung eines neuen Themas einsetzbar

Die Schwerpunkte und die Aufgabenstellungen sind so gewählt, dass die Aufgabenblätter bereits ab der Einführung eines neuen Themas einsetzbar sind. So kann jede Schülerin und jeder Schüler mathematisches Grundwissen entweder selbstständig erarbeiten oder in Übungsphasen die grundlegenden Inhalte eines Themas unter veränderter Fragestellung eigenständig „neu“ entdecken und kreativ eigene Lern- und Lösungswege erschließen.

Die Zielsetzungen der Aufgaben

Die Lernaufgaben orientieren sich eng an den Kompetenzerwartungen der Lehrpläne. Zielsetzung ist nicht nur das Erwerben mathematischer Kenntnisse und Fertigkeiten, sondern gleichermaßen die Entwicklung der personalen und sozialen Kompetenz der Lernenden.

Aufgaben für die Partner- und Gruppenarbeit, aber auch zahlreiche andere Aufgabenstellungen (z. B. viele Knobelaufgaben) fördern die sachbezogene Kommunikation und dadurch das Mathematisieren und Argumentieren sowie die Problemlösefähigkeit der Schülerinnen und Schüler.

Aufgaben mit der Möglichkeit der Selbstkontrolle und Anregungen zur Evaluierung des eigenen Könnens tragen dazu bei, dass die Lernenden zunehmend Verantwortung für das eigene Lernen entwickeln.

Lösungsblätter mit allen Zwischenergebnissen und maßstabsgetreuen Konstruktionen

Die Lösungen ermöglichen, wenn die Schülerinnen und Schüler in individuellem Tempo selbstständig lernen, die individuelle Betreuung. Da auch die Zwischenergebnisse angegeben und alle Konstruktionen maßstabsgetreu ausgeführt sind, können die Aufgaben sehr rasch überprüft werden. Bei allfälligen Problemen einzelner Schüler/-innen kann die Ursache leicht erkannt und behoben werden. (Bei Aufgaben mit individuellen Lösungsmöglichkeiten ist jeweils eine Lösung angegeben, wobei aus Gründen der Übersicht meist nicht gekennzeichnet ist, wenn es sich nur um ein Beispiel handelt.)

Je nach Aufgabenstellung und Niveau der Lernenden – vor allem wenn die Aufgabenblätter in Übungs- oder Wiederholungsphasen eingesetzt werden – eignen sich die Lösungsblätter natürlich gut zur Selbstkontrolle durch die Schülerinnen und Schüler.

1 Multiple-Choice-Fragen.
Kreuze die richtige Antwort an.
Ermittle die Ergebnisse durch Überschlagsrechnungen oder mache dir auf einem Extrablatt Notizen.

a) Let's make money ...
In den ersten Tagen nach dem Börsengang ist der Wert der Facebook-Aktie um 14 Prozent gefallen. Herr Kühn verlor 5 600 $.
Für welchen Wert hatte er Aktien erworben?

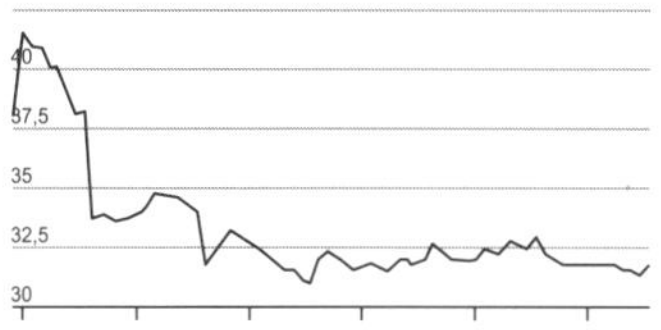

- A 400 $
- B 5 600 $
- C 40 000 $

b) Ein neuer Fernseher wird für 580 € angeboten. Bei Bezahlung innerhalb von zwei Wochen werden 2 % Skonto gewährt.
Frau Weber nutzt den Skonto und bezahlt sofort. Wie viel muss sie bezahlen?

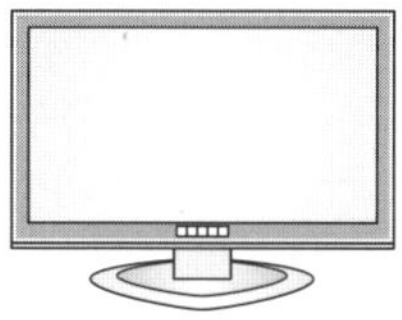

- A 568,40 €
- B 580,00 €
- C 591,60 €

c) Der Aprikosennektar hat 40 % Saftanteil.
Welche Menge hat Maria getrunken, wenn sie behauptet, sie habe 1 Liter 100%igen Aprikosensaft getrunken?

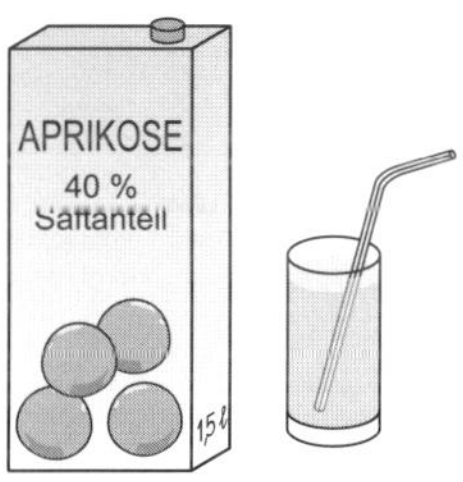

- A 0,6 Liter
- B 2,5 Liter
- C 4 Liter

d) Mit einer neuen Rasse konnte in einer Landwirtschaft die durchschnittliche Milchleistung je Kuh von 6 140 Litern pro Jahr auf 7 000 Liter erhöht werden.
Wie viel Prozent betrug die Steigerung?

- A 8,50 %
- B 14 %
- C 114 %

e) Ein Pandabär wog bei seiner Geburt nur etwa 100 Gramm. Nach zwei Jahren hat er ein Gewicht von etwa 100 Kilogramm.
Wie viel Prozent seines Geburtsgewichts hat er zugenommen?

- A 999 %
- B 1 000 %
- C 99 900 %

f) Ein Glas mit 400 g Erdbeer-Konfitüre wiegt 780 g. Der Fruchtanteil beträgt 65 %.
Wie viel Gramm Erdbeeren sind in der Konfitüre enthalten?

- A 65 g
- B 260 g
- C 507 g

g) Auf einer Cornflakes-Packung sind Nährstoffe und Ballaststoffe für 100 g angegeben.
Eiweiß .... 6,5 g
Fett .... 0,5 g
Kohlenhydrate ... 79,3 g
Ballaststoffe .... 3,6 g
Wie viel Prozent Kohlenhydrate enthalten 125 g Cornflakes?

- A 79,3 %
- B 99,125 %
- C 125 %

h) Ein Reisebüro wirbt mit dem Slogan:
„Wir erlassen Ihnen die Mehrwertsteuer!"
Eva möchte eine Indien-Reise buchen. Diese kostet 975 € einschließlich der Mehrwertsteuer von 19 %.
Wie viel erspart sich Eva durch die Aktion?

- A 155,67 €
- B 185,25 €
- C 819,33 €

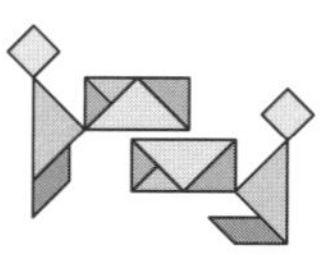

Vergleicht die Ergebnisse miteinander und besprecht eure Lösungswege.

1 Multiple-Choice-Fragen.
Kreuze die richtige Antwort an.
Ermittle die Ergebnisse durch Überschlagsrechnungen oder mache dir auf einem Extrablatt Notizen.

a) Let's make money ...
In den ersten Tagen nach dem Börsengang ist der Wert der Facebook-Aktie um 14 Prozent gefallen. Herr Kühn verlor 5 600 $.
Für welchen Wert hatte er Aktien erworben?

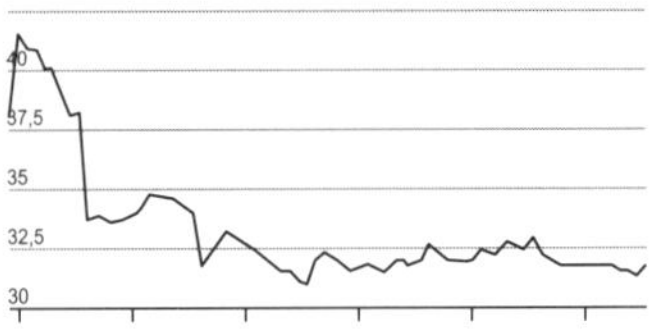

- A 400 $
- B 5 600 $
- ☒ C 40 000 $

b) Ein neuer Fernseher wird für 580 € angeboten. Bei Bezahlung innerhalb von zwei Wochen werden 2 % Skonto gewährt.
Frau Weber nutzt den Skonto und bezahlt sofort. Wie viel muss sie bezahlen?

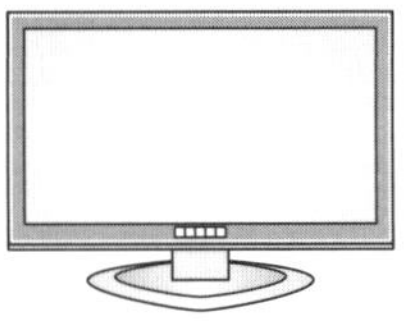

- ☒ A 568,40 €
- B 580,00 €
- C 591,60 €

c) Der Aprikosennektar hat 40 % Saftanteil.
Welche Menge hat Maria getrunken, wenn sie behauptet, sie habe 1 Liter 100%igen Aprikosensaft getrunken?

- A 0,6 Liter
- ☒ B 2,5 Liter
- C 4 Liter

d) Mit einer neuen Rasse konnte in einer Landwirtschaft die durchschnittliche Milchleistung je Kuh von 6 140 Litern pro Jahr auf 7 000 Liter erhöht werden.
Wie viel Prozent betrug die Steigerung?

- A 8,50 %
- ☒ B 14 %
- C 114 %

e) Ein Pandabär wog bei seiner Geburt nur etwa 100 Gramm. Nach zwei Jahren hat er ein Gewicht von etwa 100 Kilogramm.
Wie viel Prozent seines Geburtsgewichts hat er zugenommen?

- A 999 %
- B 1 000 %
- ☒ C 99 900 %

f) Ein Glas mit 400 g Erdbeer-Konfitüre wiegt 780 g. Der Fruchtanteil beträgt 65 %.
Wie viel Gramm Erdbeeren sind in der Konfitüre enthalten?

- A 65 g
- ☒ B 260 g
- C 507 g

g) Auf einer Cornflakes-Packung sind Nährstoffe und Ballaststoffe für 100 g angegeben.
Eiweiß .... 6,5 g
Fett .... 0,5 g
Kohlenhydrate ... 79,3 g
Ballaststoffe .... 3,6 g
Wie viel Prozent Kohlenhydrate enthalten 125 g Cornflakes?

- ☒ A 79,3 %
- B 99,125 %
- C 125 %

h) Ein Reisebüro wirbt mit dem Slogan:
„Wir erlassen Ihnen die Mehrwertsteuer!"
Eva möchte eine Indien-Reise buchen. Diese kostet 975 € einschließlich der Mehrwertsteuer von 19 %.
Wie viel erspart sich Eva durch die Aktion?

- ☒ A 155,67 €
- B 185,25 €
- C 819,33 €

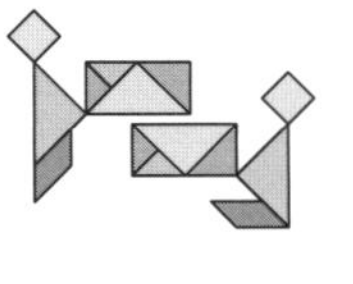

Vergleicht die Ergebnisse miteinander und besprecht eure Lösungswege.

1 Von den Figuren ist ein Anteil entweder grafisch dargestellt (gefärbt) oder in Bruch- Dezimal- bzw. Prozentschreibweise angegeben. Ergänze.

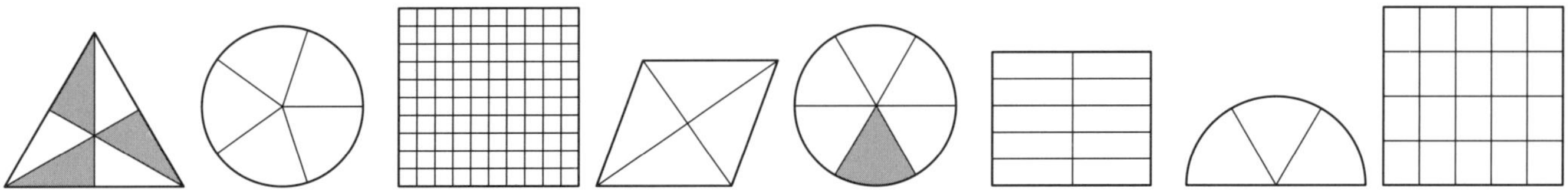

	$\frac{3}{5}$				$\frac{9}{10}$		
		0,23				$0,\overline{3}$	
			75 %				85 %

2 Berechne, wenn möglich, im Kopf.

a) Prozentwert:

15 % von 60 kg sind	25 % von 500 € sind ....
40 % von 290 kg sind	7 % von 80 € sind ....
3 % von 1 800 kg sind	19 % von 2 000 € sind ....

b) Grundwert:

900 kg sind 10 % von	8 € sind 2 % von ....
1,70 kg sind 5 % von	90 € sind 30 % von ....
65 kg sind 25 % von	600 € sind 12 % von .

c) Prozentsatz:

22 kg von 88 kg sind	36 € von 900 € sind ....
800 kg von 1 000 kg sind	12 € von 80 € sind ....
6,5 kg von 65 kg sind	210 € von 200 € sind ....

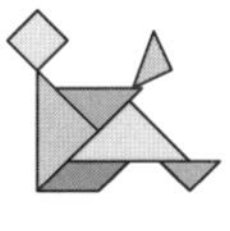

Wenn der Grundwert gegeben ist (z. B. der Preis ohne MwSt.), kann man den jeweiligen Prozentanteil (z. B. den Preis mit MwSt.) in einem Rechenschritt berechnen (durch Multiplikation des Grundwertes mit dem Änderungsfaktor).

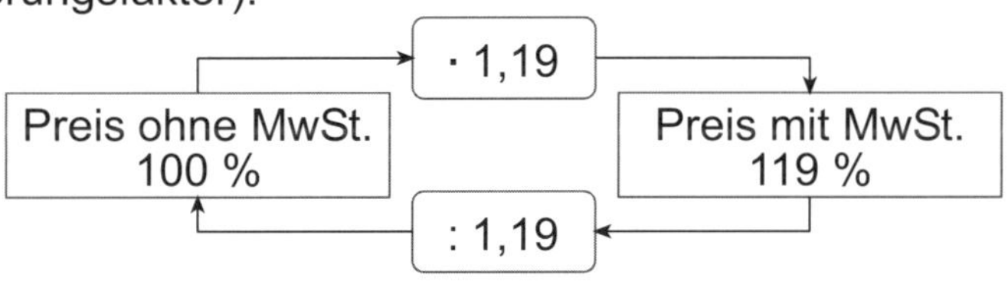

3 Ergänze die Tabelle.

	Grundwert 100 %	Erhöhung bzw. Verminderung um	auf	Änderungsfaktor	Grundwert mal Änderungsfaktor (vermehrter bzw. verminderter Grundwert)
a)	580,00 €	7 %			
b)	2 600 €	– 36 %			
c)	536 €	3,5 %			
d)	1 200 kg	– 2,25 %			
e)	7 380 kg	180 %			

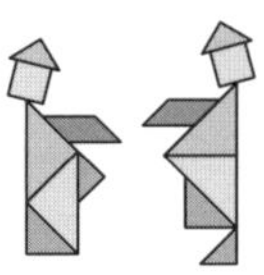

Findet Texte zu den Aufgaben.

1 Von den Figuren ist ein Anteil entweder grafisch dargestellt (gefärbt) oder in Bruch- Dezimal- bzw. Prozentschreibweise angegeben. Ergänze.

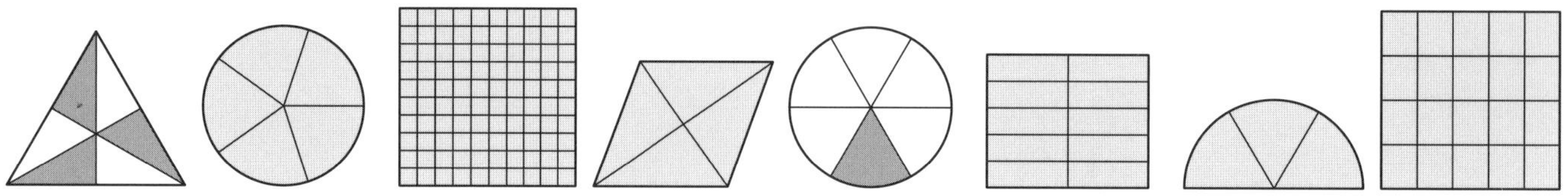

$\frac{1}{2}$	$\frac{3}{5}$	$\frac{23}{100}$	$\frac{3}{4}$	$\frac{1}{6}$	$\frac{9}{10}$	$\frac{1}{3}$	$\frac{17}{20}$
0,50	0,60	0,23	0,75	$0,1\overline{6}$	0,90	$0,\overline{3}$	0,85
50 %	60 %	23 %	75 %	$16,\overline{6}$ %	90 %	$33,\overline{3}$ %	85 %

2 Berechne, wenn möglich, im Kopf.

a) Prozentwert:
- 15 % von 60 kg sind 9 kg.
- 40 % von 290 kg sind 116 kg.
- 3 % von 1 800 kg sind 54 kg.
- 25 % von 500 € sind 125 €.
- 7 % von 80 € sind 5,60 €.
- 19 % von 2 000 € sind 380 €.

b) Grundwert:
- 900 kg sind 10 % von 9 000 kg.
- 1,70 kg sind 5 % von 34 kg.
- 65 kg sind 25 % von 260 kg.
- 8 € sind 2 % von 400 €.
- 90 € sind 30 % von 300 €.
- 600 € sind 12 % von 5 000 €.

c) Prozentsatz:
- 22 kg von 88 kg sind 25 %.
- 800 kg von 1 000 kg sind 80 %.
- 6,5 kg von 65 kg sind 10 %.
- 36 € von 900 € sind 4 %.
- 12 € von 80 € sind 15 %.
- 210 € von 200 € sind 105 %.

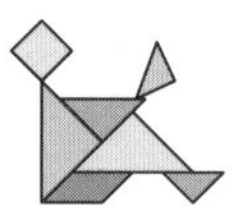

Wenn der Grundwert gegeben ist (z. B. der Preis ohne MwSt.), kann man den jeweiligen Prozentanteil (z. B. den Preis mit MwSt.) in einem Rechenschritt berechnen (durch Multiplikation des Grundwertes mit dem Änderungsfaktor).

Preis ohne MwSt. 100 % → · 1,19 → Preis mit MwSt. 119 %

Preis mit MwSt. 119 % → : 1,19 → Preis ohne MwSt. 100 %

3 Ergänze die Tabelle.

	Grundwert 100 %	Erhöhung bzw. Verminderung um	auf	Änderungs-faktor	Grundwert mal Änderungsfaktor (vermehrter bzw. verminderter Grundwert)
a)	580,00 €	7 %	107 %	1,07	580,00 € · 1,07 = 620,60 €
b)	2 600 €	– 36 %	64 %	0,64	2 600 € · 0,64 = 1 664 €
c)	536 €	3,5 %	103,5 %	1,035	536 € · 1,035 = 554,76 €
d)	1 200 kg	– 2,25 %	97,75 %	0,9775	1 200 kg · 0,9775 = 1 173 kg
e)	7 380 kg	180 %	280 %	2,80	7 380 kg · 2,80 = 20 664 kg

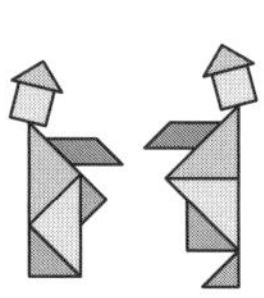

Findet Texte zu den Aufgaben.

a) MwSt.
b) Brutto – Tara – Netto
c) Mieterhöhung
d) Produktion – Ausschuss
e) Produktionssteigerung

1

DREI TREUE-BONS FÜR SIE! | *– 10%* | *– 15%* | *– 20%*
Jeder Treue-Bon gilt für einen Artikel.

Paul, ein Allroundsportler, möchte die Treue-Bons für die abgebildeten Artikel nutzen.
Reichen die 150 €, die er zum Geburtstag erhielt?
(Schreibe übersichtlich!)

A:

2 Ein Holzkohlengrill, der 389 € gekostet hatte, wurde zu Saisonbeginn um 6 % teurer.
Wie viel kostet der Holzkohlengrill, wenn der Preis nach zwei Monaten wieder um 6 % gesenkt wurde?

A:

3 Herr Schulz verkauft ein Boot, das er zwei Jahre zuvor für 18 960 € gekauft hatte, für 12 324 €.
Wie viel Prozent beträgt die Wertminderung?

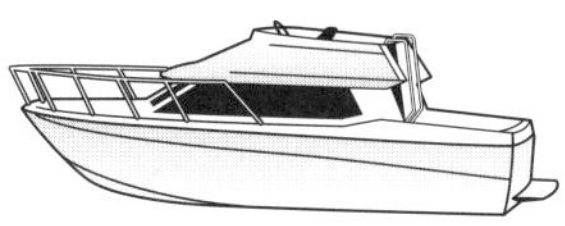

A:

4 Der Grundpreis eines Pkw beträgt 27 500 €. Dazu kommen 900 € für die Sonderausstattung. Wegen Barzahlung werden 12 % Rabatt gewährt.
Wie viel Prozent des Grundpreises sind tatsächlich zu bezahlen?

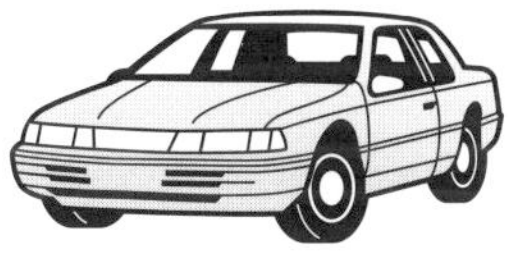

A:

1

DREI TREUE-BONS FÜR SIE! *– 10%* *– 15%* *– 20%*
Jeder Treue-Bon gilt für einen Artikel.

Paul, ein Allroundsportler, möchte die Treue-Bons für die abgebildeten Artikel nutzen.
Reichen die 150 €, die er zum Geburtstag erhielt?
(Schreibe übersichtlich!)

Artikel	Preis	Treue-Bonus	ermäßigter Preis	
Tennisschläger	79,90 €	– 20 %	63,92 €	79,90 € · 0,8 = 63,92 €
Sportschuhe	54,90 €	– 15 %	46,67 €	54,90 € · 0,85 = 46,67 €
Handball	48,90 €	– 10 %	44,01 €	48,90 € · 0,9 = 44,01 €
Summe			154,60 €	

A: 150 € reichen nicht, die drei Artikel kosten 154,60 €.

2 Ein Holzkohlengrill, der 389 € gekostet hatte, wurde zu Saisonbeginn um 6 % teurer.
Wie viel kostet der Holzkohlengrill, wenn der Preis nach zwei Monaten wieder um 6 % gesenkt wurde?

Preis nach der Erhöhung:

389 € · 1,06 = 412,34 €

Preis nach der Preissenkung:

412,34 € · 0,94 = 387,5996 € ≈ 387,60 €

A: Der Holzkohlengrill kostet 387,60 €.

3 Herr Schulz verkauft ein Boot, das er zwei Jahre zuvor für 18 960 € gekauft hatte, für 12 324 €.
Wie viel Prozent beträgt die Wertminderung?

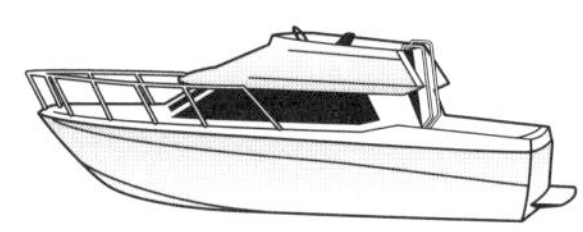

ursprünglicher Preis	18 960 €	$\frac{p}{100} = \frac{W}{G}$
verminderter Preis	– 12 324 €	$\frac{p}{100} = \frac{6\,636\ €}{18\,960\ €} = 0{,}35$
Wertminderung	6 636 €	p % = 35 %

A: Beim Verkauf nach zwei Jahren beträgt die Wertminderung 35 %.

4 Der Grundpreis eines Pkw beträgt 27 500 €. Dazu kommen 900 € für die Sonderausstattung. Wegen Barzahlung werden 12 % Rabatt gewährt.
Wie viel Prozent des Grundpreises sind tatsächlich zu bezahlen?

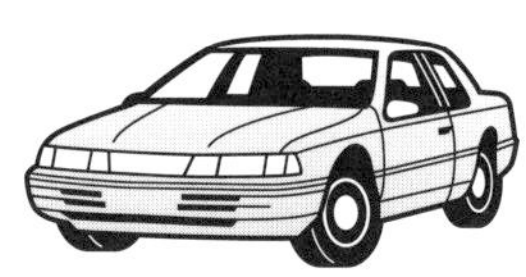

Grundpreis	27 500 €	100 % ≙ 28 400 €	
+ Sonderausstattung	900 €	1 % ≙ 284 €	$\frac{p}{100} = \frac{W}{G}$
Gesamtpreis	28 400 €	12 % ≙ 3 408 €	$\frac{p}{100} = \frac{24\,992\ €}{27\,500\ €} = 0{,}9088$
– Rabatt	3 408 €		p % = 90,88 %
Barzahlung	24 992 €		

A: Für den Pkw sind rund 91 % des Grundpreises zu bezahlen.

1 Einfache Kalkulation.

Bezugspreis
Grundwert ≙ 100 %

⇒ plus Geschäftskosten

Selbstkostenpreis
neuer Grundwert ≙ 100 %

⇒ plus Gewinn

Verkaufspreis netto
neuer Grundwert ≙ 100 %

⇒ plus MwSt.

Verkaufspreis brutto

Berechne den Verkaufspreis brutto.

a) Arbeite schrittweise und trage die Werte stellenwertrichtig untereinander in die Tabelle ein. (Schreibe die Rechenwege auf – runde auf zwei Dezimalen und arbeite mit den gerundeten Beträgen weiter.)

Bezugspreis	100 %			1 150,00 €
+ Geschäftskosten	+ 14 %			
Selbstkostenpreis	114 %	100 %		
+ Gewinn		+ 20 %		
Verkaufspreis netto		120 %	100 %	
+ MwSt.			+ 7 %	
Verkaufspreis brutto			107 %	

b) Mit welchem Faktor ist der Bezugspreis zu multiplizieren, um den Verkauspreis brutto zu erhalten?

2 Wird die Ware mit Gewinn oder mit Verlust verkauft?

Ein Restposten einer Geschirrserie wird verbilligt angeboten. Der Bezugspreis beträgt 545 €, die Geschäftskosten 20 % davon. Als Verkaufspreis brutto werden 716 € festgelegt.

Berechne den Gewinn bzw. Verlust in Euro und in Prozent.

Bezugspreis				
+ Geschäftskosten				
Selbstkostenpreis				
+/– Gewinn/Verlust				
Verkaufspreis netto				
+ MwSt.				
Verkaufspreis brutto				

A:

1 Einfache Kalkulation.

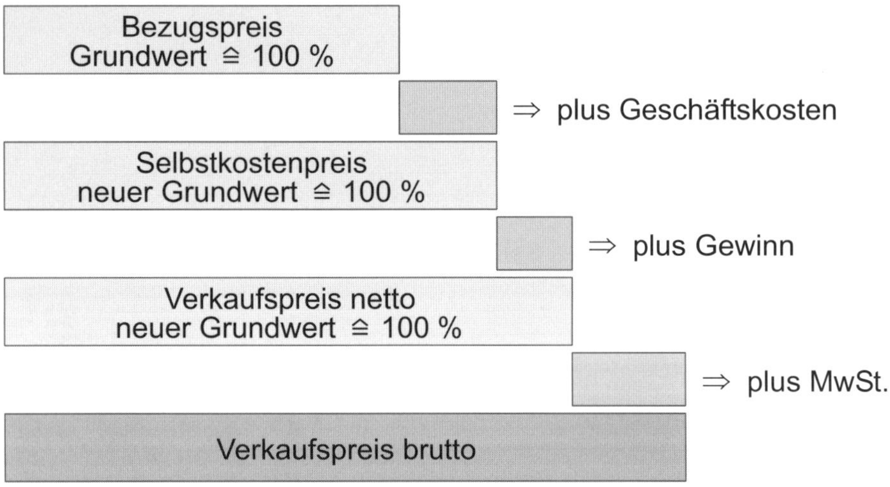

Berechne den Verkaufspreis brutto.

a) Arbeite schrittweise und trage die Werte stellenwertrichtig untereinander in die Tabelle ein. (Schreibe die Rechenwege auf – runde auf zwei Dezimalen und arbeite mit den gerundeten Beträgen weiter.)

Bezugspreis	100 %			1 150,00 €	
+ Geschäftskosten	+ 14 %			161,00 €	1 150 · 0,14 = 161
Selbstkostenpreis	114 %	100 %		1 311,00 €	
+ Gewinn		+ 20 %		262,20 €	1 311 · 0,20 = 262,20
Verkaufspreis netto		120 %	100 %	1 573,20 €	
+ MwSt.			+ 7 %	110,12 €	1 573,20 · 0,07 = 110,124
Verkaufspreis brutto			107 %	1 683,32 €	

b) Mit welchem Faktor ist der Bezugspreis zu multiplizieren, um den Verkauspreis brutto zu erhalten?

1,14 · 1,20 · 1,07 = 1,46376

2 Wird die Ware mit Gewinn oder mit Verlust verkauft?

Ein Restposten einer Geschirrserie wird verbilligt angeboten. Der Bezugspreis beträgt 545 €, die Geschäftskosten 20 % davon. Als Verkaufspreis brutto werden 716 € festgelegt.

Berechne den Gewinn bzw. Verlust in Euro und in Prozent.

Bezugspreis	100 %			545,00 €	
+ Geschäftskosten	20 %			109,00 €	545 · 0,20 = 109
Selbstkostenpreis	120 %	100 %		654,00 €	
+/– Gewinn/Verlust		– 8 %		– 52,32 €	52,32 : 654 = 8
Verkaufspreis netto		92 %	100 %	601,68 €	
+ MwSt.			19 %	114,32 €	716 : 119 · 19 = 114,319...
Verkaufspreis brutto			119 %	716,00 €	

A: Die Ware wird mit 8 % Verlust verkauft, das sind 52,32 €.

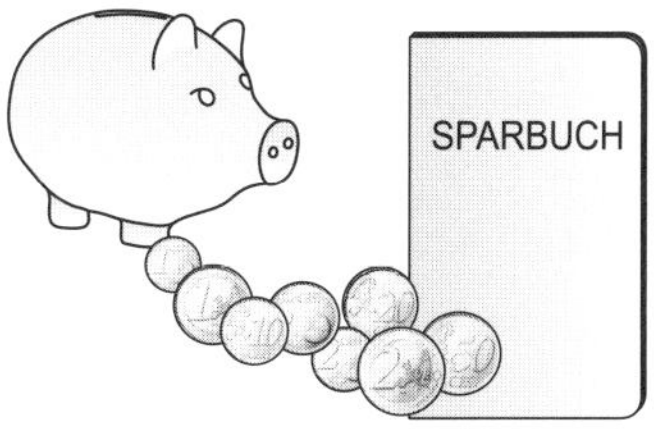

Spart man Geld bei einer Bank, so erhält man Zinsen.
Leiht man sich Geld bei einer Bank, so muss man Zinsen bezahlen.
Die Zinsrechnung ist eine Anwendung der Prozentrechnung.

Grundwert → Kapital K
Prozentsatz → Zinssatz p
Prozentwert → Zinsen Z

1 Familie Fischer will einen Betrag von 1 500 € auf einem Sparkonto anlegen.
Berechne für beide Angebote die Zinsen für ein Jahr. (Wende verschiedene Lösungsstrategien an.)

(1) 1-jährige Kündigungsfrist: p % = 1,25 %

A:

(2) 2½-jährige Kündigungsfrist: p % = 1,5 %

A:

2 Berechne die Sparzinsen und die Kreditzinsen für ein Jahr.
Berechne dann, um wie viel Euro die Sparzinsen niedriger sind als die Kreditzinsen.

(1) Sparzinsen: K = 12 000 €, p_1 % = 1,5 %.

A:

(2) Kreditzinsen: K = 12 000 €, p_2 % = 9,25 %.

A:

Vergleich:

A:

3 Für einen Autokauf nimmt Familie Koch für ein Jahr einen Kredit von 18 000 € zu einem Zinssatz von 8½ % auf. Berechne die Zinsen und den Betrag, der nach einem Jahr zurückgezahlt werden muss.

A:

4 Die Zinsen werden für ein Jahr berechnet. Der Endwert ist die Summe aus Kapital und Zinsen.
Berechne das Fehlende. Rechne im Kopf oder schriftlich auf einem Notizblatt und trage die Ergebnisse in die Tabelle ein.

Kapital	2 400 €	2 400 €	2 400 €		400 €	3 200 €	
Zinssatz	2 %	0,5 %	6 %	0,75 %			
Zinsen				57 €	6 €		325 €
Endwert						3 368 €	5 325 €

LÖSUNGEN

1,5	5,25	6,5	12	48	144	168	406	2 412	2 448	2 544	5 000	7 600	7 657

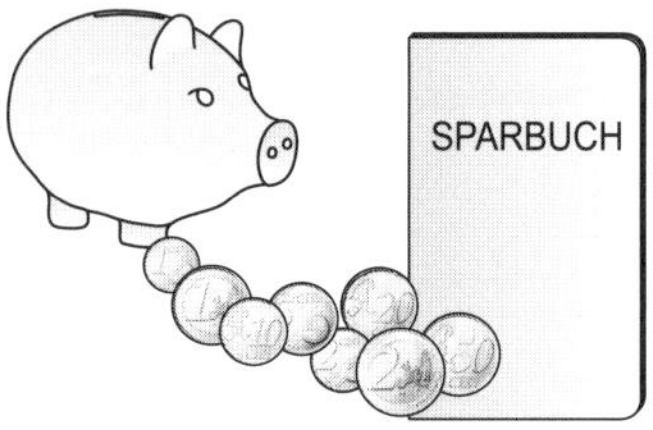

Spart man Geld bei einer Bank, so erhält man Zinsen.
Leiht man sich Geld bei einer Bank, so muss man Zinsen bezahlen.
Die Zinsrechnung ist eine Anwendung der Prozentrechnung.

Grundwert → Kapital K
Prozentsatz → Zinssatz p
Prozentwert → Zinsen Z

1 Familie Fischer will einen Betrag von 1 500 € auf einem Sparkonto anlegen.
Berechne für beide Angebote die Zinsen für ein Jahr. (Wende verschiedene Lösungsstrategien an.)

(1) 1-jährige Kündigungsfrist: p % = 1,25 %

100 % ≙ 1 500 €
1 % ≙ 15 €
1,25 % ≙ 15 € · 1,25 = 18,75 €

A: Die Jahreszinsen betragen 18,75 €.

(2) 2½-jährige Kündigungsfrist: p % = 1,5 %

Z = K · p %
= 1 500 € · 1,5 % = 1 500 € · 0,015
= 22,50 €

A: Die Jahreszinsen betragen 22,50 €.

2 Berechne die Sparzinsen und die Kreditzinsen für ein Jahr.
Berechne dann, um wie viel Euro die Sparzinsen niedriger sind als die Kreditzinsen.

(1) Sparzinsen: K = 12 000 €, p_1 % = 1,5 %.

$Z = K \cdot p_1$ %
= 12 000 € · 1,5 %
= 180 €

A: Die Sparzinsen betragen 180 €.

(2) Kreditzinsen: K = 12 000 €, p_2 % = 9,25 %.

$Z = K \cdot p_2$ %
= 12 000 € · 9,25 %
= 1 110 €

A: Die Kreditzinsen betragen 1 110 €.

Vergleich: 1 110 € – 180 € = 930 €

A: Die Sparzinsen sind um 930 € niedriger als die Kreditzinsen.

3 Für einen Autokauf nimmt Familie Koch für ein Jahr einen Kredit von 18 000 € zu einem Zinssatz von 8½ % auf. Berechne die Zinsen und den Betrag, der nach einem Jahr zurückgezahlt werden muss.

K = 18 000 € | Z = K · p % | Kapital: 18 000 €
p % = 8,5 % | = 18 000 € · 8,5 % = 18 000 € · 0,085 | Zinsen: 1 530 €
Z = ? | = 1 530 € | Endwert: 19 530 €

A: Die Kreditzinsen betragen 1 530 €. Nach einem Jahr müssen 19 530 € zurückgezahlt werden

4 Die Zinsen werden für ein Jahr berechnet. Der Endwert ist die Summe aus Kapital und Zinsen.
Berechne das Fehlende. Rechne im Kopf oder schriftlich auf einem Notizblatt und trage die Ergebnisse in die Tabelle ein.

Kapital	2 400 €	2 400 €	2 400 €	7 600 €	400 €	3 200 €	5 000 €
Zinssatz	2 %	0,5 %	6 %	0,75 %	1,5 %	5,25 %	6,5 %
Zinsen	48 €	12 €	144 €	57 €	6 €	168 €	325 €
Endwert	2 448 €	2 412 €	2 544 €	7 657 €	406 €	3 368 €	5 325 €

LÖSUNGEN

1,5	5,25	6,5	12	48	144	168	406	2 412	2 448	2 544	5 000	7 600	7 657

1 Welches Ergebnis ist richtig? (Notiere auch deinen Rechenweg.)

a) Frau Schmidt nimmt für ein halbes Jahr einen Kredit über 21 500 € auf mit einem Zinssatz von 7,5 % p. a. [p. a. = pro anno = für ein Jahr]
Wie viele Euro fallen an Zinsen an?

1 612,50 € oder 806,25 €

b) Familie Müller hat 13 200 € auf einem Sparkonto mit einem Zinssatz von 1,75 % p. a. angelegt.
Wie viele Zinsen bekommt sie nach drei Monaten?

57,75 € oder 77,00 €

c) Herr Weber bezahlt eine Rechnung über 1 800 € erst 72 Tage nach dem Termin. Dafür werden 9,75 % p. a. Verzugszinsen verrechnet.
Wie viel Euro an Verzugszinsen sind zu bezahlen?

35,10 € oder 2,44 €

Könnt ihr herausfinden, welche „Denkfehler" zu den falschen Ergebnissen führten?

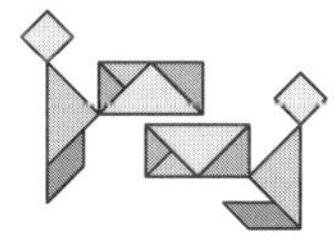

2 Berechne die Zinsen.
Bei Tageszinsen rechne: 1 Jahr = 360 Zinstage, 1 Monat = 30 Zinstage.

a) K = 840 €, p % = 5 %, t = 7 Monate

b) K = 1 100 €, p % = 0,75 %, t = 4 Monate

c) K = 2 700 €, p % = 1,5 %, t = 100 Tage

d) K = 15 320 €, p % = 6,25 %, t = 285 Tage

3 Berechne die Zinsen. Je zwei Aufgaben haben dieselbe Lösung. Verbinde!

2 700 €, 1,5 %, 100 Tage	Z =	Z =	9 000 €, 4 %, 10 Monate
18 000 €, 4 %, 5 Monate	Z =	Z =	5 400 €, 1,5 %, 50 Tage
30 000 €, 2 %, 1 Monat	Z =	Z =	8 100 €, 5 %, 3 Monate
1 240 €, 9 %, 50 Tage	Z =	Z =	9 920 €, 2,25 %, 25 Tage
162 000 €, 1,25 %, 18 Tage	Z =	Z =	30 000 €, 4 %, 15 Tage

Ich kann Ursachen von Fehlern in Lösungswegen erklären.	☺☺	☺	😐	☹

1 Welches Ergebnis ist richtig? (Notiere auch deinen Rechenweg.)

a) Frau Schmidt nimmt für ein halbes Jahr einen Kredit über 21 500 € auf mit einem Zinssatz von 7,5 % p. a. [p. a. = pro anno = für ein Jahr]
Wie viele Euro fallen an Zinsen an? 806,25 €

1 612,50 € oder 806,25 €

1 Jahr ... 21 500 € · 7,5 % = 1 612,50 €

1/2 Jahr ... 1 612,5 € : 2 = 806,25 €

1 612,50 € ... Z für ein Jahr

b) Familie Müller hat 13 200 € auf einem Sparkonto mit einem Zinssatz von 1,75 % p. a. angelegt.
Wie viele Zinsen bekommt sie nach drei Monaten? 57,75 €

57,75 € oder 77,00 €

1 Jahr ... 13 200 € · 1,75 % = 231 €

1/4 Jahr ... 231 € : 4 = 57,75 €

77,00 € ... Z für 1/3 Jahr

c) Herr Weber bezahlt eine Rechnung über 1 800 € erst 72 Tage nach dem Termin. Dafür werden 9,75 % p. a. Verzugszinsen verrechnet.
Wie viel Euro an Verzugszinsen sind zu bezahlen? 35,10 €

35,10 € oder 2,44 €

1 Jahr ... 1 800 € · 9,75 % = 175,50 €

1 Tag ... 175,50 € : 360 = 0,4875 € 72 Tage ... 0,4875 € · 72 = 35,10 €

2,44 € ... Z für 1/72 Jahr

Könnt ihr herausfinden, welche „Denkfehler" zu den falschen Ergebnissen führten?

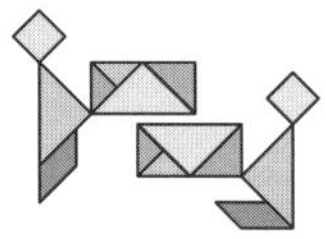

2 Berechne die Zinsen.
Bei Tageszinsen rechne: 1 Jahr = 360 Zinstage, 1 Monat = 30 Zinstage.

a) K = 840 €, p % = 5 %, t = 7 Monate

$Z = K \cdot \frac{p}{100} \cdot \frac{t}{12}$

$Z = 840\,€ \cdot \frac{5}{100} \cdot \frac{7}{12}$

$Z = 24{,}50\,€$

b) K = 1 100 €, p % = 0,75 %, t = 4 Monate

$Z = K \cdot \frac{p}{100} \cdot \frac{t}{12}$

$Z = 1\,100\,€ \cdot \frac{0{,}75}{100} \cdot \frac{4}{12}$

$Z = 2{,}75\,€$

c) K = 2 700 €, p % = 1,5 %, t = 100 Tage

$Z = K \cdot \frac{p}{100} \cdot \frac{t}{360}$

$Z = 2\,700\,€ \cdot \frac{1{,}5}{100} \cdot \frac{100}{360}$

$Z = 11{,}25\,€$

d) K = 15 320 €, p % = 6,25 %, t = 285 Tage

$Z = K \cdot \frac{p}{100} \cdot \frac{t}{360}$

$Z = 15\,320\,€ \cdot \frac{6{,}25}{100} \cdot \frac{285}{360}$

$Z = 758{,}02\,€$

3 Berechne die Zinsen. Je zwei Aufgaben haben dieselbe Lösung. Verbinde!

2 700 €, 1,5 %, 100 Tage	Z = 11,25 €	Z = 300 €	9 000 €, 4 %, 10 Monate
18 000 €, 4 %, 5 Monate	Z = 300 €	Z = 11,25 €	5 400 €, 1,5 %, 50 Tage
30 000 €, 2 %, 1 Monat	Z = 50 €	Z = 101,25 €	8 100 €, 5 %, 3 Monate
1 240 €, 9 %, 50 Tage	Z = 15,50 €	Z = 15,50 €	9 920 €, 2,25 %, 25 Tage
162 000 €, 1,25 %, 18 Tage	Z = 101,25 €	Z = 50 €	30 000 €, 4 %, 15 Tage

Ich kann Ursachen von Fehlern in Lösungswegen erklären.	☺☺	☺	😐	☹

1

Einnahmen	1 882 €
– Ernährung	300 €
– Bekleidung	120 €
– Wohnung	725 €
– Verkehr	326 €
– Autokredit	490 €
– Hobby	70 €
– Versandhaus-Rate	108 €
Fehlbetrag	

Viele Menschen in Deutschland sind überschuldet.

Sie können ihre fälligen Zahlungsverpflichtungen auch in absehbarer Zeit nicht begleichen und haben weder Vermögen noch andere Kreditmöglichkeiten zur Verfügung.

Pro Jahr müssen ungefähr 100 000 Personen Privatinsolvenz beantragen (gerichtliche Schuldenregulierung). Die durchschnittlichen Schulden betragen rund 35 000 €.

Quelle: www.destatis.de

Berechne den Fehlbetrag.

2 Der Kredit-Tilgungsplan zeigt vereinfacht, wie bei einem Kredit gerechnet wird. Die Zinsen werden vom fallenden Kapital berechnet.
Studiere den Tilgungsplan. Danach ergänze die fehlenden Werte.

	Schuld (€) Jahresanfang	Zinsen (€)	Summe (€)	Rückzahlung (€) Jahresende	Restschuld (€) Jahresende
1. Jahr	24 000,00	1 440,00	25 440,00	8 000,00	
2. Jahr	17 440,00	1 046,40		8 000,00	10 486,40
3. Jahr		629,18	11 115,58	8 000,00	3 115,58
4. Jahr	3 115,58		3 302,52	3 302,52	0,00

Lies aus der Tabelle ab bzw. berechne.

a) Welcher Betrag wurde als Kredit aufgenommen? ....

b) Welche Summe wurde in den ersten drei Jahren zurückgezahlt? ....

c) Wie hoch ist die Schuld am Ende des dritten Jahres? ....

d) Welcher Betrag fiel an Zinsen an? ....

e) Welcher Betrag wurde insgesamt zurückbezahlt? ....

f) Wie hoch ist der Zinssatz? ....

3 Familie Berger beabsichtigt ein Auto für 24 000 € zu kaufen, hat aber nicht ausreichend Bargeld. Zwei Angebote kommen in die engere Auswahl. Welches Angebot ist günstiger?

Angebot A: Eine Bank bietet einen Autokredit von 24 000 € an mit einem Zinssatz von 10 % p. a. vom fallenden Kapital und jeweils zum Jahresende Raten zu 8 000 €. Ermittle mithilfe eines Tilgungsplans die letzte Rate und berechne den gesamten Rückzahlungsbetrag.

	Schuld (€) Jahresanfang	Zinsen (€)	Summe (€)	Rückzahlung (€) Jahresende	Restschuld (€) Jahresende
1. Jahr					
2. Jahr					
3. Jahr					
4. Jahr					

....

Angebot B: Ein Autohaus bietet Teilzahlung an, und zwar einen Betrag von 5 000 € als Anzahlung und 45 Monatsraten zu je 595 €.

....

1

Einnahmen	1 882 €
– Ernährung	300 €
– Bekleidung	120 €
– Wohnung	725 €
– Verkehr	326 €
– Autokredit	490 €
– Hobby	70 €
– Versandhaus-Rate	108 €
Fehlbetrag	– 257 €

Viele Menschen in Deutschland sind überschuldet.

Sie können ihre fälligen Zahlungsverpflichtungen auch in absehbarer Zeit nicht begleichen und haben weder Vermögen noch andere Kreditmöglichkeiten zur Verfügung.

Pro Jahr müssen ungefähr 100 000 Personen Privatinsolvenz beantragen (gerichtliche Schuldenregulierung). Die durchschnittlichen Schulden betragen rund 35 000 €.

Quelle: www.destatis.de

Berechne den Fehlbetrag.

2 Der Kredit-Tilgungsplan zeigt vereinfacht, wie bei einem Kredit gerechnet wird. Die Zinsen werden vom fallenden Kapital berechnet.

Studiere den Tilgungsplan. Danach ergänze die fehlenden Werte.

	Schuld (€) Jahresanfang	Zinsen (€)	Summe (€)	Rückzahlung (€) Jahresende	Restschuld (€) Jahresende
1. Jahr	24 000,00	1 440,00	25 440,00	8 000,00	17 440,00
2. Jahr	17 440,00	1 046,40	18 486,40	8 000,00	10 486,40
3. Jahr	10 486,40	629,18	11 115,58	8 000,00	3 115,58
4. Jahr	3 115,58	186,94	3 302,52	3 302,52	0,00

Lies aus der Tabelle ab bzw. berechne.

a) Welcher Betrag wurde als Kredit aufgenommen? 24 000,00 €

b) Welche Summe wurde in den ersten drei Jahren zurückgezahlt? 24 000,00 €

c) Wie hoch ist die Schuld am Ende des dritten Jahres? 3 115,58 €

d) Welcher Betrag fiel an Zinsen an? 3 302,52 €

e) Welcher Betrag wurde insgesamt zurückbezahlt? 27 302,52 €

f) Wie hoch ist der Zinssatz? 6 %

3 Familie Berger beabsichtigt ein Auto für 24 000 € zu kaufen, hat aber nicht ausreichend Bargeld. Zwei Angebote kommen in die engere Auswahl. Welches Angebot ist günstiger?

Angebot A: Eine Bank bietet einen Autokredit von 24 000 € an mit einem Zinssatz von 10 % p. a. vom fallenden Kapital und jeweils zum Jahresende Raten zu 8 000 €. Ermittle mithilfe eines Tilgungsplans die letzte Rate und berechne den gesamten Rückzahlungsbetrag.

	Schuld (€) Jahresanfang	Zinsen (€)	Summe (€)	Rückzahlung (€) Jahresende	Restschuld (€) Jahresende
1. Jahr	24 000,00	2 400,00	26 400,00	8 000,00	18 400,00
2. Jahr	18 400,00	1 840,00	20 240,00	8 000,00	12 240,00
3. Jahr	12 240,00	1 224,00	13 464,00	8 000,00	5 464,00
4. Jahr	5 464,00	546,40	6 010,40	6 010,40	0,00

Angebot A: 3 · 8 000 € + 6 010,40 € = 24 000 € + 6 010,40 € = 30 010,40 € ... günstiger

Angebot B: Ein Autohaus bietet Teilzahlung an, und zwar einen Betrag von 5 000 € als Anzahlung und 45 Monatsraten zu je 595 €.

Angebot B: 5 000 € + 45 · 595 € = 5 000 € + 26 775 € = 31 775 €

1 Konstruiere die Senkrechte durch P zu g.

(1) Zeichne einen Kreisbogen um Punkt P, der g schneidet → Punkte A und B.

(2) Zeichne mit gleichem Radius Kreisbogen um A und um B → 2 Schnittpunkte.

(3) Zeichne die Gerade durch die beiden Schnittpunkte – sie ist senkrecht zu g.

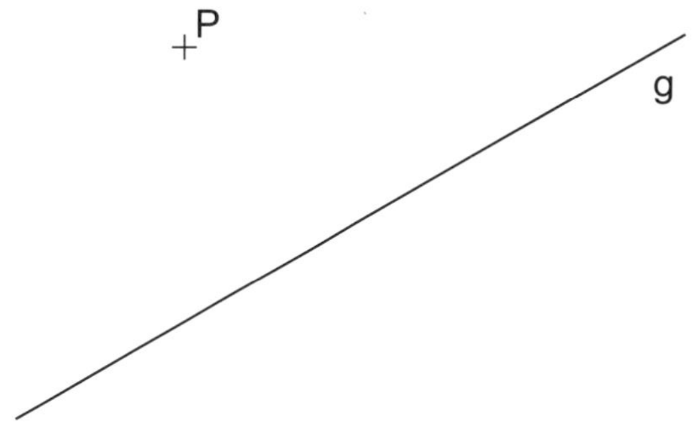

2 Nur bei einer der drei Aufgaben ist die Gerade Mittelsenkrechte der Strecke.
Überprüfe. Begründe, warum bei den beiden anderen Aufgaben die jeweilige Gerade nicht Mittelsenkrechte der Strecke ist. Konstruiere jeweils die Mittelsenkrechte.

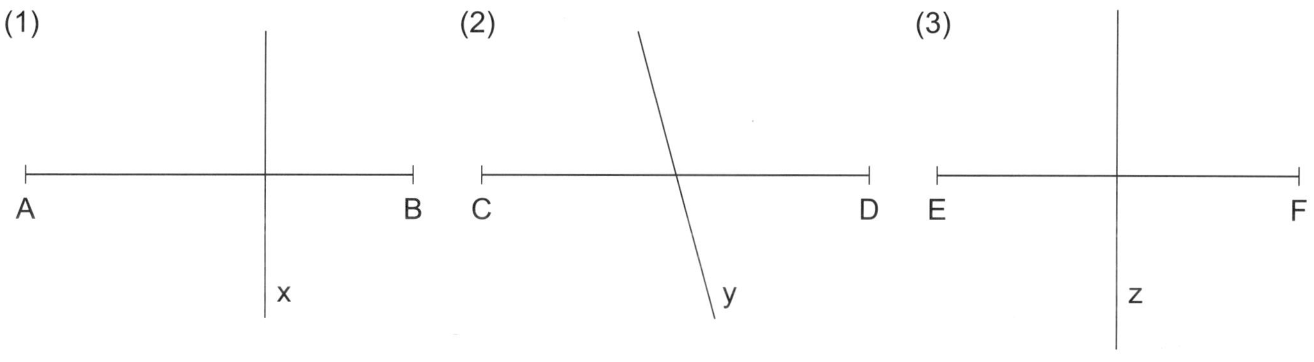

3 Geländespiel.
Der nächste Kontrollpunkt ist von jedem der Punkte W, S und D gleich weit entfernt. Ermittle durch Konstruktion, ob es Punkt A, B oder C ist.

Konstruktionsanleitung:

Verbinde die Punkte W, S und D zu einem Dreieck.

Zeichne die Mittelsenkrechten der Seiten.

Der Schnittpunkt der Mittelsenkrechten ist der Umkreismittelpunkt. Er ist von jedem Eckpunkt des Dreiecks gleich weit entfernt.

Kontrolliere deine Konstruktion, indem du den Umkreis des Dreiecks zeichnest.

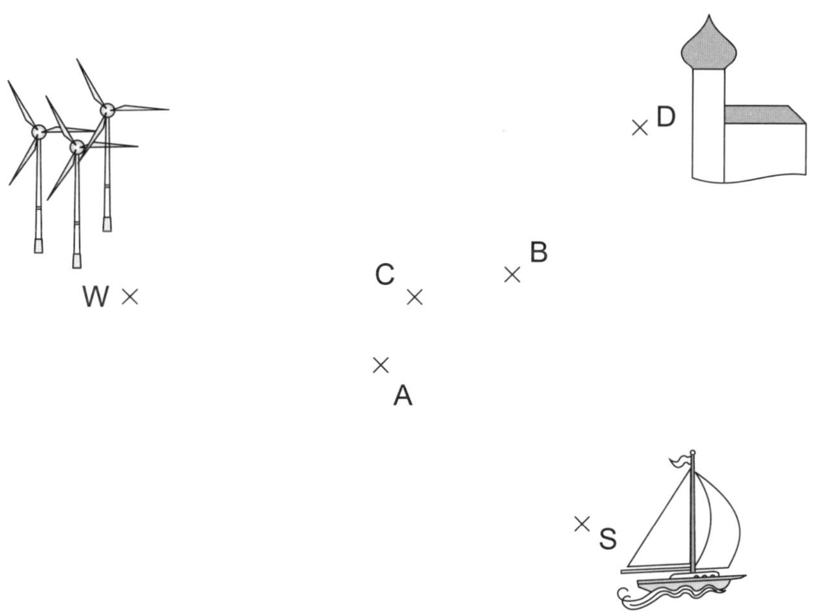

A:

1 Konstruiere die Senkrechte durch P zu g.

(1) Zeichne einen Kreisbogen um Punkt P, der g schneidet → Punkte A und B.

(2) Zeichne mit gleichem Radius Kreisbogen um A und um B → 2 Schnittpunkte.

(3) Zeichne die Gerade durch die beiden Schnittpunkte – sie ist senkrecht zu g.

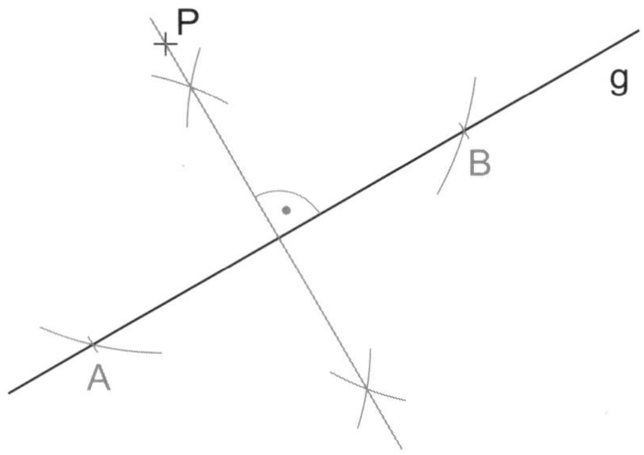

2 Nur bei einer der drei Aufgaben ist die Gerade Mittelsenkrechte der Strecke.
Überprüfe. Begründe, warum bei den beiden anderen Aufgaben die jeweilige Gerade nicht Mittelsenkrechte der Strecke ist. Konstruiere jeweils die Mittelsenkrechte.

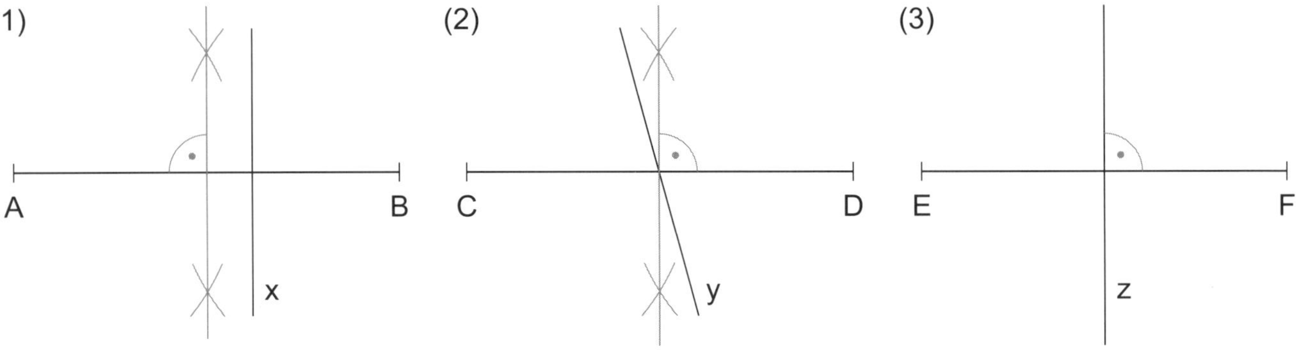

Die Gerade x halbiert nicht die Strecke AB.	Die Gerade y steht nicht senkrecht auf der Strecke CD.	Richtig! Die Gerade z ist Mittelsenkrechte.

3 Geländespiel.
Der nächste Kontrollpunkt ist von jedem der Punkte W, S und D gleich weit entfernt. Ermittle durch Konstruktion, ob es Punkt A, B oder C ist.

Konstruktionsanleitung:

Verbinde die Punkte W, S und D zu einem Dreieck.

Zeichne die Mittelsenkrechten der Seiten.

Der Schnittpunkt der Mittelsenkrechten ist der Umkreismittelpunkt. Er ist von jedem Eckpunkt des Dreiecks gleich weit entfernt.

Kontrolliere deine Konstruktion, indem du den Umkreis des Dreiecks zeichnest.

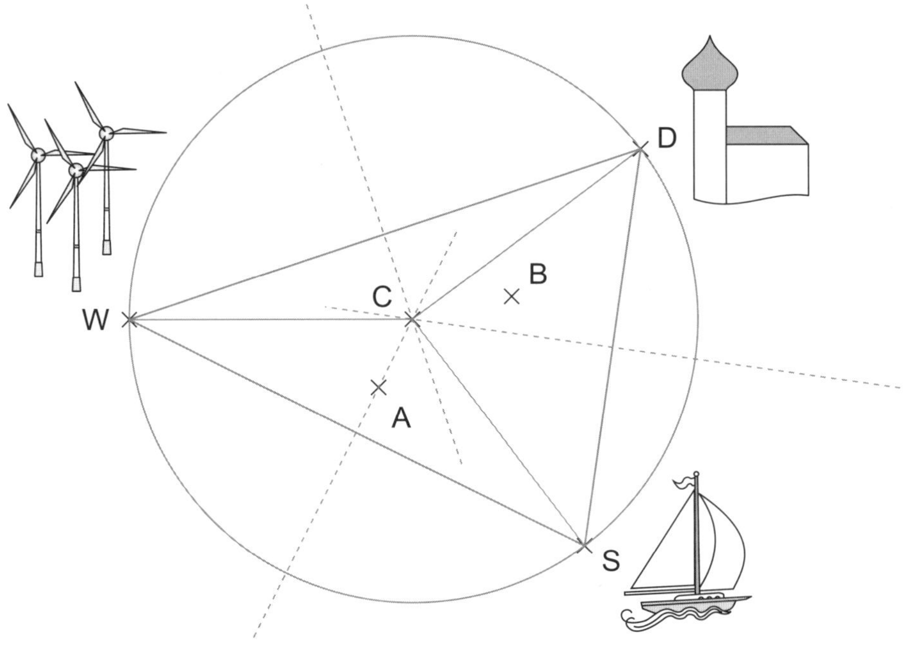

A: Punkt C ist der Umkreismittelpunkt. Er ist von den Punkten W, S und D gleich weit entfernt.

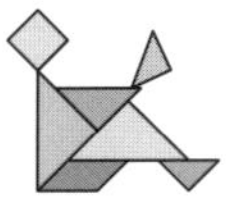

Die Winkelhalbierende w ist eine Halbgerade, die durch den Scheitel S eines Winkels verläuft und den Winkel halbiert.

Auf der Winkelhalbierenden liegen alle Punkte, die von den beiden Schenkeln des Winkels gleichen Abstand haben.

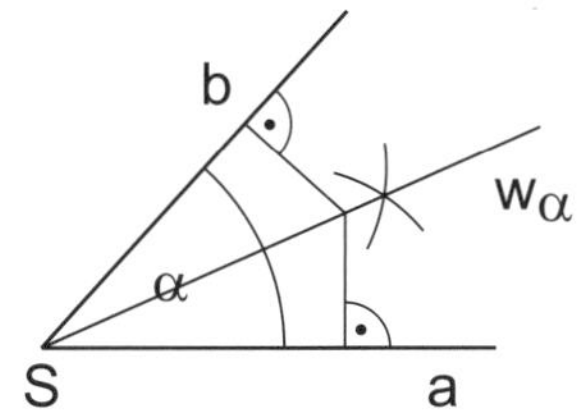

1 a) Konstruiere mit dem Zirkel die Winkelhalbierende des Winkels α. Gib die Größe von α und $\frac{\alpha}{2}$ an.

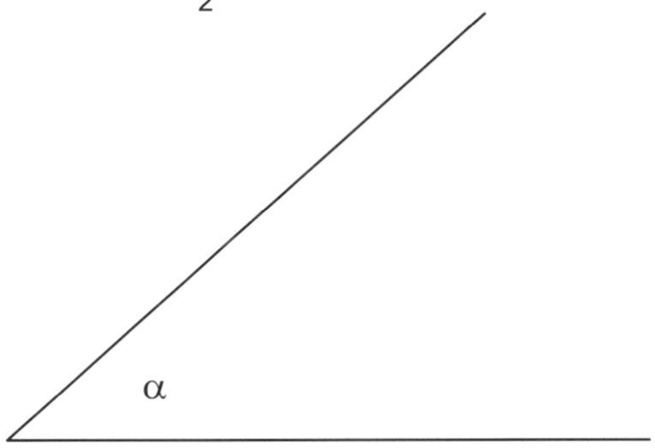

b) Zeichne mit dem Geodreieck den Winkel $\beta = 136°$ und konstruiere mit dem Zirkel die Winkelhalbierende. Berechne die Größe von $\frac{\beta}{2}$ und kontrolliere dann deine Konstruktion.

2 a) Zeichne den Winkel $\alpha = 128°$ und teile ihn mithilfe von Winkelhalbierenden in vier gleich große Teile. Kontrolliere deine Konstruktion durch Messung.

b) Konstruiere den Inkreismittelpunkt des Dreiecks ABC (Schnittpunkt der Winkelhalbierenden). Ermittle die Berührungspunkte und zeichne den Inkreis.

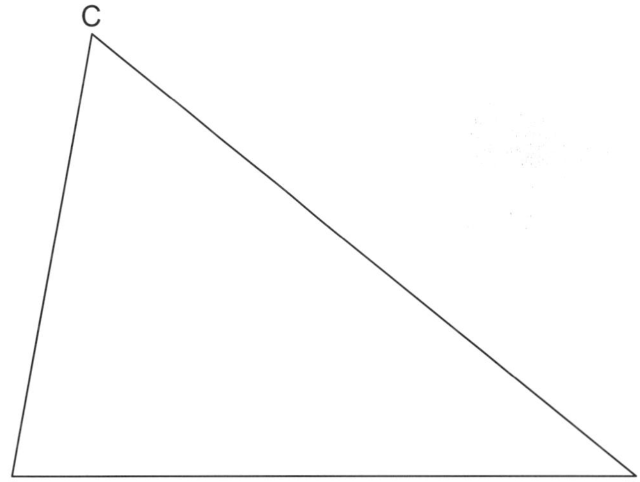

3 Wenn es möglich ist, konstruiere mit Zirkel und Lineal!

(1) Bemale 25 % des Kreisausschnitts.

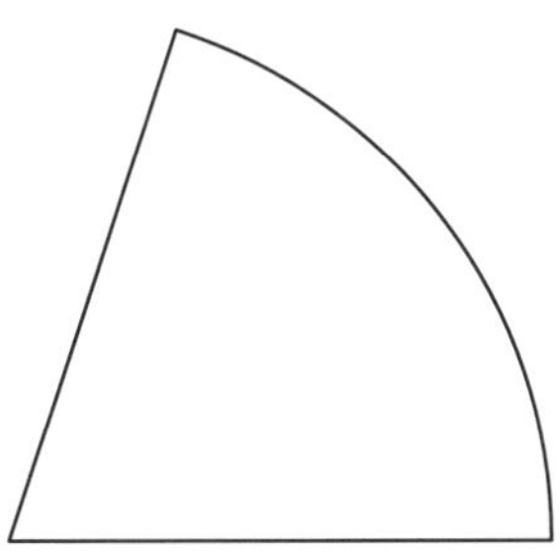

(2) Bemale 30 % des Kreisausschnitts.

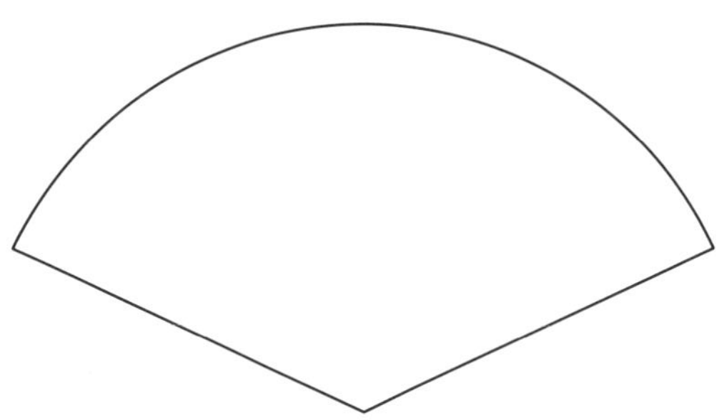

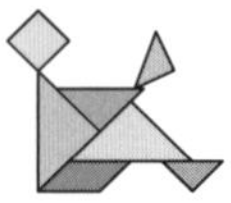

Die Winkelhalbierende w ist eine Halbgerade, die durch den Scheitel S eines Winkels verläuft und den Winkel halbiert.
Auf der Winkelhalbierenden liegen alle Punkte, die von den beiden Schenkeln des Winkels gleichen Abstand haben.

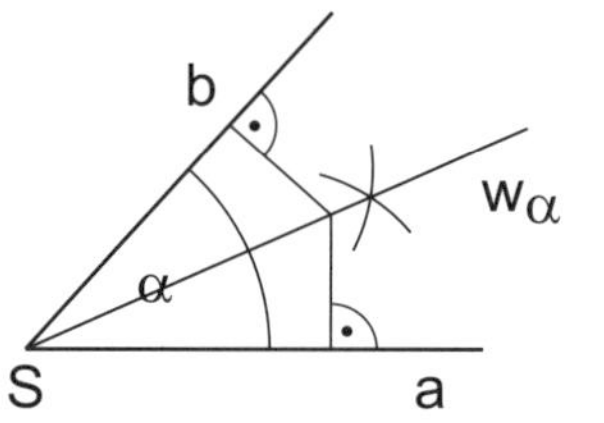

1 a) Konstruiere mit dem Zirkel die Winkelhalbierende des Winkels α. Gib die Größe von α und $\frac{\alpha}{2}$ an.

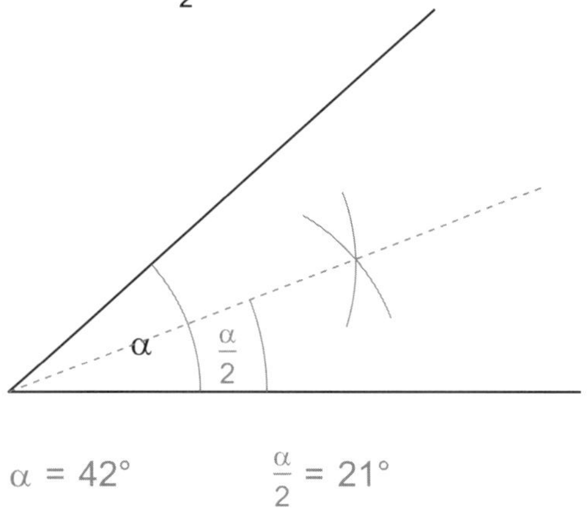

b) Zeichne mit dem Geodreieck den Winkel $\beta = 136°$ und konstruiere mit dem Zirkel die Winkelhalbierende. Berechne die Größe von $\frac{\beta}{2}$ und kontrolliere dann deine Konstruktion.

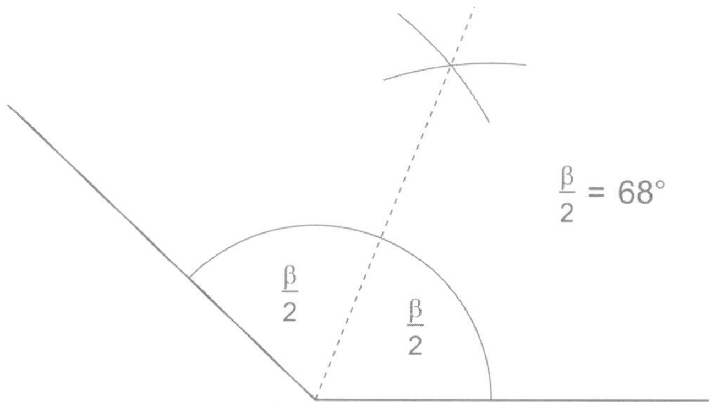

2 a) Zeichne den Winkel $\alpha = 128°$ und teile ihn mithilfe von Winkelhalbierenden in vier gleich große Teile. Kontrolliere deine Konstruktion durch Messung.

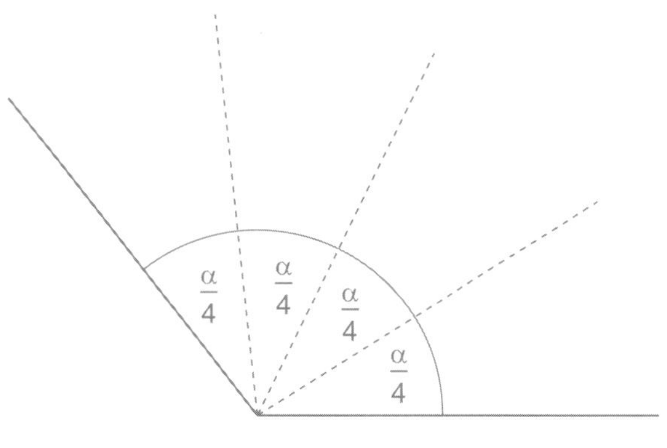

b) Konstruiere den Inkreismittelpunkt des Dreiecks ABC (Schnittpunkt der Winkelhalbierenden). Ermittle die Berührungspunkte und zeichne den Inkreis.

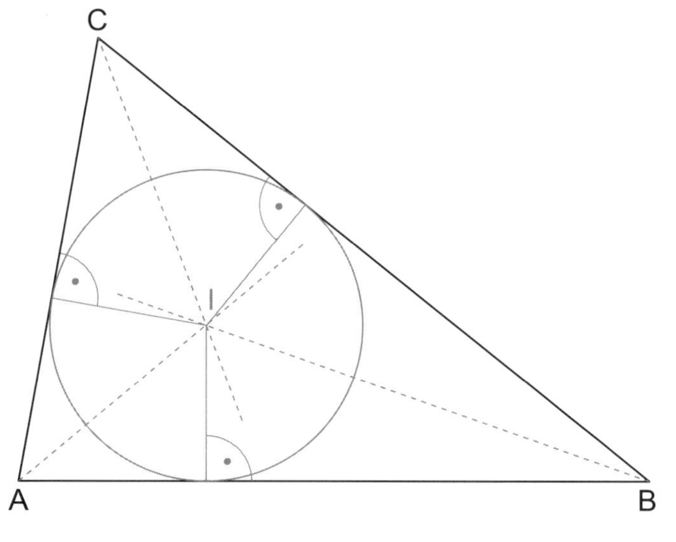

3 Wenn es möglich ist, konstruiere mit Zirkel und Lineal!

(1) Bemale 25 % des Kreisausschnitts.

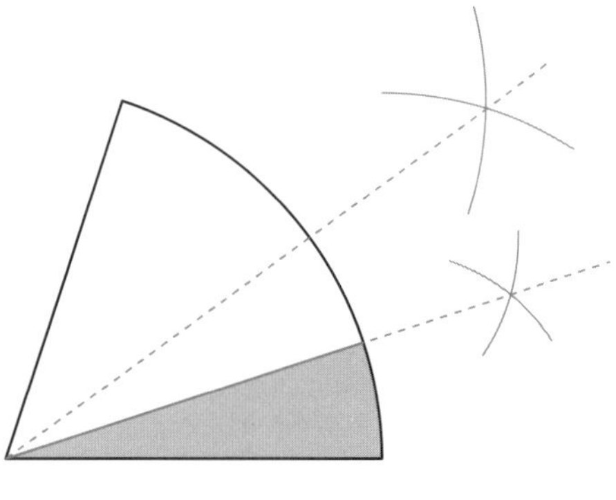

(2) Bemale 30 % des Kreisausschnitts.

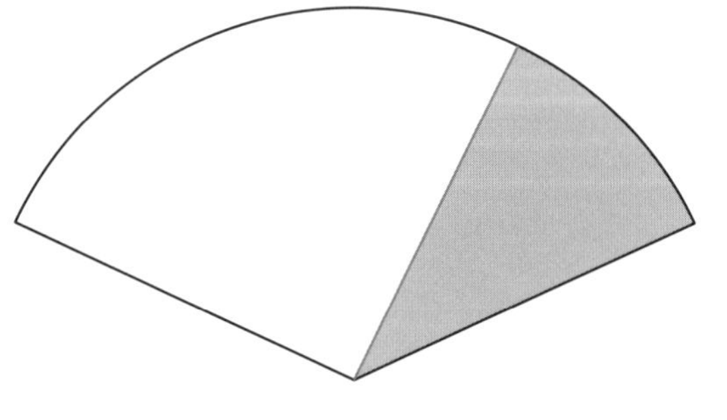

1 Kennzeichne α sowie alle Winkel, die gleich groß wie α sind, mit grünem Buntstift.
Jene Winkel, die zu α komplementär sind (sich zu 90° ergänzen), kennzeichne mit lila Buntstift.

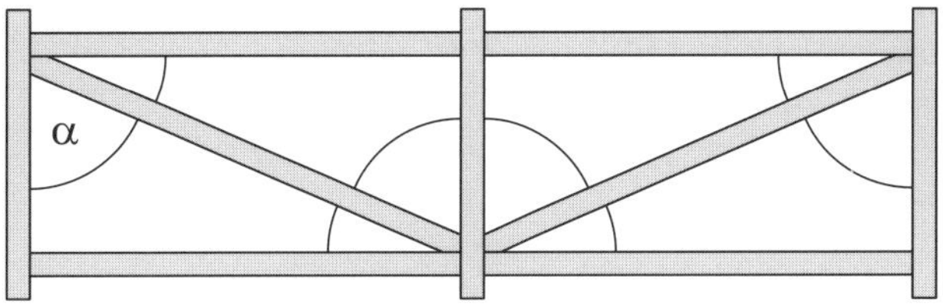

2 a) Gib jeweils an, ob die bezeichneten Winkel gleich groß oder supplementär sind (sich zu 180° ergänzen).

b) Danach notiere bei den Abbildungen die entsprechenden Bezeichnungen.

Scheitelwinkel	Nachbarwinkel
F-Winkel	Wechselwinkel
Stufenwinkel	Z-Winkel
E-Winkel	Nebenwinkel

(1) .... (2) .... (3) .... (4) .... (5) ....

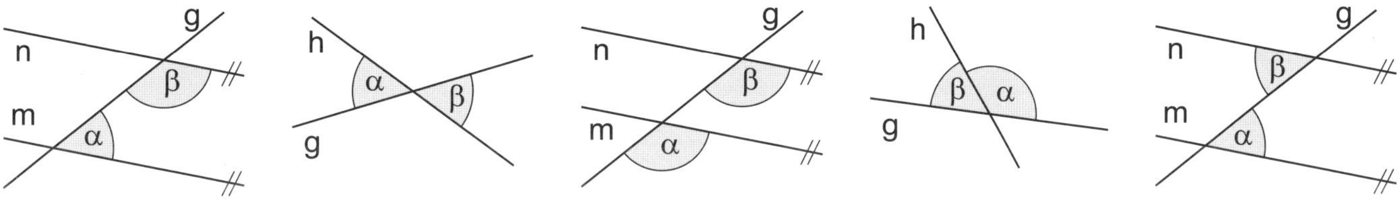

3 Berechne die gekennzeichneten Winkel. (Die Skizzen sind nicht maßgerecht.)

a)

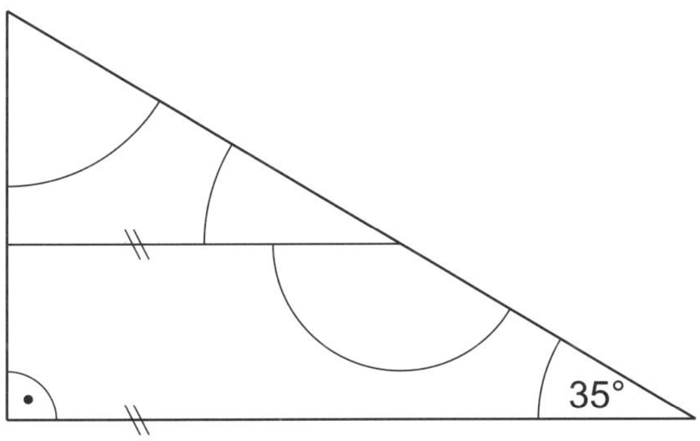

b)

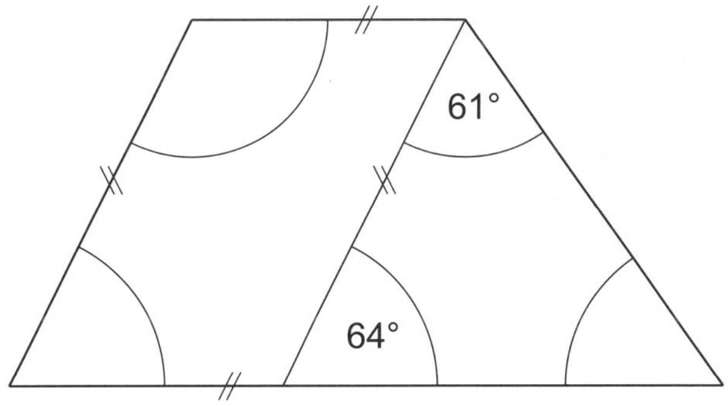

4 Berechne die gekennzeichneten Winkel.
Tipp: Studiere zunächst die Abbildung und überlege, mit welchem Winkel du beginnst!

a)

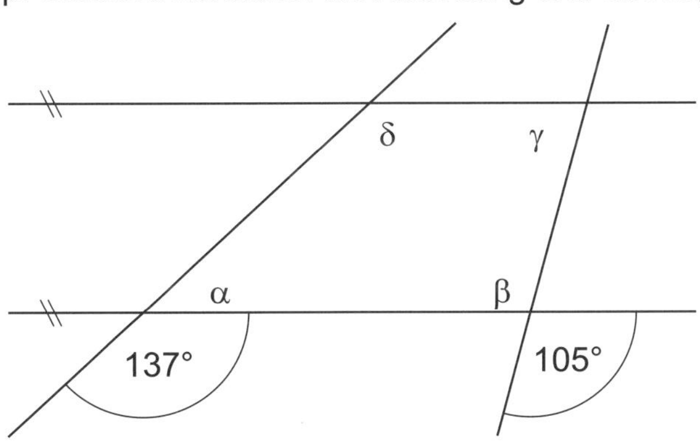

α = ... β = ... γ = ... δ = ...

b)

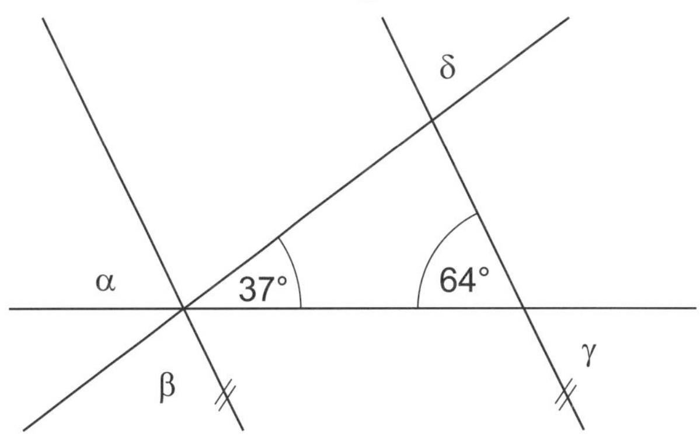

α = ... β = ... γ = ... δ = ...

1 Kennzeichne α sowie alle Winkel, die gleich groß wie α sind, mit grünem Buntstift.
Jene Winkel, die zu α komplementär sind (sich zu 90° ergänzen), kennzeichne mit lila Buntstift.

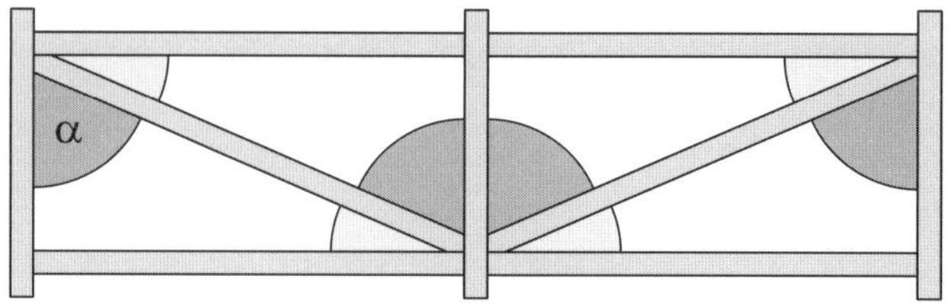

2 a) Gib jeweils an, ob die bezeichneten Winkel gleich groß oder supplementär sind (sich zu 180° ergänzen).
b) Danach notiere bei den Abbildungen die entsprechenden Bezeichnungen.

Scheitelwinkel	Nachbarwinkel
F-Winkel	Wechselwinkel
Stufenwinkel	Z-Winkel
E-Winkel	Nebenwinkel

(1) supplementär (2) gleich groß (3) gleich groß (4) supplementär (5) gleich groß

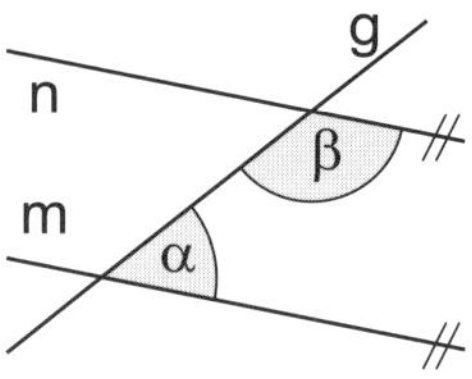

Nachbarwinkel
E-Winkel

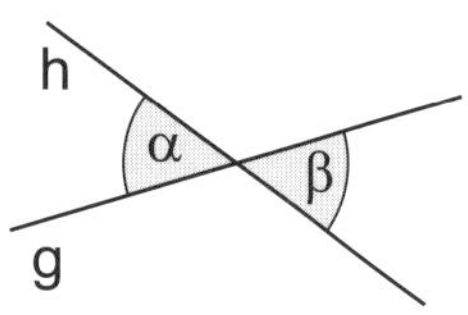

Scheitelwinkel

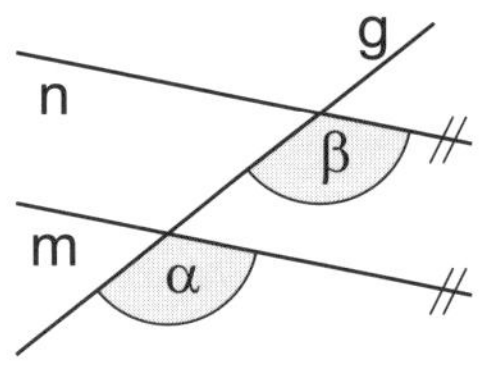

Stufenwinkel
F-Winkel

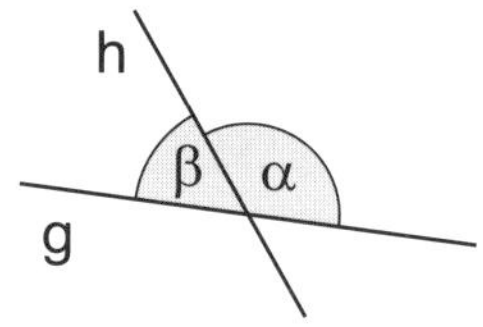

Nebenwinkel

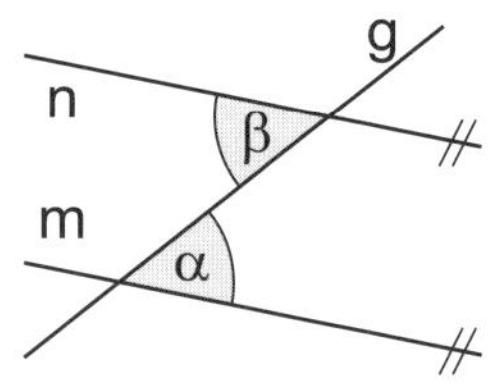

Wechselwinkel
Z-Winkel

3 Berechne die gekennzeichneten Winkel. (Die Skizzen sind nicht maßgerecht.)

a)

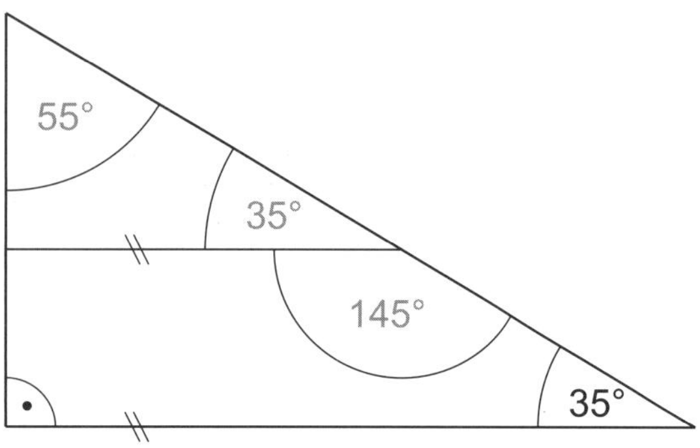

b)

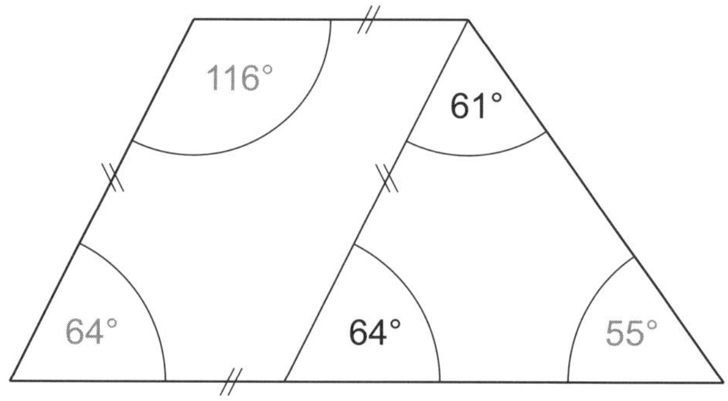

4 Berechne die gekennzeichneten Winkel.
Tipp: Studiere zunächst die Abbildung und überlege, mit welchem Winkel du beginnst!

a)

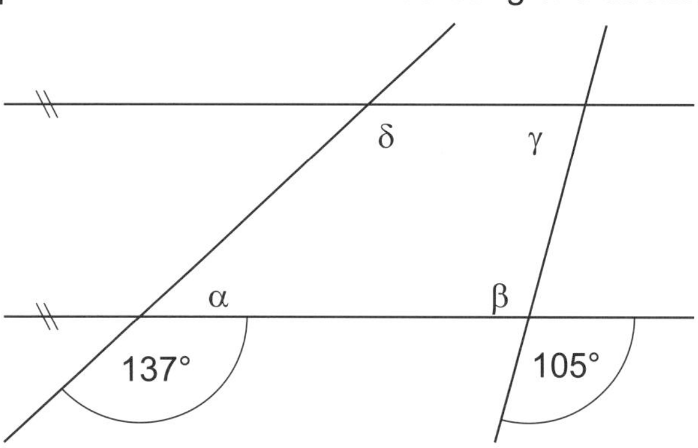

α = 43° β = 105° γ = 75° δ = 137°

b)

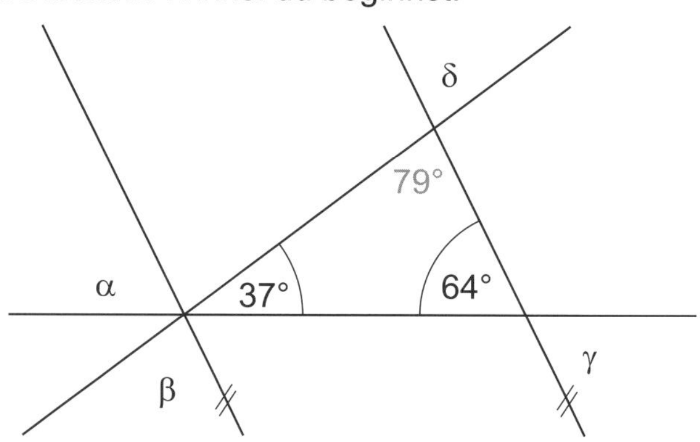

α = 64° β = 79° γ = 64° δ = 79°

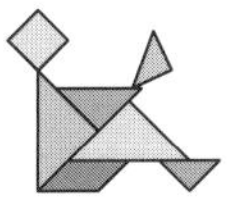

Zeichne vor jeder Konstruktion eine Planfigur und beschrifte sie vollständig.
Kennzeichne die gegebenen Bestimmungsstücke mit Farbstift.
Aus dieser Planfigur kannst du ablesen, wie vorzugehen ist.

1 Zeichne ein gleichschenkliges Dreieck ABC mit der Basis AB.
Gib die Größen aller Winkel an.

Gegeben:
$c = 80$ mm
$\alpha = 42°$

Planfigur:

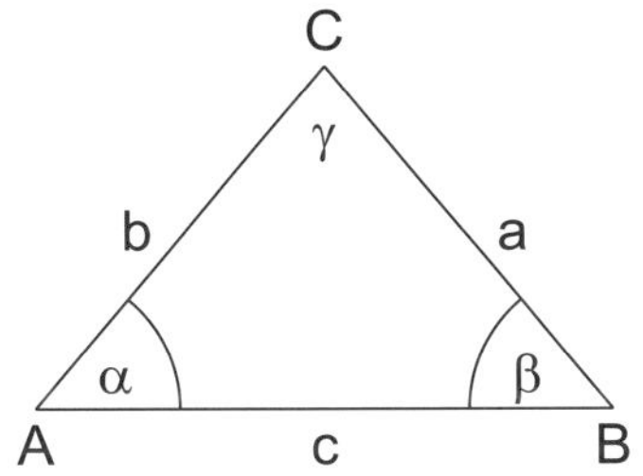

Basiswinkel: $\alpha = \beta =$ ....

Scheitelwinkel: $\gamma =$ ....

2 Zeichne ein gleichschenkliges Dreieck ABC mit der Basis AC.
Gib die Größen aller Winkel an.

Gegeben:
$b = 55$ mm
$\gamma = 70°$

Planfigur:

Basiswinkel: ....

Scheitelwinkel: ....

3 Zeichne ein gleichschenkliges Dreieck ABC mit der Basis AB.
Gib die Größen aller Winkel an.

Gegeben:
$c = 60$ mm
$h_c = 37$ mm

Planfigur:

Basiswinkel: ....

Scheitelwinkel: ....

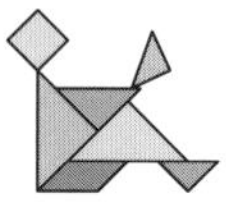

Zeichne vor jeder Konstruktion eine Planfigur und beschrifte sie vollständig.
Kennzeichne die gegebenen Bestimmungsstücke mit Farbstift.
Aus dieser Planfigur kannst du ablesen, wie vorzugehen ist.

1 Zeichne ein gleichschenkliges Dreieck ABC mit der Basis AB.
Gib die Größen aller Winkel an.

Gegeben:
$c = 80$ mm
$\alpha = 42°$

Planfigur:

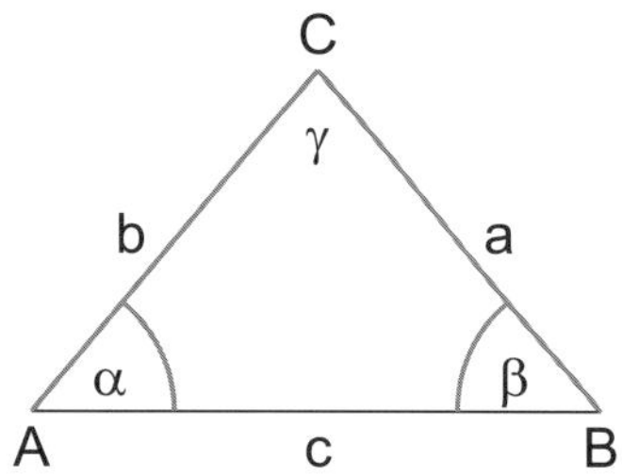

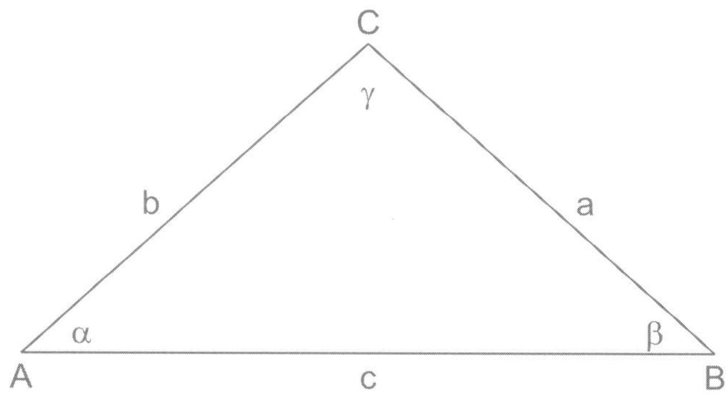

Basiswinkel: $\alpha = \beta =$ 42°

Scheitelwinkel: $\gamma =$ 96°

2 Zeichne ein gleichschenkliges Dreieck ABC mit der Basis AC.
Gib die Größen aller Winkel an.

Gegeben:
$b = 55$ mm
$\gamma = 70°$

Planfigur:

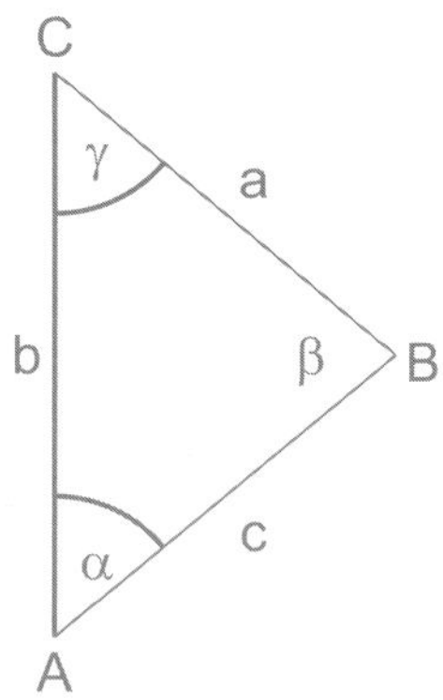

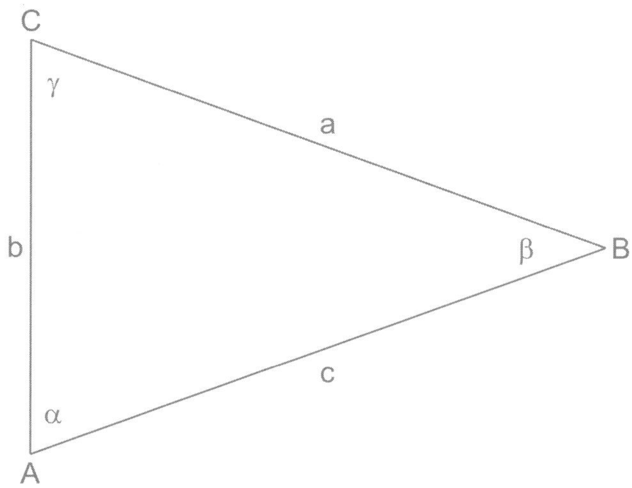

Basiswinkel: $\alpha = \gamma =$ 70°

Scheitelwinkel: $\beta =$ 40°

3 Zeichne ein gleichschenkliges Dreieck ABC mit der Basis AB.
Gib die Größen aller Winkel an.

Gegeben:
$c = 60$ mm
$h_c = 37$ mm

Planfigur:

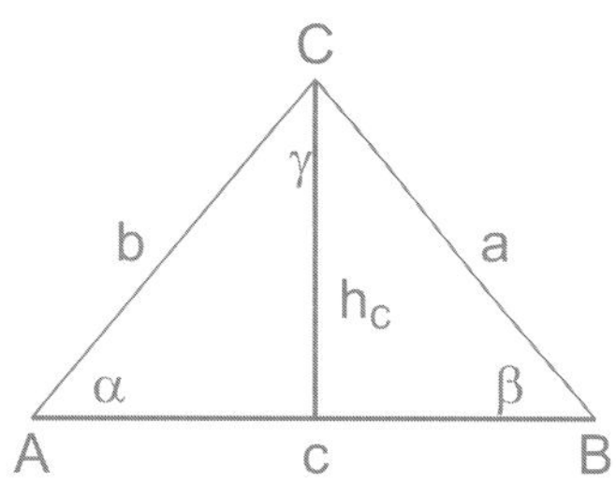

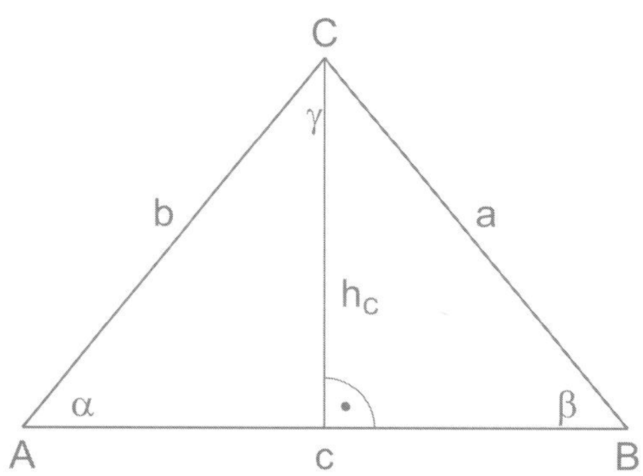

Basiswinkel: $\alpha = \beta =$ 51°

Scheitelwinkel: $\gamma =$ 78°

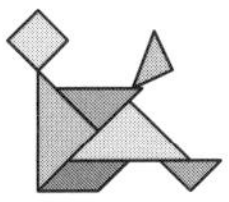

Nicht alles im Gelände kann direkt vermessen werden, deshalb werden die meisten Entfernungen mithilfe von (zugänglichen) Standlinien und Winkeln ermittelt.

Zeichne jeweils einen Plan in geeignetem Maßstab und entnimm daraus die gesuchten Abstände in der Wirklichkeit.

1 Um die Länge $\overline{AC}$ des Teiches zu bestimmen, wurden von einem Beobachtungspunkt B aus die Strecken $\overline{AB}$ = 48 m und $\overline{BC}$ = 64 m sowie der Winkel $\sphericalangle$ ABC = 104° gemessen.
Wie lang ist der Teich?

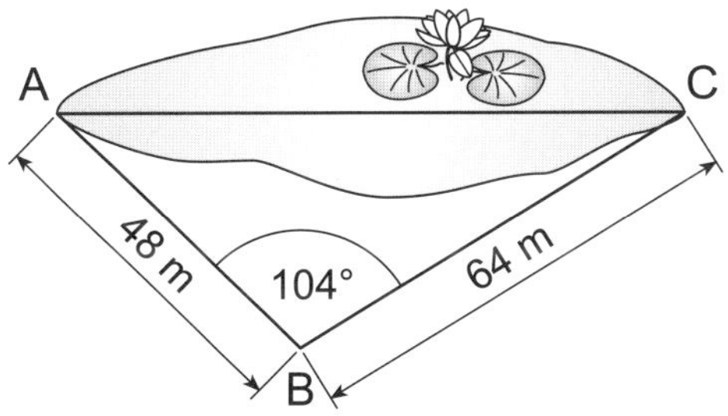

A: ....

2 Um die Höhe des Turms zu ermitteln, wurde in 80 m Entfernung vom Turm ein Winkelmessgerät aufgestellt. Mit diesem Gerät wurde zwischen der in Augenhöhe (1,5 m) gedachten Waagrechten (in der Abbildung gestrichelt dargestellt) und der Turmspitze S der Höhenwinkel β = 26° gemessen.
Wie hoch ist der Turm?

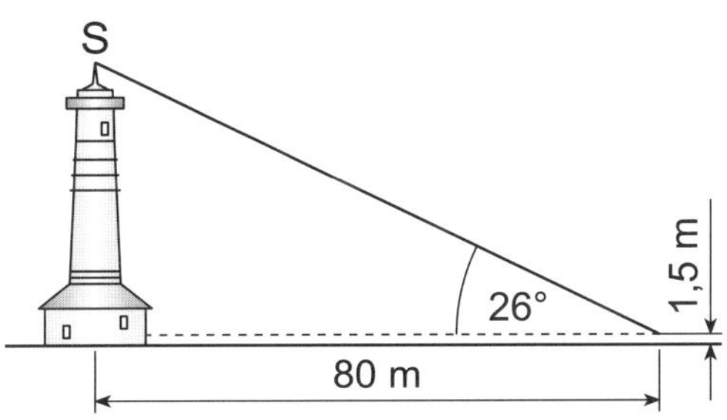

A: ....

3 Um die Höhe des Berges zu bestimmen, wurde in der Ebene eine Standlinie $\overline{AB}$ = 200 m abgesteckt. Von den Endpunkten der Standlinie wurde die Bergspitze mit den beiden Höhenwinkeln α = 28° und β = 22° gemessen. (Die Größe des Betrachters wird vernachlässigt.)
Wie hoch ist der Berg?

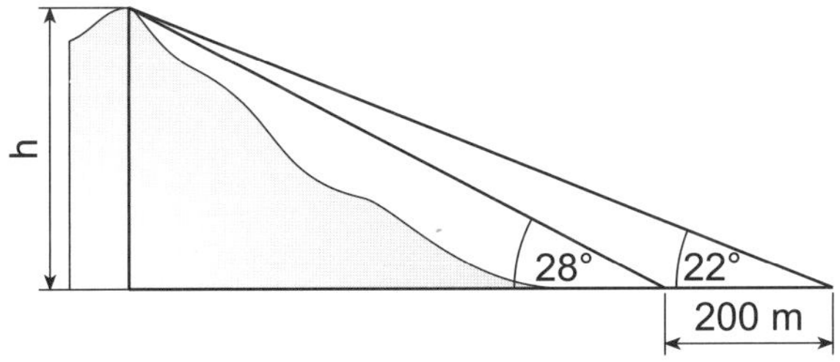

A: ....

Nicht alles im Gelände kann direkt vermessen werden, deshalb werden die meisten Entfernungen mithilfe von (zugänglichen) Standlinien und Winkeln ermittelt.

Zeichne jeweils einen Plan in geeignetem Maßstab und entnimm daraus die gesuchten Abstände in der Wirklichkeit.

1 Um die Länge $\overline{AC}$ des Teiches zu bestimmen, wurden von einem Beobachtungspunkt B aus die Strecken $\overline{AB}$ = 48 m und $\overline{BC}$ = 64 m sowie der Winkel $\sphericalangle$ ABC = 104° gemessen.
Wie lang ist der Teich?

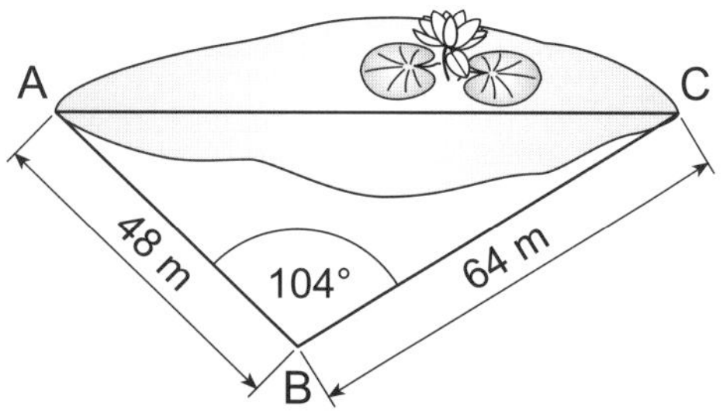

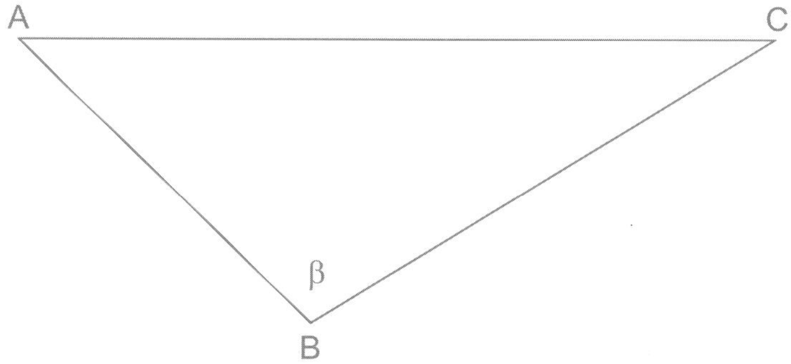

A: Der Teich ist 89 m lang.

2 Um die Höhe des Turms zu ermitteln, wurde in 80 m Entfernung vom Turm ein Winkelmessgerät aufgestellt. Mit diesem Gerät wurde zwischen der in Augenhöhe (1,5 m) gedachten Waagrechten (in der Abbildung gestrichelt dargestellt) und der Turmspitze S der Höhenwinkel β = 26° gemessen.
Wie hoch ist der Turm?

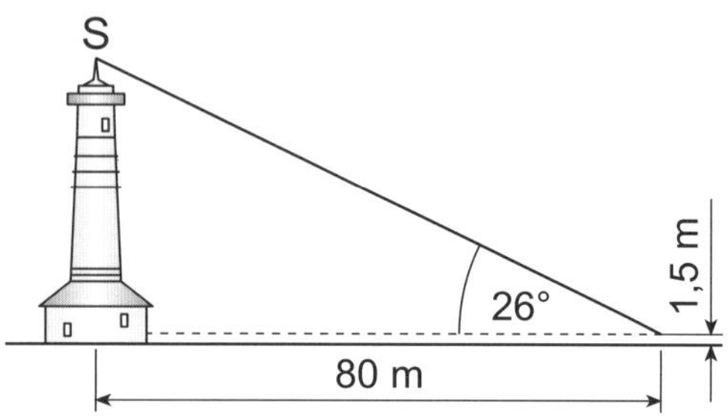

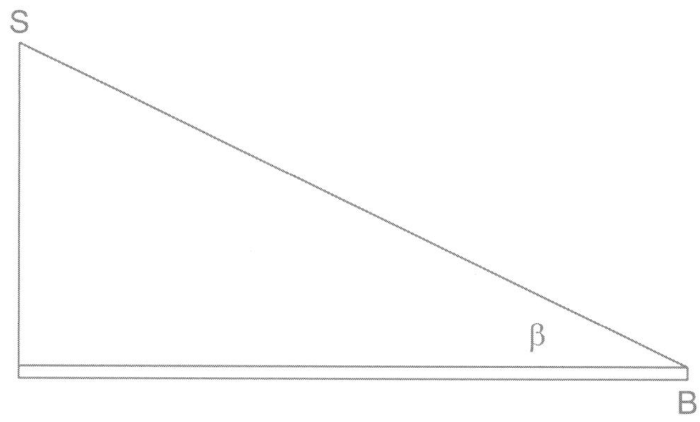

A: Die Höhe des Turms ist 40,5 m.

3 Um die Höhe des Berges zu bestimmen, wurde in der Ebene eine Standlinie $\overline{AB}$ = 200 m abgesteckt. Von den Endpunkten der Standlinie wurde die Bergspitze mit den beiden Höhenwinkeln α = 28° und β = 22° gemessen. (Die Größe des Betrachters wird vernachlässigt.)
Wie hoch ist der Berg?

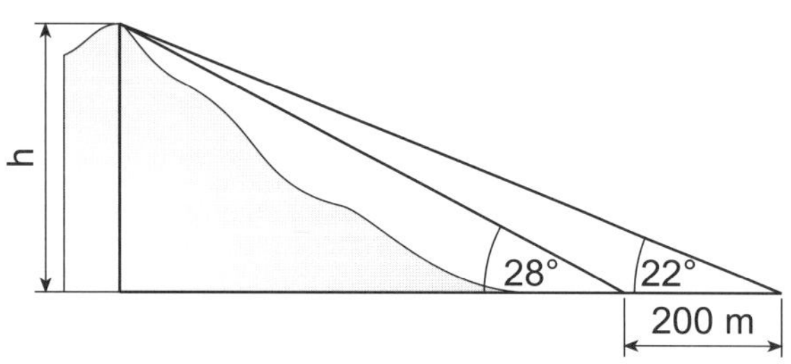

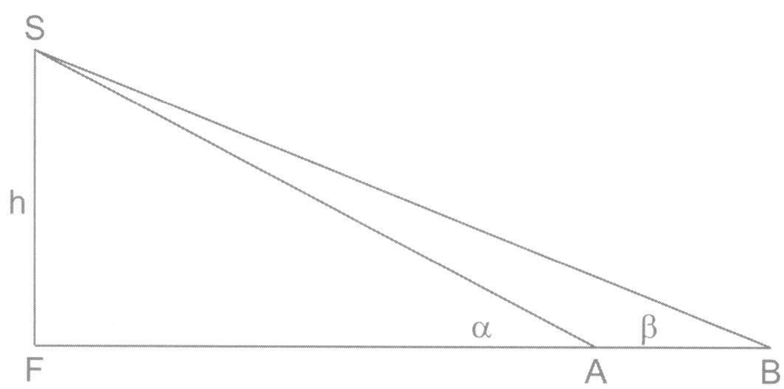

A: Die Höhe des Berges ist 340 m.

1 Allgemeine Vielecke (Polygone):

a) Zeichne Skizzen der angegebenen allgemeinen Vielecke.
Zeichne, wenn möglich, alle von einem beliebigen Eckpunkt ausgehenden Diagonalen ein.

(1) Dreieck (2) Viereck (3) Fünfeck (4) Sechseck

b) Lies aus deinen Skizzen ab bzw. ergänze.

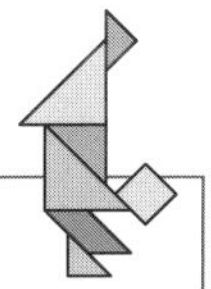

Figur	Dreieck	Viereck	Fünfeck	Sechseck	Siebeneck	n-Eck
Anzahl der von einem Eckpunkt ausgehenden Diagonalen	–					
Anzahl der dadurch entstehenden Teildreiecke	–					
Winkelsumme im Vieleck						

2 Regelmäßige Vielecke:
Alle Seiten sind gleich lang und alle Winkel sind gleich groß.
Konstruiere jeweils die Seitenhalbierenden und die Winkelhalbierenden.
Untersuche den Zusammenhang zwischen Winkelhalbierenden, Seitenhalbierenden und den Symmetrieachsen.

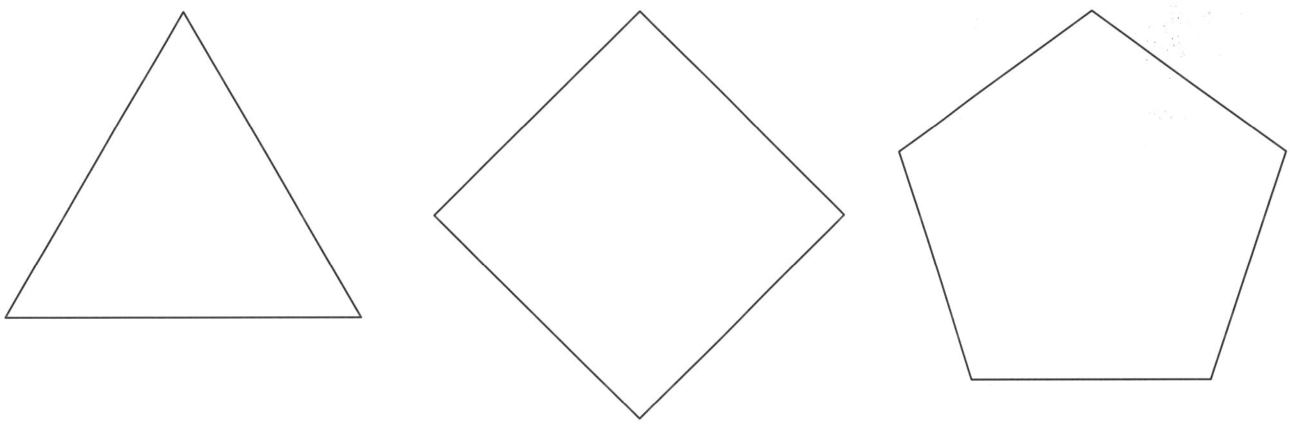

3 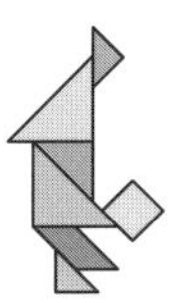 Gibt es Sechsecke mit gleich langen Seiten, aber ungleich großen Winkeln?
Wenn ja, zeichne ein solches Sechseck.

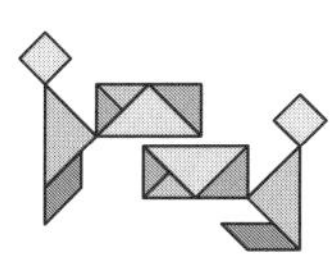

1 Allgemeine Vielecke (Polygone):

a) Zeichne Skizzen der angegebenen allgemeinen Vielecke.
Zeichne, wenn möglich, alle von einem beliebigen Eckpunkt ausgehenden Diagonalen ein.

(1) Dreieck

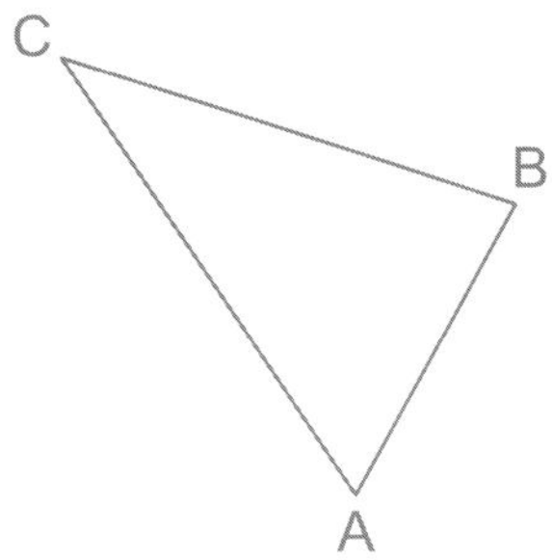

(2) Viereck

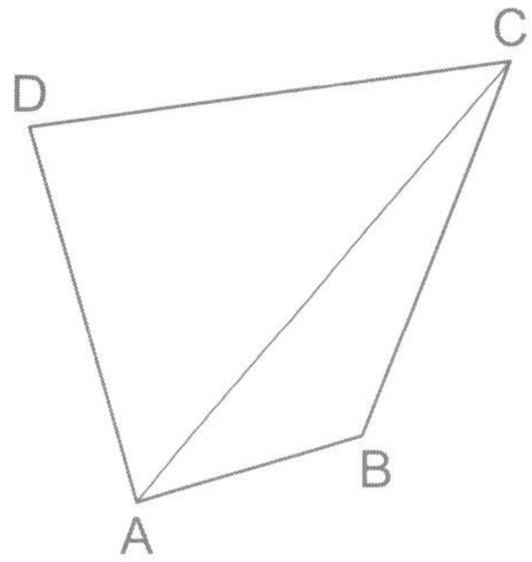

(3) Fünfeck

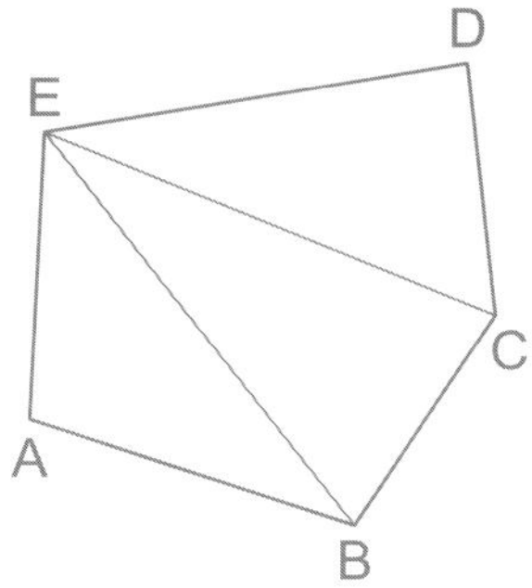

(4) Sechseck

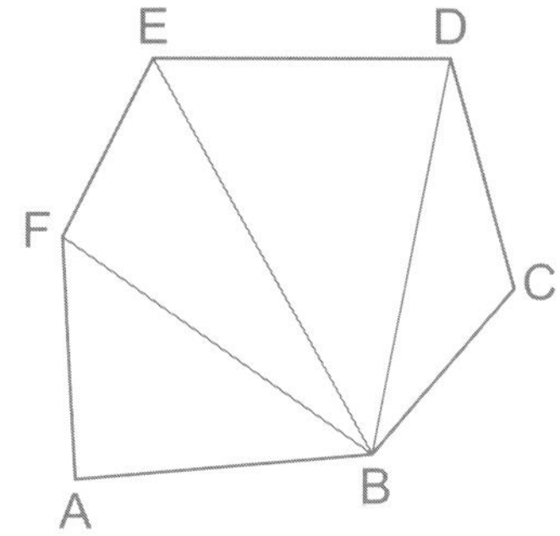

b) Lies aus deinen Skizzen ab bzw. ergänze.

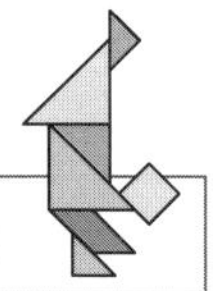

Figur	Dreieck	Viereck	Fünfeck	Sechseck	Siebeneck	n-Eck
Anzahl der von einem Eckpunkt ausgehenden Diagonalen	–	1	2	3	4	n – 3
Anzahl der dadurch entstehenden Teildreiecke	–	2	3	4	5	n – 2
Winkelsumme im Vieleck	180°	360°	540°	720°	900°	(n – 2) · 180°

2 Regelmäßige Vielecke:
Alle Seiten sind gleich lang und alle Winkel sind gleich groß.
Konstruiere jeweils die Seitenhalbierenden und die Winkelhalbierenden.
Untersuche den Zusammenhang zwischen Winkelhalbierenden, Seitenhalbierenden und den Symmetrieachsen.

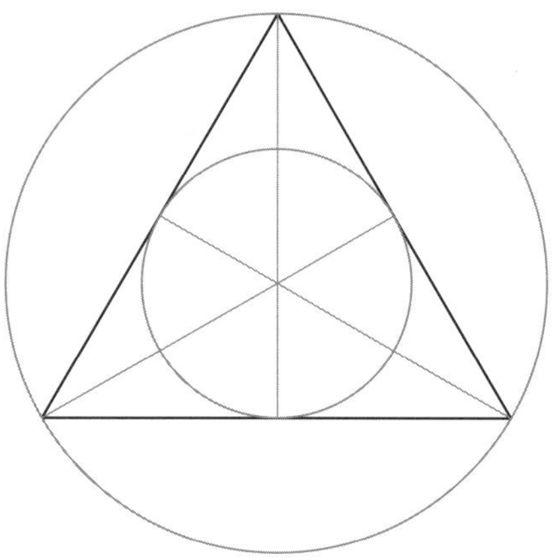

Symmetrieachsen sind die Winkelhalbierenden (= Seitenhalbierenden).

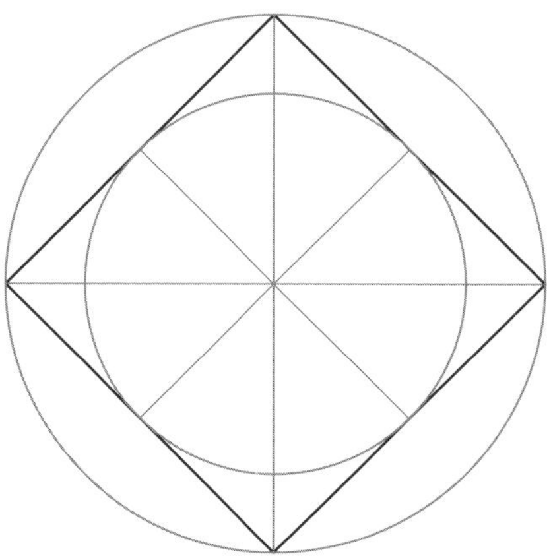

Symmetrieachsen sind die Winkelhalbierenden (= Diagonalen) und die Seitenhalbierenden.

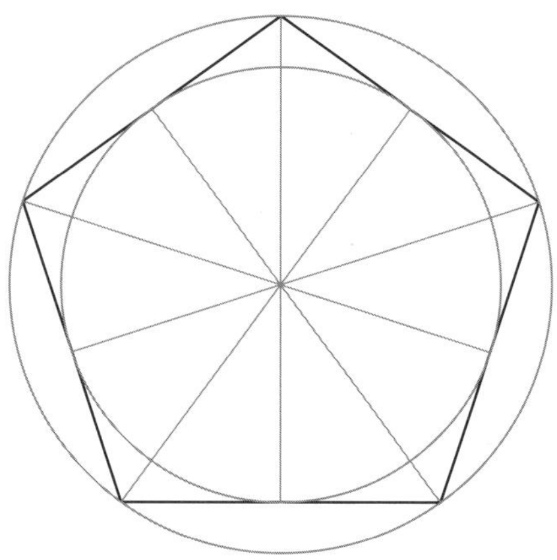

Symmetrieachsen sind die Winkelhalbierenden (= Seitenhalbierenden).

3

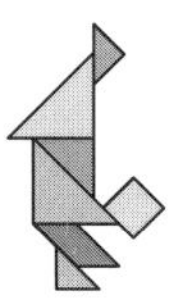

Gibt es Sechsecke mit gleich langen Seiten, aber ungleich großen Winkeln?
Wenn ja, zeichne ein solches Sechseck.

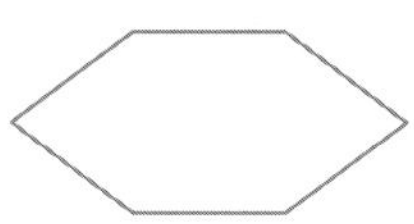

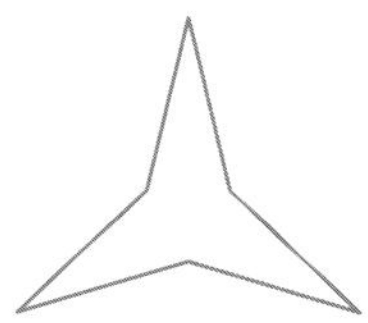

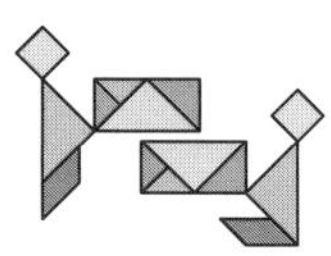

1 Konstruiere das allgemeines Viereck ABCD mit: a = 6,1 cm, b = 5,7 cm, d = 2,8 cm, α = 90°, β = 125°.
Gib die Größen aller Winkel an.

Planfigur:

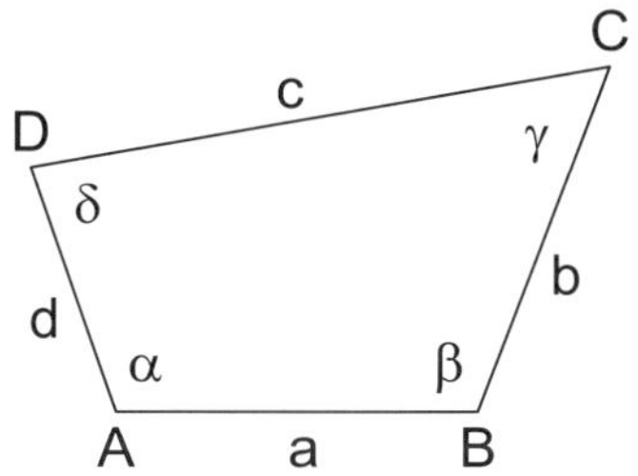

α = ... β = ...

γ = ... δ = ...

2 Konstruiere das Parallelogramm ABCD mit: a = 70 mm, b = 53 mm, α = 65°.
Gib die Größen aller Winkel an.

Planfigur:

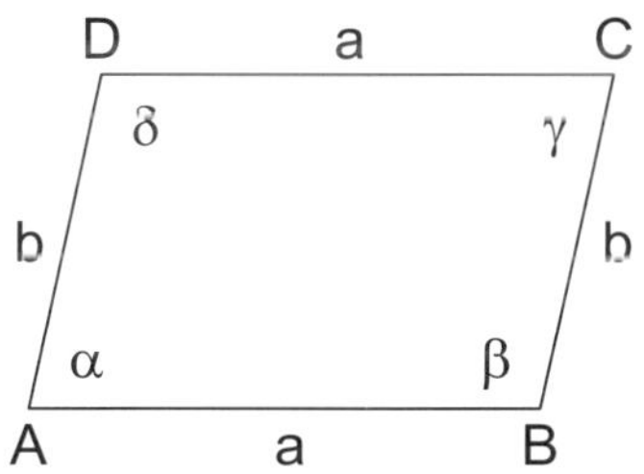

α = ... β = ...

γ = ... δ = ...

3 Konstruiere das allgemeine Trapez ABCD mit: a = 75 mm, c = 30 mm, d = 44 mm, α = 48°.
Gib die Größen aller Winkel an.

Planfigur:

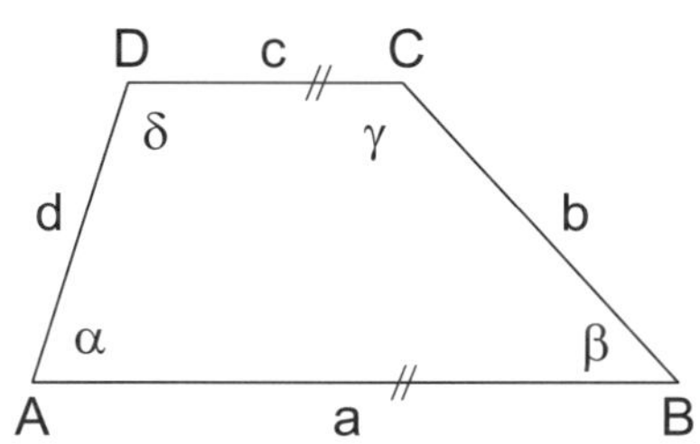

α = ... β = ...

γ = ... δ = ...

4 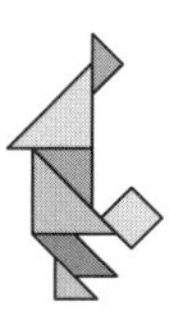

Gibt es Vierecke, die man mit einer Geraden in drei Teile teilen kann?
Wenn ja, zeichne ein solches Viereck.

A: ....

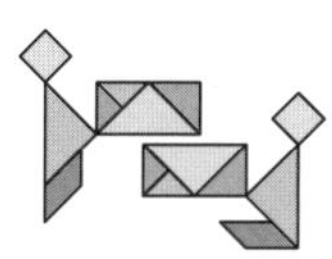

1 Konstruiere das allgemeines Viereck ABCD mit: a = 6,1 cm, b = 5,7 cm, d = 2,8 cm, α = 90°, β = 125°.
Gib die Größen aller Winkel an.

Planfigur:

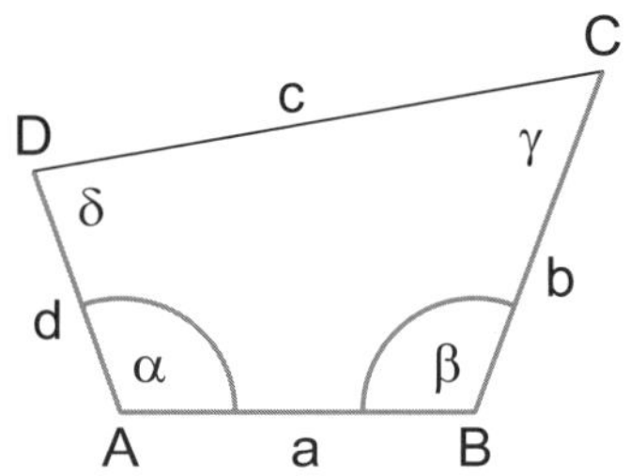

α = 90° β = 125°

γ = 43,7° δ = 101,3°

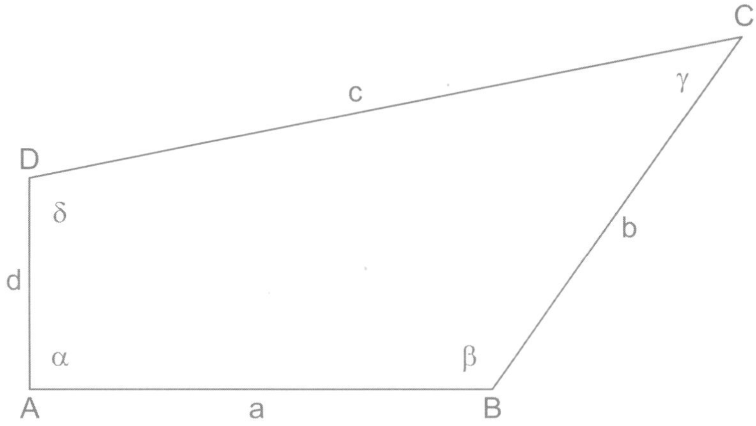

2 Konstruiere das Parallelogramm ABCD mit: a = 70 mm, b = 53 mm, α = 65°.
Gib die Größen aller Winkel an.

Planfigur:

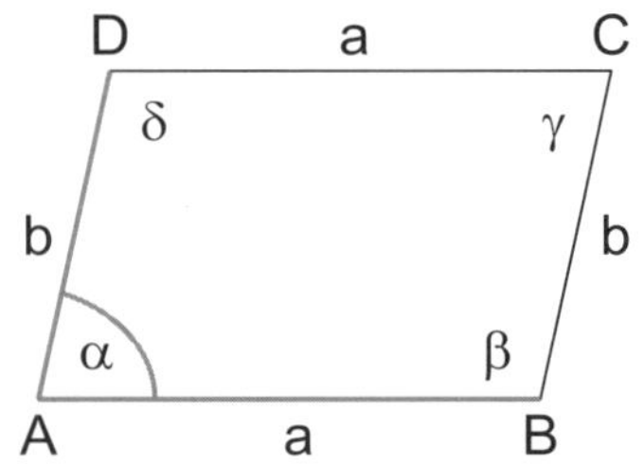

α = 65° β = 115°

γ = 65° δ = 115°

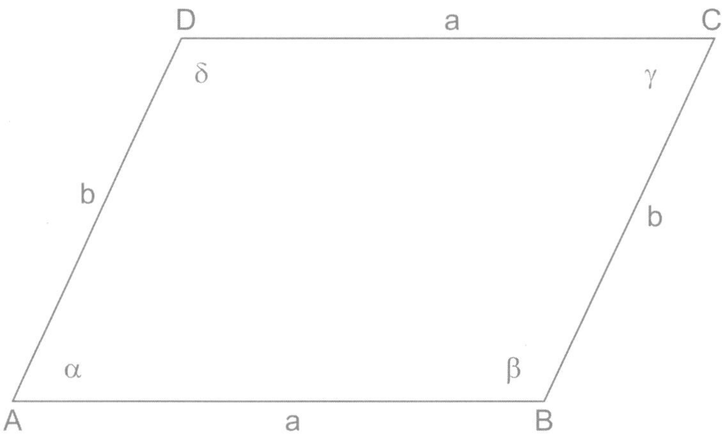

3 Konstruiere das allgemeine Trapez ABCD mit: a = 75 mm, c = 30 mm, d = 44 mm, α = 48°.
Gib die Größen aller Winkel an.

Planfigur:

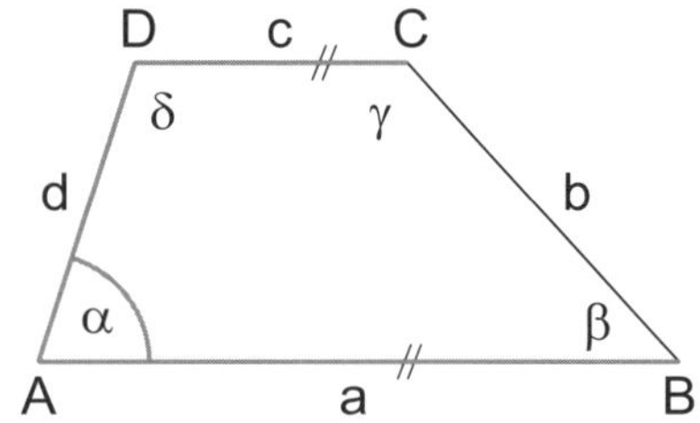

α = 48° β = 64,6°

γ = 115,4° δ = 132°

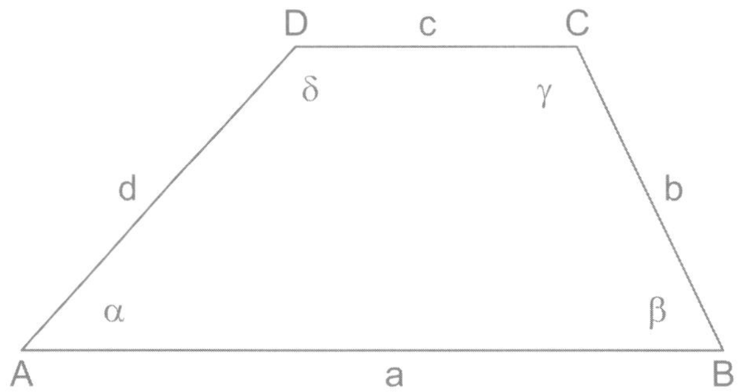

4 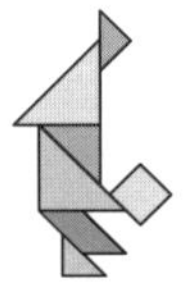

Gibt es Vierecke, die man mit einer Geraden in drei Teile teilen kann?
Wenn ja, zeichne ein solches Viereck.

A: Ja, alle konkaven Vierecke.

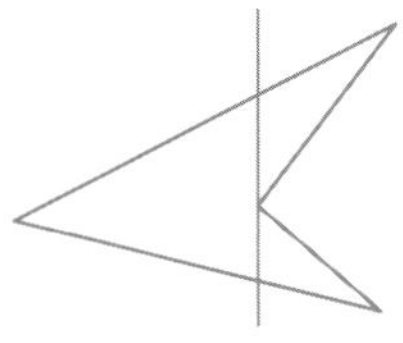

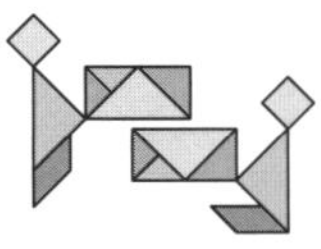

1 Notiere die Namen der Vierecke.

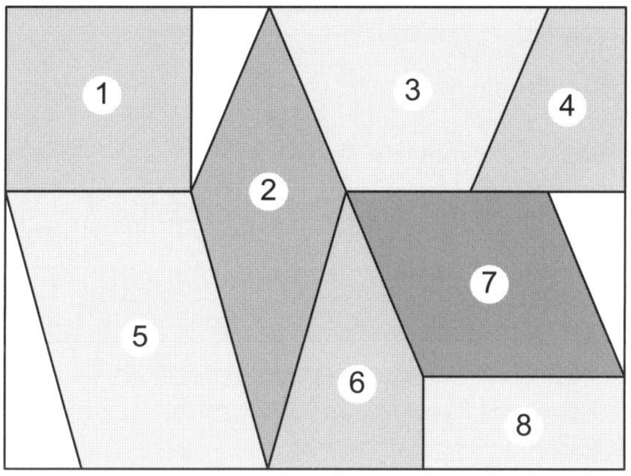

① ....
② ....
③ ....
④ ....
⑤ ....
⑥ ....
⑦ ....
⑧ ....

2 Drachenviereck, Raute und Quadrat haben gemeinsame Eigenschaften.
Gib an, ob die Aussagen richtig (✓) oder falsch (f) sind.

a) Diese Vierecke haben mindestens zwei gleich lange Seiten. ☐

b) Diese Vierecke haben mindestens zwei parallele Seiten. ☐

c) Die Diagonalen dieser Vierecke sind senkrecht zueinander ☐

d) Die Diagonalen dieser Vierecke halbieren sich. ☐

e) Diese Vierecke sind punktsymmetrisch. ☐

f) Diese Vierecke sind achsensymmetrisch. ☐

3 a) Konstruiere im Koordinatensystem das Quadrat ABCD mit den Eckpunkten B(2,5|−1) und D(−2,5|2).
Zeichne den Inkreis und den Umkreis.
Gib die Koordinaten der Eckpunkte A und C und des Mittelpunktes M an.

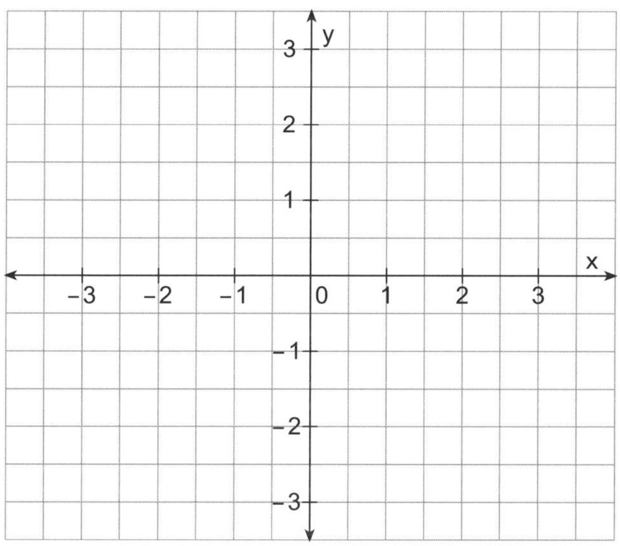

....

b) Konstruiere im Koordinatensystem die Raute ABCD mit den Eckpunkten A(−2,5|−3) und B(2,5|−2) und dem Mittelpunkt M(0,5|0).
Zeichne den Inkreis.
Gib die Koordinaten der Eckpunkte C und D an.

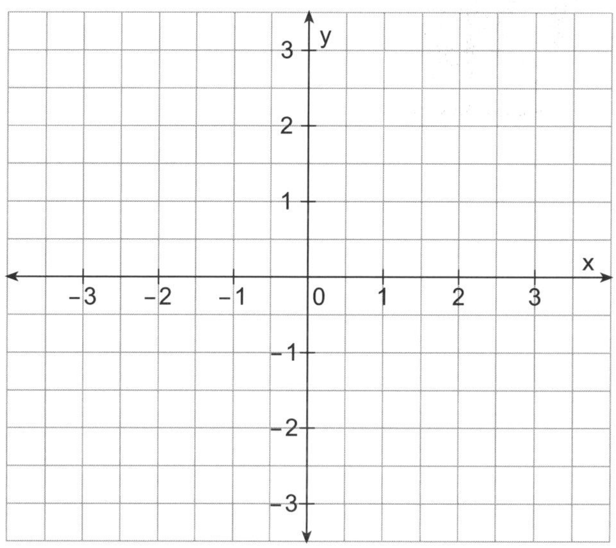

....

4 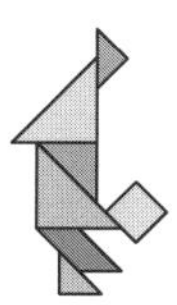

Das Quadrat hat einen Inkreis und einen Umkreis.
Die Raute hat ebenfalls einen Inkreis, aber sie hat keinen Umkreis.
Kennst du ein Viereck, das einen Umkreis, aber keinen Inkreis hat? Wenn ja, begründe.

....

....

1 Notiere die Namen der Vierecke.

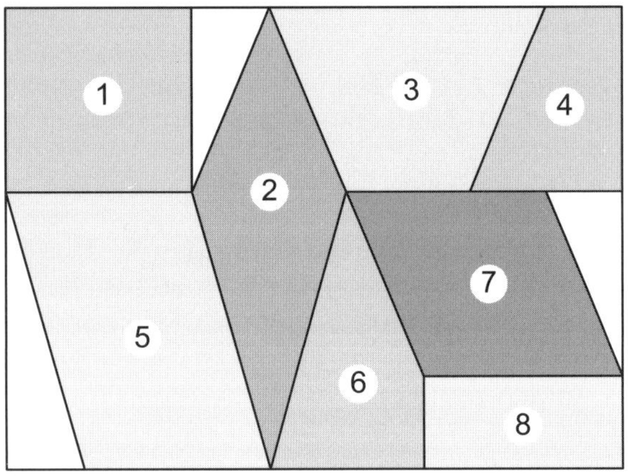

① Quadrat
② Drachenviereck
③ gleichschenkliges Trapez
④ allgemeines (rechtwinkliges)Trapez
⑤ Parallelogramm
⑥ allgemeines Viereck
⑦ Raute
⑧ Rechteck

2 Drachenviereck, Raute und Quadrat haben gemeinsame Eigenschaften.
Gib an, ob die Aussagen richtig (✓) oder falsch (f) sind.

a) Diese Vierecke haben mindestens zwei gleich lange Seiten. ✓

b) Diese Vierecke haben mindestens zwei parallele Seiten. f

c) Die Diagonalen dieser Vierecke sind senkrecht zueinander ✓

d) Die Diagonalen dieser Vierecke halbieren sich. f

e) Diese Vierecke sind punktsymmetrisch. f

f) Diese Vierecke sind achsensymmetrisch. ✓

3 a) Konstruiere im Koordinatensystem das Quadrat ABCD mit den Eckpunkten B(2,5|−1) und D(−2,5|2).
Zeichne den Inkreis und den Umkreis.
Gib die Koordinaten der Eckpunkte A und C und des Mittelpunktes M an.

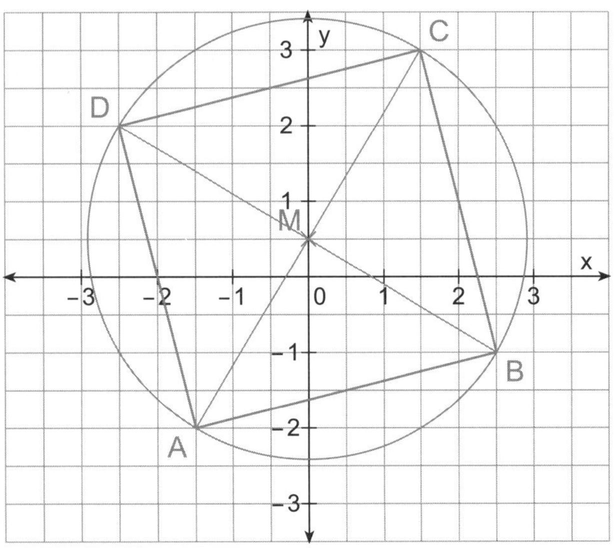

A(−1,5|−2) C(1,5|3) M(0|0,5)

b) Konstruiere im Koordinatensystem die Raute ABCD mit den Eckpunkten A(−2,5|−3) und B(2,5|−2) und dem Mittelpunkt M(0,5|0).
Zeichne den Inkreis.
Gib die Koordinaten der Eckpunkte C und D an.

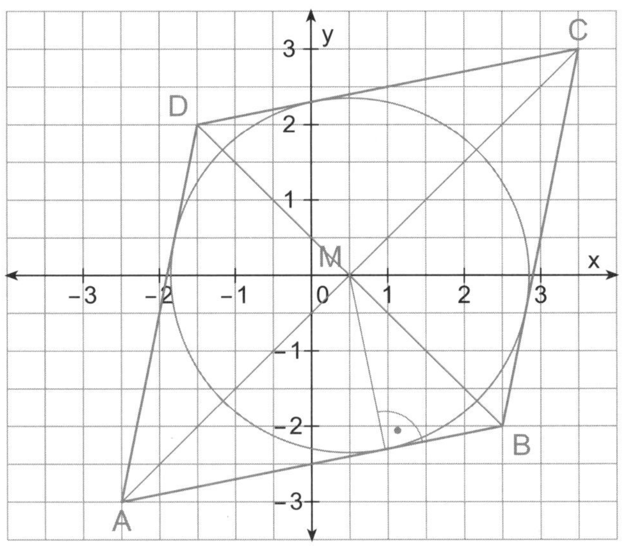

C(3,5|3) D(−1,5|2)

4 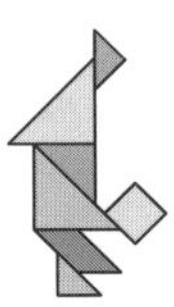

Das Quadrat hat einen Inkreis und einen Umkreis.
Die Raute hat ebenfalls einen Inkreis, aber sie hat keinen Umkreis.
Kennst du ein Viereck, das einen Umkreis, aber keinen Inkreis hat? Wenn ja, begründe.

Rechteck, gleichschenkliges Trapez (alle Sehnenvierecke).
Die Mittelsenkrechten schneiden einander in genau einem Punkt.

1

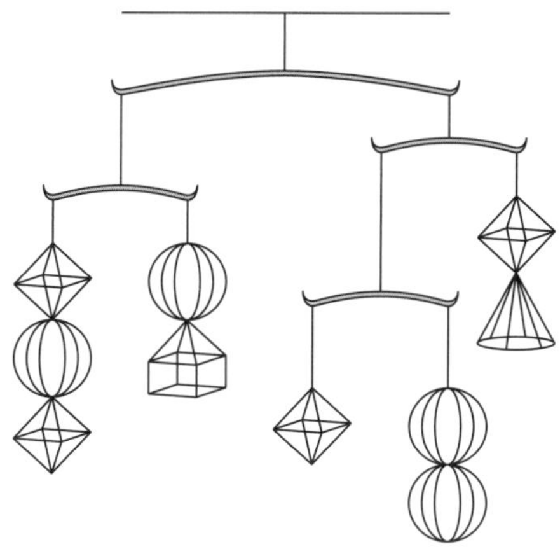

Für ein Mobile werden Drahtfiguren (geometrischen Körpern nachempfunden) hergestellt.

a) Stelle für jede Figur einen Term auf, mit dem die Drahtlänge d berechnet werden kann. Berechne dann die Drahtlänge für x = 3 cm.
Anmerkung: Die Einheit „cm“ ist weggelassen.

b) 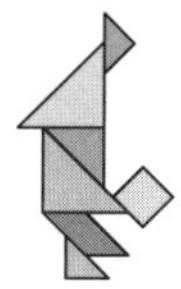
Bei dem Mobile bestehen die senkrechten Verbindungen aus dünnen Fäden; das Gewicht ist zu vernachlässigen. Die Querbügel müssen jedoch beachtet werden.
Welche Figur ist ebenso schwer wie ein kurzer Querbügel? ....

„Doppelpyramide“

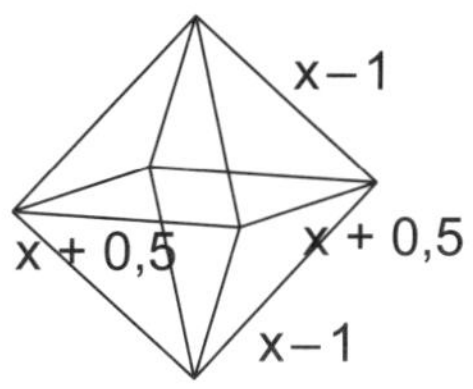

....

„Haus“

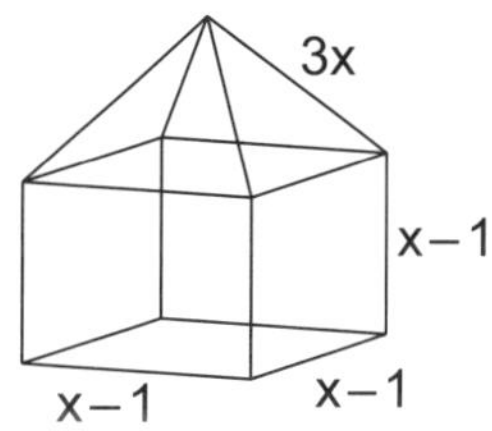

....

„Kugel“

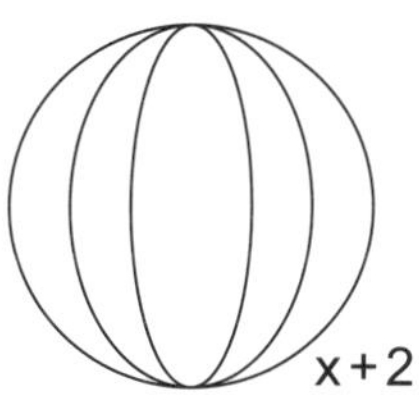

....

„Kegel“

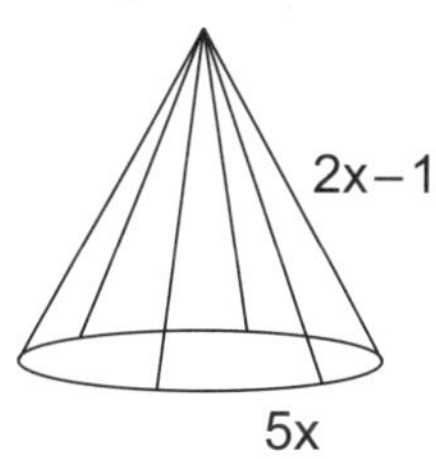

....

2 Gib jeweils eine Formel für den Flächeninhalt und den Umfang an. Vereinfache so weit wie möglich.

a)

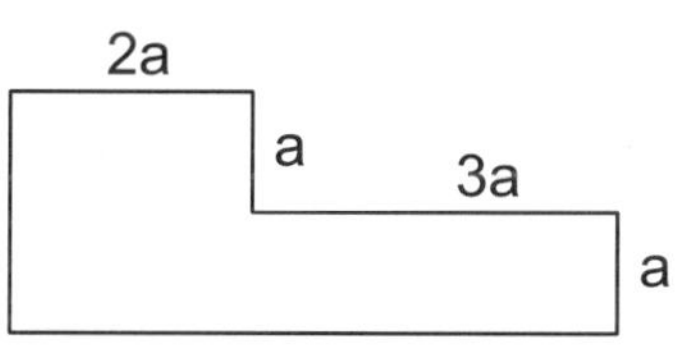

A = ...

u = ...

b)

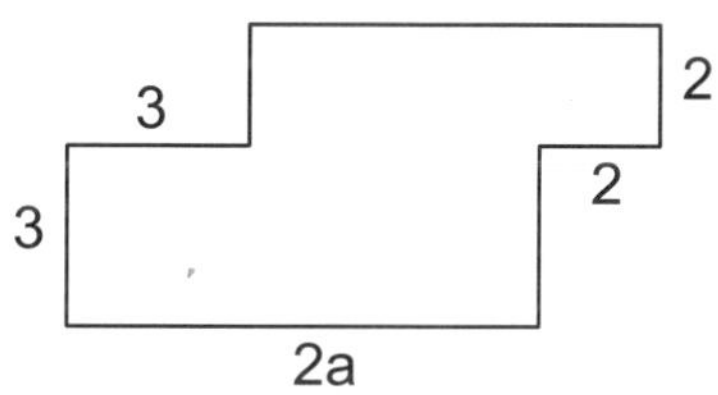

A = ...

u = ...

c)

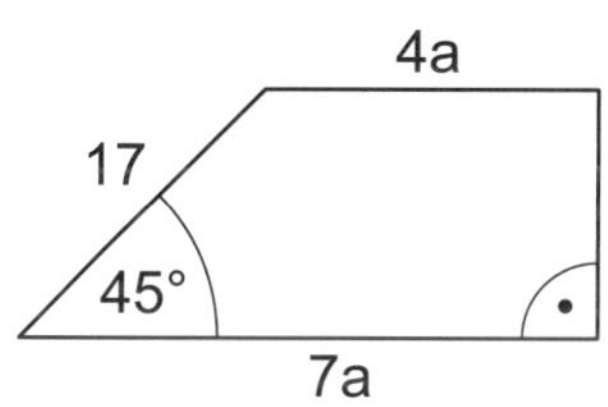

A = ...

u = ...

1

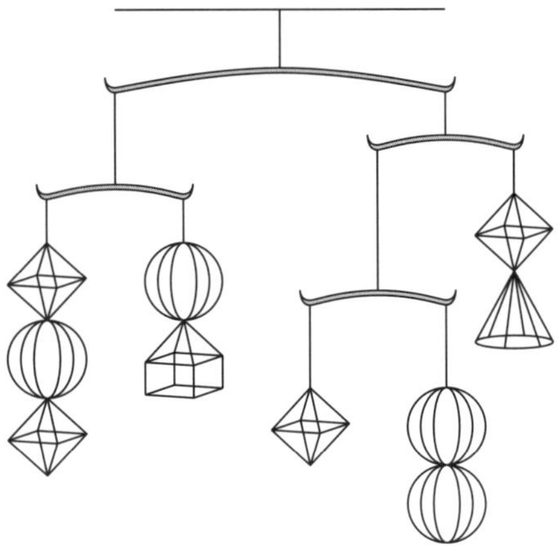

Für ein Mobile werden Drahtfiguren (geometrischen Körpern nachempfunden) hergestellt.

a) Stelle für jede Figur einen Term auf, mit dem die Drahtlänge d berechnet werden kann. Berechne dann die Drahtlänge für x = 3 cm.
Anmerkung: Die Einheit „cm" ist weggelassen.

b) 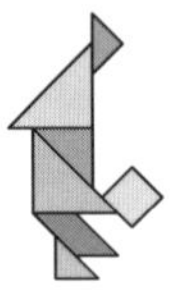 Bei dem Mobile bestehen die senkrechten Verbindungen aus dünnen Fäden; das Gewicht ist zu vernachlässigen. Die Querbügel müssen jedoch beachtet werden.
Welche Figur ist ebenso schwer wie ein kurzer Querbügel? „Kugel"

„Doppelpyramide"

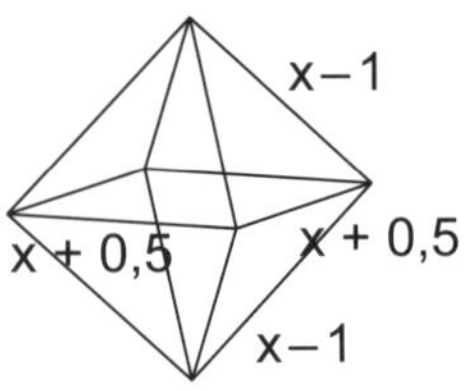

$d_1 = 4(x + 0{,}5) + 8 \cdot (x - 1)$
$= 4x + 2 + 8x - 8$
$= 12x - 6$
$d_1 = 12 \cdot 3 - 6$
$= 36 - 6$
$= 30$

„Haus"

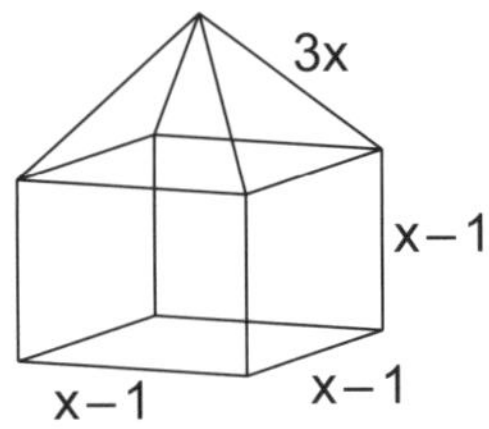

$d_2 = 12 \cdot (x - 1) + 4 \cdot 3x$
$= 12x - 12 + 12x$
$= 24x - 12$
$d_2 = 24 \cdot 3 - 12$
$= 72 - 12$
$= 60$

„Kugel"

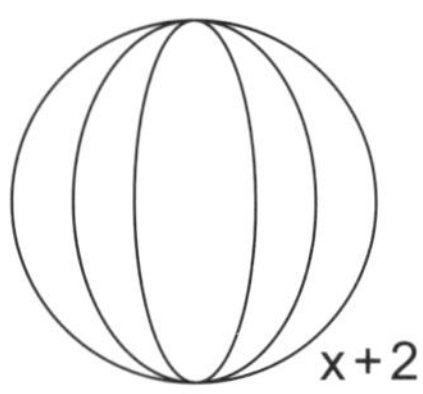

$d_3 = 3 \cdot (x + 2)$
$= 3x + 6$
$d_3 = 3 \cdot 3 + 6$
$= 9 + 6$
$= 15$

„Kegel"

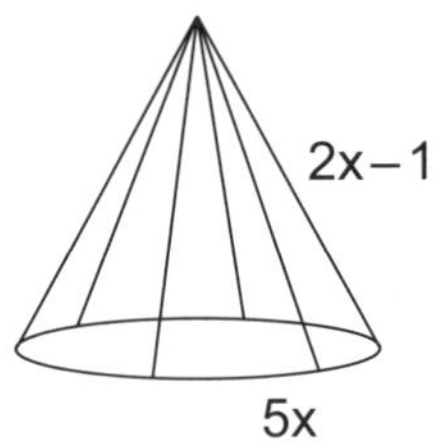

$d_4 = 5x + 6 \cdot (2x - 1)$
$= 5x + 12x - 6$
$= 17x - 6$
$d_4 = 17 \cdot 3 - 6$
$= 51 - 6$
$= 45$

2 Gib jeweils eine Formel für den Flächeninhalt und den Umfang an. Vereinfache so weit wie möglich.

a)

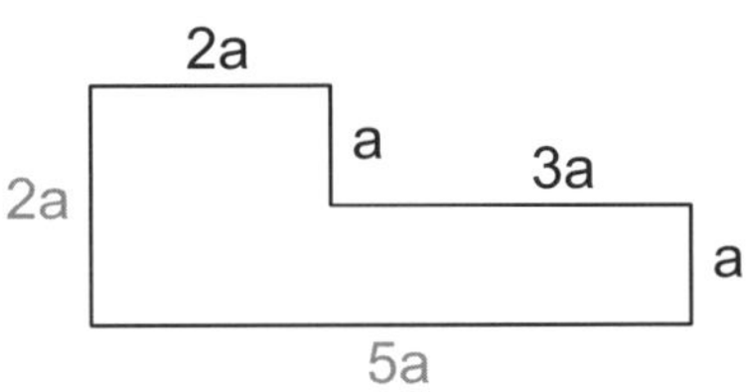

$A = 5a \cdot 2a - 3a \cdot a$
$= 10a^2 - 3a^2$
$= 7a^2$

$u = (5a + 2a) \cdot 2$
$= 14a$

b)

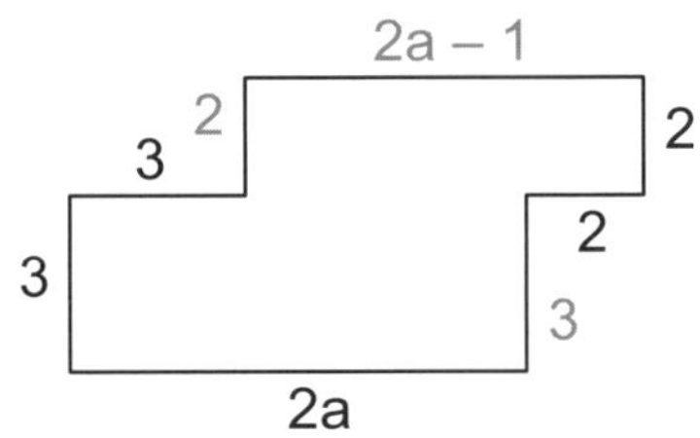

$A = 2a \cdot 5 - 3 \cdot 2 + 2 \cdot 2$
$= 10a - 6 + 4$
$= 10a - 2$

$u = (2a + 3 + 2 + 2) \cdot 2$
$= (2a + 7) \cdot 2$
$= 4a + 14$

c)

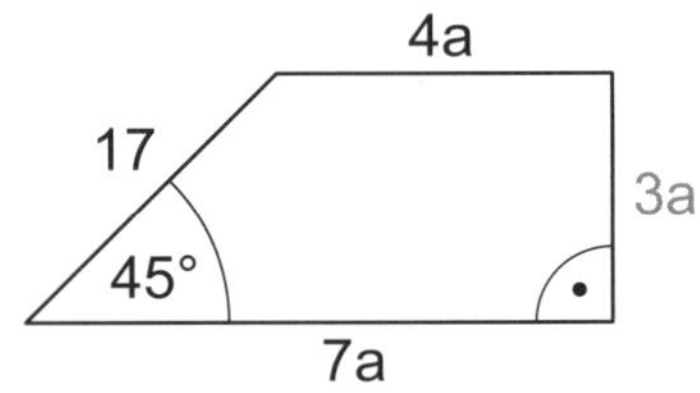

$A = 4a \cdot 3a + \frac{3a \cdot 3a}{2}$
$= 12a^2 + 4{,}5a^2$
$= 16{,}5a^2$

$u = 7a + 3a + 4a + 17$
$= 14a + 17$

1 Martin hat 25 € in der Geldbörse. Er gibt 3 € für die Pausenmahlzeit und 7 € für Schulartikel aus. Welche Terme passen zum Text? Kreuze an.

☐ $25 - (3 - 7)$ ☐ $25 - (3 + 7)$ ☐ $25 - 3 - 7$ ☐ $25 - 3 + 7$ ☐ $3 + 7 - 25$

2 Notiere zwei verschiedene Terme.

a) Martina hat 240 € auf ihrem Sparkonto. Im Laufe des Monats hebt sie 45 € und 110 € ab, 85 € werden gutgeschrieben.

b) Von 1200 Zirkuskarten wurden a Kinderkarten und b Erwachsenenkarten verkauft sowie c Freikarten vergeben.

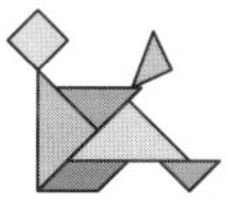

Steht ein Plus vor der Klammer, so darf diese weggelassen werden.
Steht ein Minus vor der Klammer, so darf diese weggelassen werden, wenn dafür alle Vorzeichen in der Klammer umgekehrt werden.

3 Vereinfache den Term.
Beschreibe die einzelnen Rechenschritte.

$3a + (b + 4a) - (2b + 5a)$

4 Löse die Klammern auf (zuerst die inneren und danach die äußeren), ordne und fasse zusammen.

a) $2a + (3a - 4b)$ $\quad -a - (6a + b)$ $\quad 3a - (3a - 4b)$

b) $8x - (4x + 3y) + (x - 5y)$ $\quad 6x + (8x + y) - (9x - 2y)$ $\quad x - (9x + 5y) - (-7x + 2y)$

c) $5e - [2 - (4e + 7) - 3e]$ $\quad e - [(6 + 5e) - (2e + 3)]$ $\quad 5e - [3 - (2e + 3)] - 9$

5 Verbinde äquivalente Terme mit jeweils einer geraden Linie.

$3x + 4xy - y$	$3x + 4xy + y$	$-3x + 4xy - y$	$-3x - 4xy - y$	$3x - 4xy + y$	$-3x - 4xy + y$
$-3x + (4xy - y)$	$3x - (4xy - y)$	$(3x + 4xy) - y$	$3x - (-4xy - y)$	$-3x - (4xy + y)$	$-(3x + 4xy - y)$

1 Martin hat 25 € in der Geldbörse. Er gibt 3 € für die Pausenmahlzeit und 7 € für Schulartikel aus. Welche Terme passen zum Text? Kreuze an.

☐ 25 – (3 – 7)   ☒ 25 – (3 + 7)   ☒ 25 – 3 – 7   ☐ 25 – 3 + 7   ☐ 3 + 7 – 25

2 Notiere zwei verschiedene Terme.

a) Martina hat 240 € auf ihrem Sparkonto. Im Laufe des Monats hebt sie 45 € und 110 € ab, 85 € werden gutgeschrieben.

240 – 45 – 110 + 85

240 – (45 + 110 – 85)

b) Von 1200 Zirkuskarten wurden a Kinderkarten und b Erwachsenenkarten verkauft sowie c Freikarten vergeben.

1200 – (a + b + c)

1200 – a – b – c

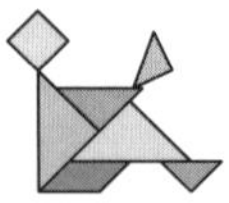

Steht ein Plus vor der Klammer, so darf diese weggelassen werden.
Steht ein Minus vor der Klammer, so darf diese weggelassen werden, wenn dafür alle Vorzeichen in der Klammer umgekehrt werden.

3 Vereinfache den Term.
Beschreibe die einzelnen Rechenschritte.

3a + (b + 4a) – (2b + 5a)	Runde Klammern auflösen
= 3a + b + 4a – 2b – 5a	Ordnen
= 3a + 4a – 5a + b – 2b	Zusammenfassen
= 2a – b	

4 Löse die Klammern auf (zuerst die inneren und danach die äußeren), ordne und fasse zusammen.

a) 2a + (3a – 4b)
= 2a + 3a – 4b
= 5a – 4b

–a – (6a + b)
= –a – 6a – b
= –7a – b

3a – (3a – 4b)
= 3a – 3a + 4b
= 4b

b) 8x – (4x + 3y) + (x – 5y)
= 8x – 4x – 3y + x – 5y
= 8x – 4x + x – 3y – 5y
= 5x – 8y

6x + (8x + y) – (9x – 2y)
= 6x + 8x + y – 9x + 2y
= 6x + 8x – 9x + y + 2y
= 5x + 3y

x – (9x + 5y) – (– 7x + 2y)
= x – 9x – 5y + 7x – 2y
= x – 9x + 7x – 5y – 2y
= –x – 7y

c) 5e – [2 – (4e + 7) – 3e]
= 5e – [2 – 4e – 7 – 3e]
= 5e – 2 + 4e + 7 + 3e
= 5e + 4e + 3e – 2 + 7
= 12e + 5

e – [(6 + 5e) – (2e + 3)]
= e – [6 + 5e – 2e – 3]
= e – 6 – 5e + 2e + 3
= e – 5e + 2e – 6 + 3
= –2e – 3

5e – [3 – (2e + 3)] – 9
= 5e – [3 – 2e – 3] – 9
= 5e – 3 + 2e + 3 – 9
= 5e + 2e – 3 + 3 – 9
= 7e – 9

5 Verbinde äquivalente Terme mit jeweils einer geraden Linie.

3x + 4xy – y	3x + 4xy + y	– 3x + 4xy – y	– 3x – 4xy – y	3x – 4xy + y	– 3x – 4xy + y

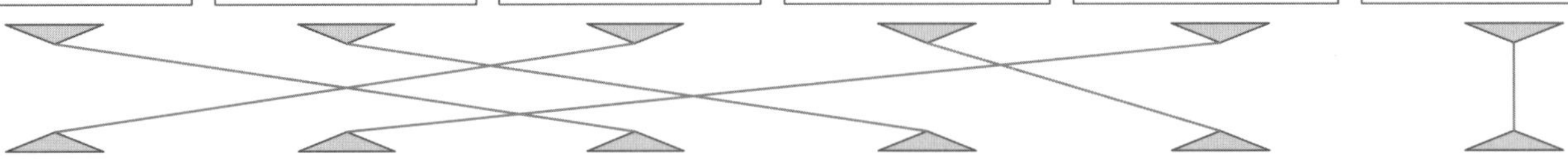

– 3x + (4xy – y)	3x – (4xy – y)	(3x + 4xy) – y	3x – (– 4xy – y)	– 3x – (4xy + y)	– (3x + 4xy – y)

Name:

1 Ergänze die Beschriftung. Gib die Rechteckfläche als Gesamtfläche und als Summe der Teilflächen an.

a)
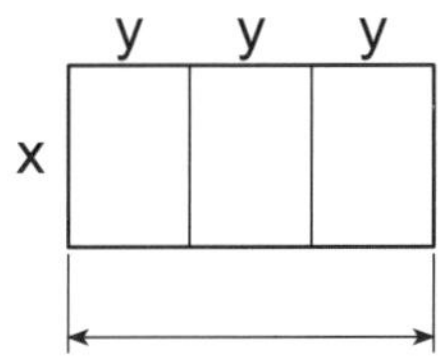

b)
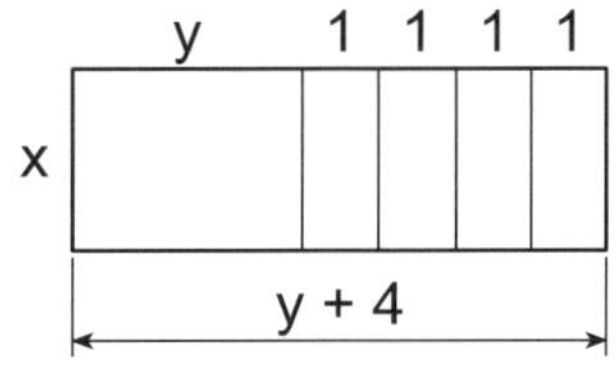

c)
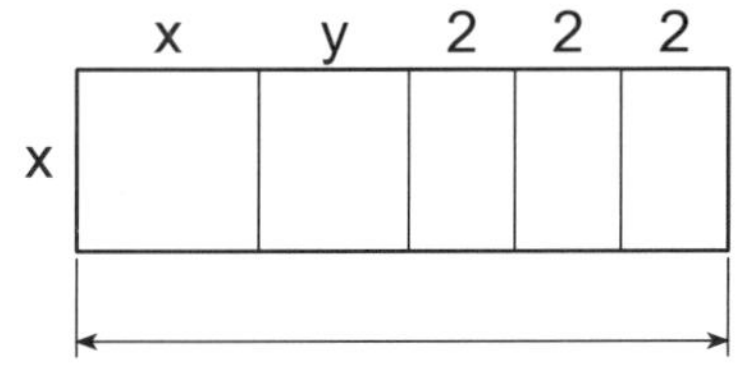

2 Schreibe als Summe.

a) $2 \cdot (a + b)$ ....

$5 \cdot (a - 2b)$ ....

$0{,}7 \cdot (3a + 5b)$ ....

b) $3x \cdot (x - y)$ ....

$-5y \cdot (3x + 2y)$ ....

$0{,}6x \cdot (-2x + 7y)$ ....

c) $(8a - 6b) : 2$ ....

$(-9a + 15b) : 3$ ....

$(2a + b) : (-1)$ ....

d) $(x^2 + 8xy) : x$ ....

$(12x^2y - 4y^2) : 4y$ ....

$(-x^2 + 6xy) : (-x)$ ....

3 Verbinde äquivalente Terme mit jeweils einer geraden Linie.

$2x^2y + 4xy$	$2x - 10$	$5x^2 + 10x^2y$	$5x^2 - 2x^2y$	$2x^2 + 5x$	$2{,}5x - 3y$
$2 \cdot (x - 5)$	$2xy \cdot (x + 2)$	$x \cdot (2x + 5)$	$5x^2 \cdot (1 + 2y)$	$5 \cdot (0{,}5x - 0{,}6y)$	$x^2 \cdot (5 - 2y)$

4 Schreibe als Produkt.

a) $3a + 3b$ ....

$-ab - ac$ ....

$8 - 6b + 4bc$ ....

$5a + 10ab + 15ac$ ....

$\frac{1}{4}a + \frac{3}{4}b + \frac{5}{4}c$ ....

b) $-2x^2 + 6$ ....

$4{,}5x + 9y$ ....

$6x^2 - 12x + 15xy$ ....

$x^2y + 3xy - 8xy^2$ ....

$\frac{3}{5}xy + \frac{2}{5}xz + \frac{4}{5}x$ ....

5 Den Flächeninhalt der Figur kann man auf verschiedene Arten beschreiben (Zerlegung/Ergänzung). Kennzeichne in der Skizze und stelle den entsprechenden Term auf. Vereinfache, wenn es möglich ist.

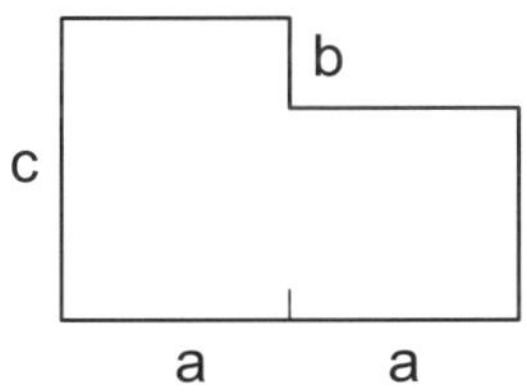

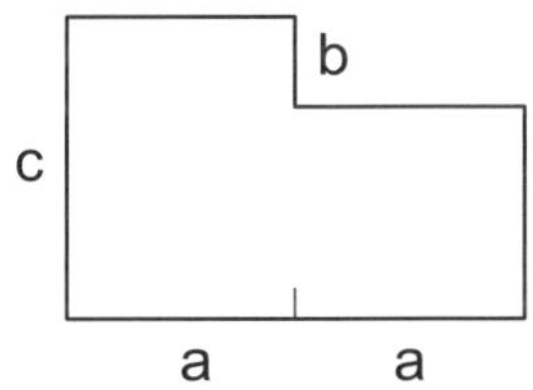

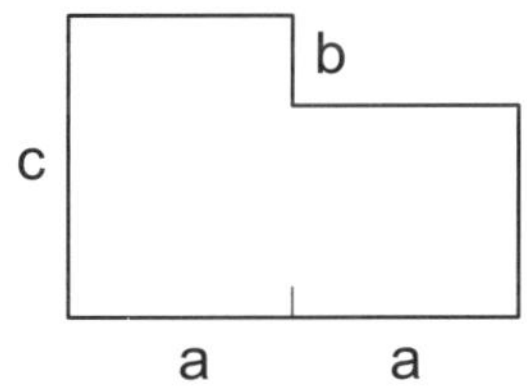

1 Ergänze die Beschriftung. Gib die Rechteckfläche als Gesamtfläche und als Summe der Teilflächen an.

a)
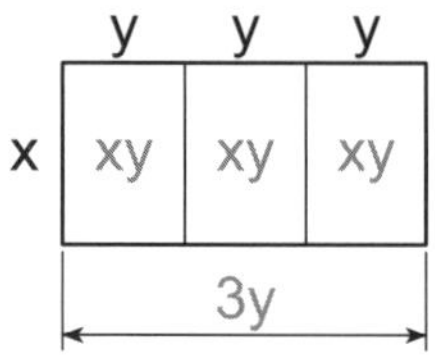

$A = x \cdot 3y$

$A = xy + xy + xy$

b)
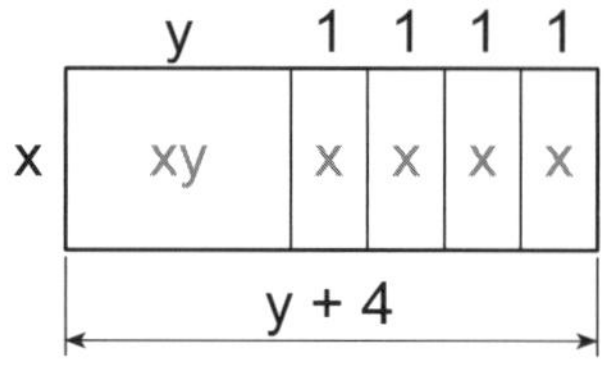

$A = x \cdot (y + 4)$

$A = xy + 4x$

c)
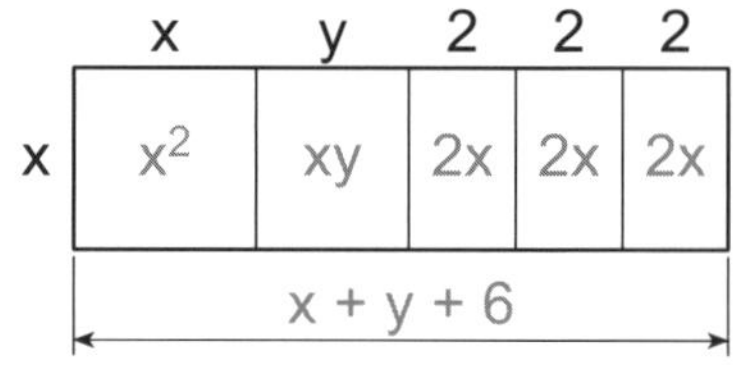

$A = x \cdot (x + y + 6)$

$A = x^2 + xy + 6x$

2 Schreibe als Summe.

a) $2 \cdot (a + b) = 2a + 2b$

$5 \cdot (a - 2b) = 5a - 10b$

$0{,}7 \cdot (3a + 5b) = 2{,}1a + 3{,}5b$

b) $3x \cdot (x - y) = 3x^2 - 3xy$

$-5y \cdot (3x + 2y) = -15xy - 10y^2$

$0{,}6x \cdot (-2x + 7y) = -1{,}2x^2 + 4{,}2xy$

c) $(8a - 6b) : 2 = 4a - 3b$

$(-9a + 15b) : 3 = -3a + 5b$

$(2a + b) : (-1) = -2a - b$

d) $(x^2 + 8xy) : x = x + 8y$

$(12x^2y - 4y^2) : 4y = 3x^2 - y$

$(-x^2 + 6xy) : (-x) = x - 6y$

3 Verbinde äquivalente Terme mit jeweils einer geraden Linie.

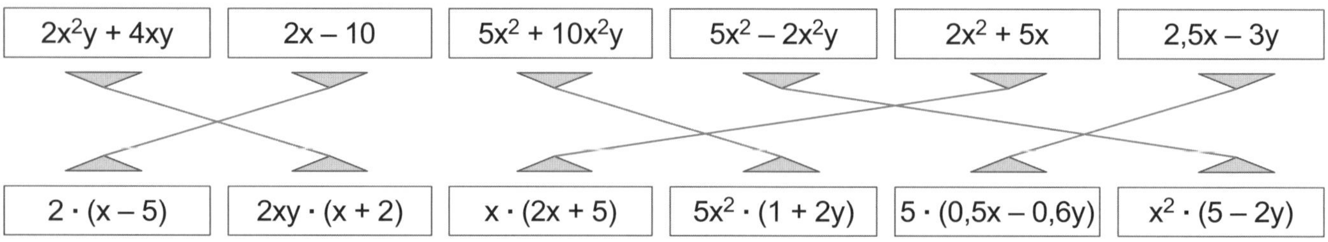

4 Schreibe als Produkt.

a) $3a + 3b = 3 \cdot (a + b)$

$-ab - ac = -a \cdot (b + c)$

$8 - 6b + 4bc = 2 \cdot (4 - 3b + 2bc)$

$5a + 10ab + 15ac = 5a \cdot (1 + 2b + 3c)$

$\frac{1}{4}a + \frac{3}{4}b + \frac{5}{4}c = \frac{1}{4} \cdot (a + 3b + 5c)$

b) $-2x^2 + 6 = -2 \cdot (x^2 - 3)$

$4{,}5x + 9y = 4{,}5 \cdot (x + 2y)$

$6x^2 - 12x + 15xy = 3x \cdot (2x - 4 + 5y)$

$x^2y + 3xy - 8xy^2 = xy \cdot (x + 3 - 8y)$

$\frac{3}{5}xy + \frac{2}{5}xz + \frac{4}{5}x = \frac{1}{5}x \cdot (3y + 2z + 4)$

5 Den Flächeninhalt der Figur kann man auf verschiedene Arten beschreiben (Zerlegung/Ergänzung). Kennzeichne in der Skizze und stelle den entsprechenden Term auf. Vereinfache, wenn es möglich ist.

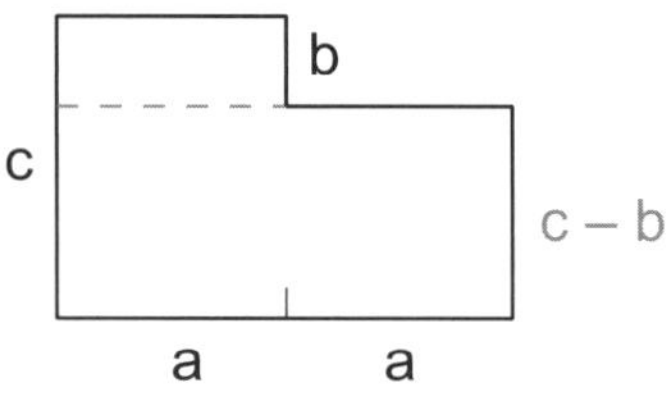

$A = 2 \cdot a \cdot (c - b) + a \cdot b$

$2 \cdot a \cdot c - 2 \cdot a \cdot b + a \cdot b$

$2 \cdot a \cdot c - a \cdot b$

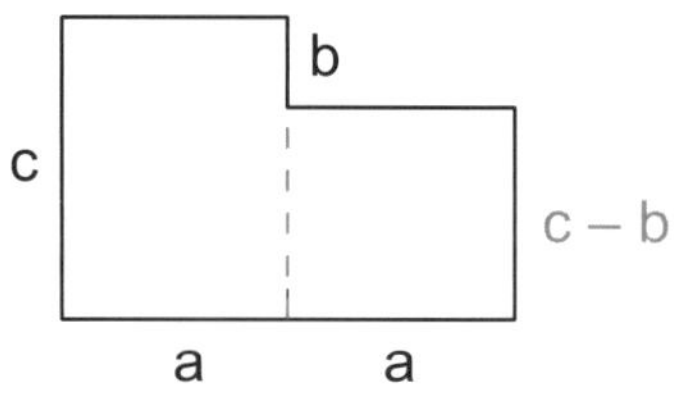

$A = a \cdot c + a \cdot (c - b)$

$a \cdot c + a \cdot c - a \cdot b$

$2 \cdot a \cdot c - a \cdot b$

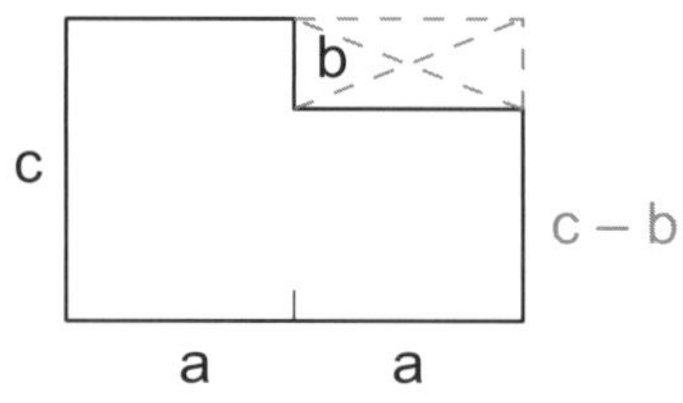

$A = 2 \cdot a \cdot c - a \cdot b$

Name:

1 Ergänze die Beschriftung.
Beschreibe den Flächeninhalt der Figur in Produktform und in Summenform. Vergleiche!

a) 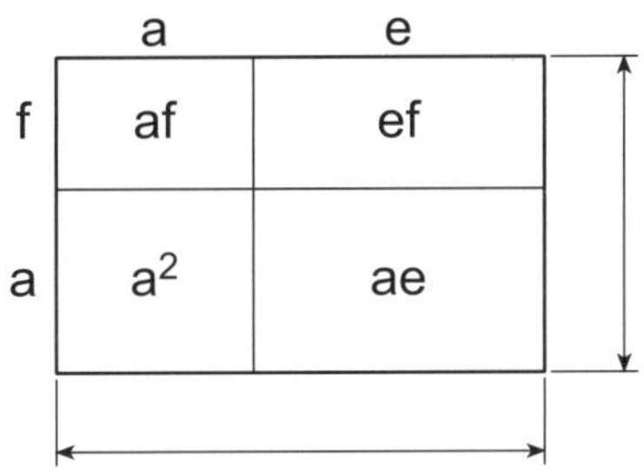

b) 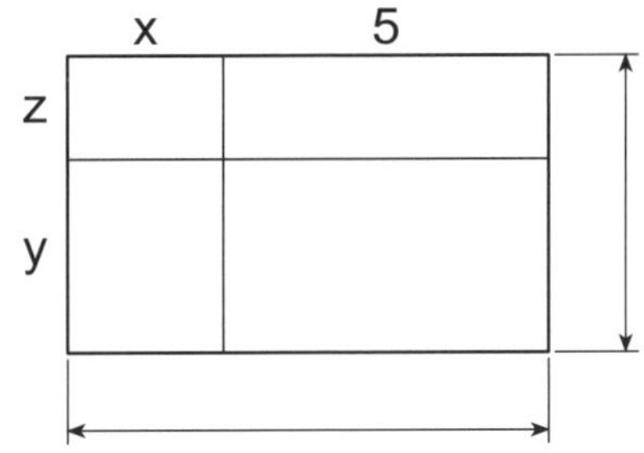

c) 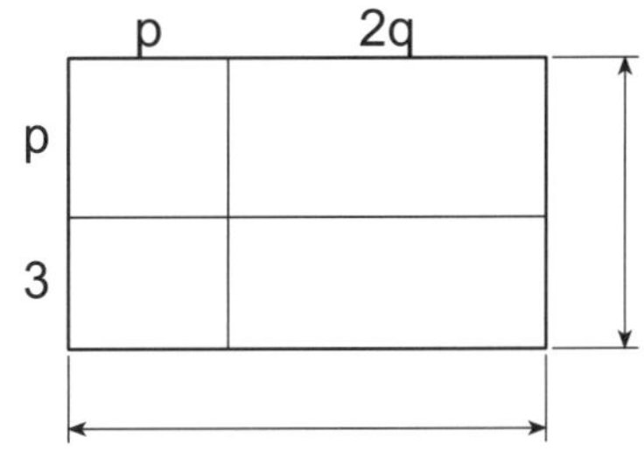

2 Schreibe jeweils als Summe.

a) $(a + 3) \cdot (b + 1)$ ....

$(2a + 5) \cdot (3c - 2)$ ....

$(b - 4c) \cdot (3b - 1)$ ....

b) $(3a + b) \cdot (c + 6)$ ....

$(5a - 4) \cdot (-b + c)$ ....

$(2a - 4b) \cdot (3a + 5)$ ....

3 Schreibe als Summe und fasse zusammen.

a) $(0{,}2a + 3) \cdot (0{,}7a + 4)$ ....

b) $(1{,}2m - 7n) \cdot (0{,}6m - n)$ ....

c) $(\frac{1}{3}u + 5v) \cdot (\frac{1}{2}u - 3v) =$ ....

4 Klammere aus.

a) $(\underline{a + 3}) \cdot 4 + (\underline{a + 3}) \cdot b$

b) $2x \cdot (xy + 5) - y \cdot (xy + 5)$

c) $3 \cdot (u^2 + 2v) - uv \cdot (u^2 + 2v)$

d) $a \cdot (2 + b) - 2b \cdot (2 + b)$

e) $-4 \cdot (5x - y) + y^2 \cdot (5x - y)$

f) $(u^2 - v^2) \cdot 2u + (u^2 - v^2) \cdot v$

5 Der Flächeninhalt der Figur wurde auf verschiedene Arten beschrieben – allerdings unvollständig.

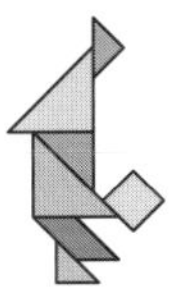

Beschrifte zunächst die Seiten der Teilflächen und der Gesamtfigur.
Studiere dann die unvollständigen Formeln und ergänze, was fehlt.

a) 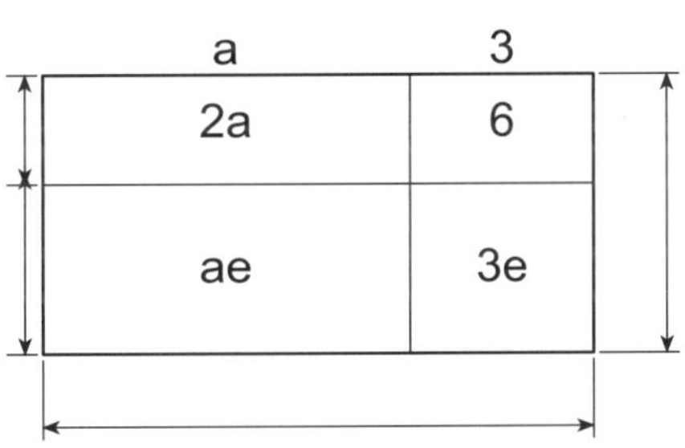

$A = (a + 3) \cdot$ ....

$A = a \cdot (e + 2) +$ ....

$A = (a + 3) \cdot e$ ....

$A = ae + 2a$ ....

b) 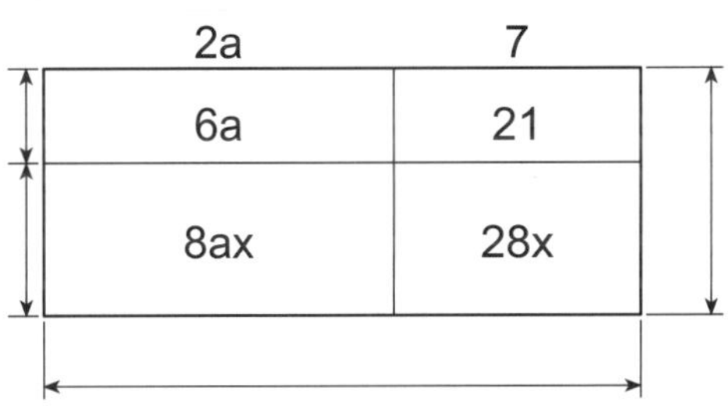

$A = 8ax + 28x$ ....

$A = 2a \cdot (4x + 3)$ ....

$A = (2a + 7) \cdot 4x$ ....

$A = (2a + 7)$ ....

1 Ergänze die Beschriftung.
Beschreibe den Flächeninhalt der Figur in Produktform und in Summenform. Vergleiche!

a)
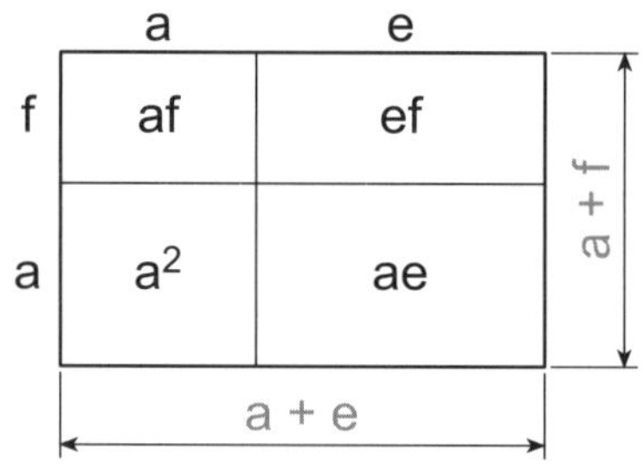

$A = (a + e) \cdot (a + f)$

$A = a^2 + af + ae + ef$

b)
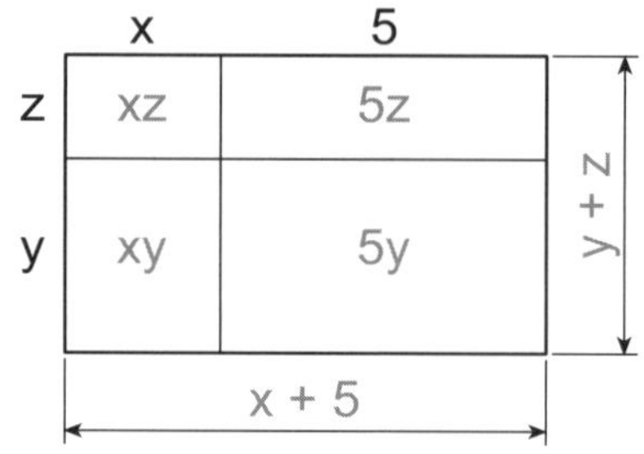

$A = (x + 5) \cdot (y + z)$

$A = xy + xz + 5y + 5z$

c)
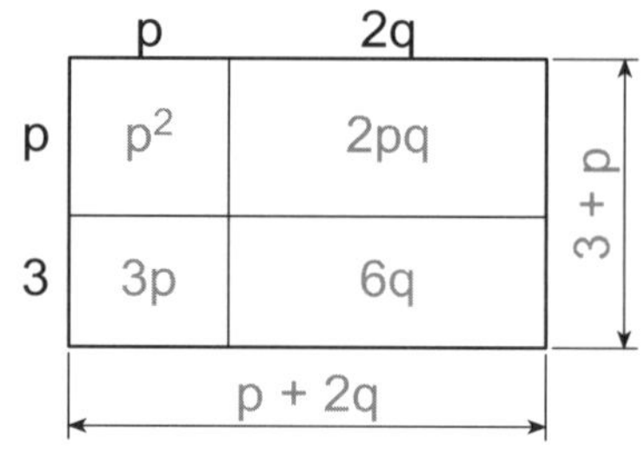

$A = (p + 2q) \cdot (3 + p)$

$A = 3p + p^2 + 6q + 2pq$

2 Schreibe jeweils als Summe.

a) $(a + 3) \cdot (b + 1)$ $= ab + a + 3b + 3$

$(2a + 5) \cdot (3c - 2)$ $= 6ac - 4a + 15c - 10$

$(b - 4c) \cdot (3b - 1)$ $= 3b^2 - b - 12bc + 4c$

b) $(3a + b) \cdot (c + 6)$ $= 3ac + 18a + bc + 6b$

$(5a - 4) \cdot (-b + c)$ $= -5ab + 5ac + 4b - 4c$

$(2a - 4b) \cdot (3a + 5)$ $= 6a^2 + 10a - 12ab - 20b$

3 Schreibe als Summe und fasse zusammen.

a) $(0{,}2a + 3) \cdot (0{,}7a + 4)$ $= 0{,}14a^2 + 0{,}8a + 2{,}1a + 12 = 0{,}14a^2 + 2{,}9a + 12$

b) $(1{,}2m - 7n) \cdot (0{,}6m - n)$ $= 0{,}72m^2 - 1{,}2mn - 4{,}2mn + 7n^2 = 0{,}72m^2 - 5{,}4mn + 7n^2$

c) $(\frac{1}{3}u + 5v) \cdot (\frac{1}{2}u - 3v) =$ $= \frac{1}{6}u^2 - uv + \frac{5}{2}uv - 15v^2 = \frac{1}{6}u^2 + \frac{3}{2}uv - 15v^2$

4 Klammere aus.

a) $(a + 3) \cdot 4 + (a + 3) \cdot b$
$= (a + 3) \cdot (4 + b)$

b) $2x \cdot (xy + 5) - y \cdot (xy + 5)$
$= (xy + 5) \cdot (2x - y)$

c) $3 \cdot (u^2 + 2v) - uv \cdot (u^2 + 2v)$
$= (u^2 + 2v) \cdot (3 - uv)$

d) $a \cdot (2 + b) - 2b \cdot (2 + b)$
$= (2 + b) \cdot (a - 2b)$

e) $-4 \cdot (5x - y) + y^2 \cdot (5x - y)$
$= (5x - y) \cdot (-4 + y^2)$

f) $(u^2 - v^2) \cdot 2u + (u^2 - v^2) \cdot v$
$= (u^2 - v^2) \cdot (2u + v)$

5 Der Flächeninhalt der Figur wurde auf verschiedene Arten beschrieben – allerdings unvollständig.

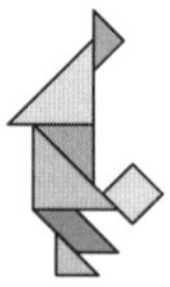

Beschrifte zunächst die Seiten der Teilflächen und der Gesamtfigur.
Studiere dann die unvollständigen Formeln und ergänze, was fehlt.

a)
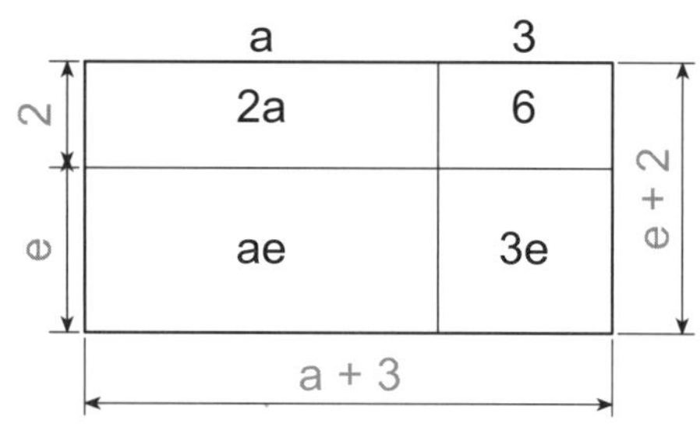

$A = (a + 3) \cdot (e + 2)$

$A = a \cdot (e + 2) + 3 \cdot (e + 2)$

$A = (a + 3) \cdot e + (a + 3) \cdot 2$

$A = ae + 2a + 3e + 6$

b)
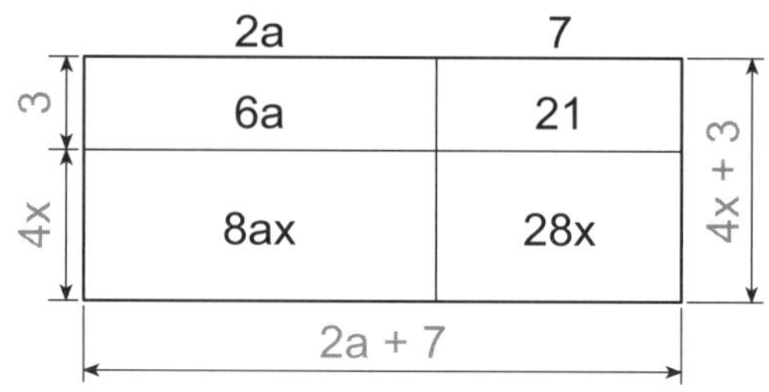

$A = 8ax + 28x + 6a + 21$

$A = 2a \cdot (4x + 3) + 7 \cdot (4x + 3)$

$A = (2a + 7) \cdot 4x + (2a + 7) \cdot 3$

$A = (2a + 7) \cdot (4x + 3)$

1 Schreibe, wenn möglich, als Produkt, multipliziere aus und vereinfache.

a) $(2a + 5)^2$ ....

b) $(3 - 4b)^2$ ....

c) $(4a + b) \cdot (4a - b)$ ....

2 Trage in jeder Teilfigur die Formel für den Flächeninhalt ein.
Gib auf zwei Arten die Formel für den Flächeninhalt der gesamten Figur an.

a)

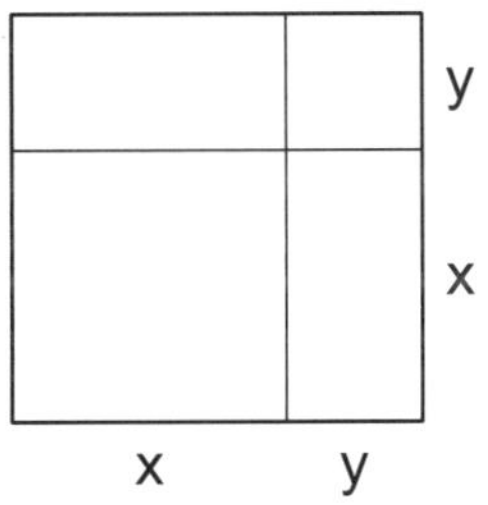

A = ...

A = ...

b)

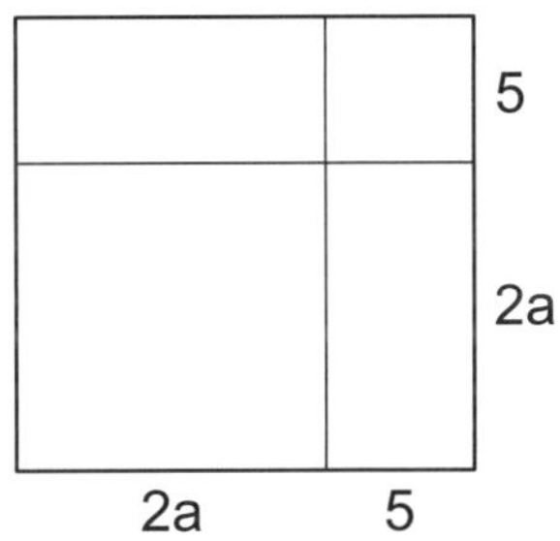

A = ...

A = ...

c)

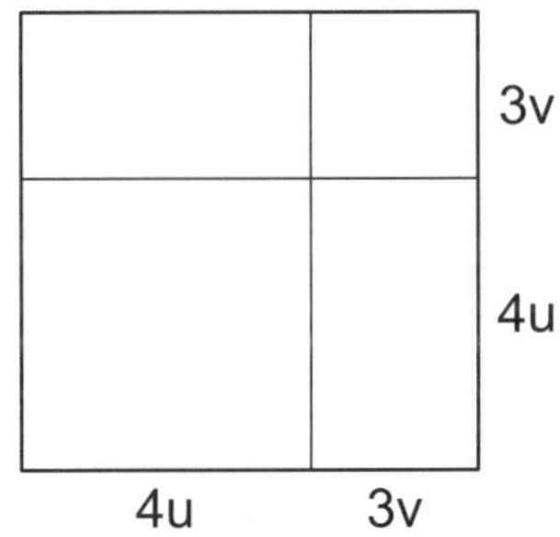

A = ...

A = ...

Gib die binomischen Formeln mit den Variablen a und b an.

....

3 Ergänze zur binomischen Formel.

a) $(a + 3)^2$ ....

$(a - 3)^2$ ....

$(a + 3) \cdot (a - 3)$ ....

b) $(2 + b)^2$ ....

$(2 - b)^2$ ....

$(2 + b) \cdot (2 - b)$ ....

c) $(2u + v) \cdot (2u - v)$ ....

$(4 + 3v)^2$ ....

$(5u - 2v)^2$ ....

$(\frac{1}{3} + v)^2$ ....

d) $(5 - 3q)^2$ ....

$(3p + 1) \cdot (3p - 1)$ ....

$(4p + 9q)^2$ ....

$(\frac{1}{2}p + \frac{1}{5}q)^2$ ....

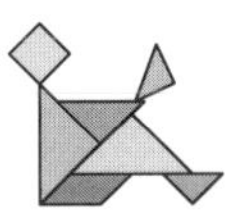

Wenn du mit einer binomischen Formel eine Rechnung ausführst, sage dir die Formel mit Worten vor, z. B.:

$(a + b)^2$	=	a^2	+	$2 \cdot a \cdot b$	+	b^2
Summe zum Quadrat	gleich	Quadrat des ersten Summanden	plus	zweimal erster Summand mal zweiter Summand	plus	Quadrat des zweiten Summanden

4 Ergänze zur binomischen Formel und rechne die Probe für x = 5.

a) $(x + 4)^2 =$ ....

A: ....

E: ....

....

b) $(x - 3)^2 =$ ....

A: ....

E: ....

....

c) $(x + 2) \cdot (x - 2) =$ ....

A: ....

....

E: ....

1 Schreibe, wenn möglich, als Produkt, multipliziere aus und vereinfache.

a) $(2a + 5)^2$ $= (2a + 5) \cdot (2a + 5)$ $= 4a^2 + 10a + 10a + 25$ $= 4a^2 + 20a + 25$

b) $(3 - 4b)^2$ $= (3 - 4b) \cdot (3 - 4b)$ $= 9 - 12b - 12b + 16b^2$ $= 9 - 24b + 16b^2$

c) $(4a + b) \cdot (4a - b)$ $= 16a^2 - 4ab + 4ab - b^2$ $= 16a^2 - b^2$

2 Trage in jeder Teilfigur die Formel für den Flächeninhalt ein.
Gib auf zwei Arten die Formel für den Flächeninhalt der gesamten Figur an.

a)

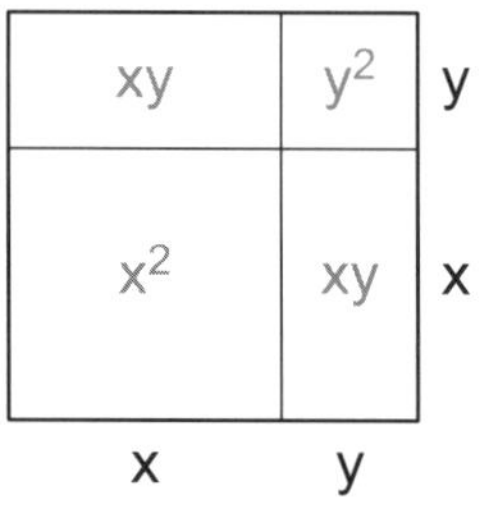

$A = (x + y)^2$

$A = x^2 + 2xy + y^2$

b)

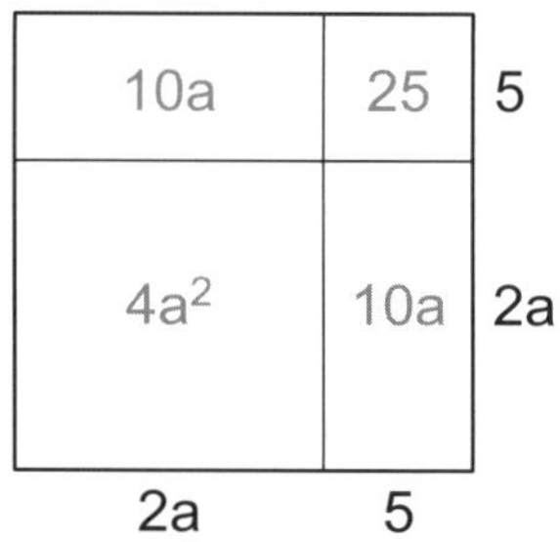

$A = (2a + 5)^2$

$A = 4a^2 + 20a + 25$

c)

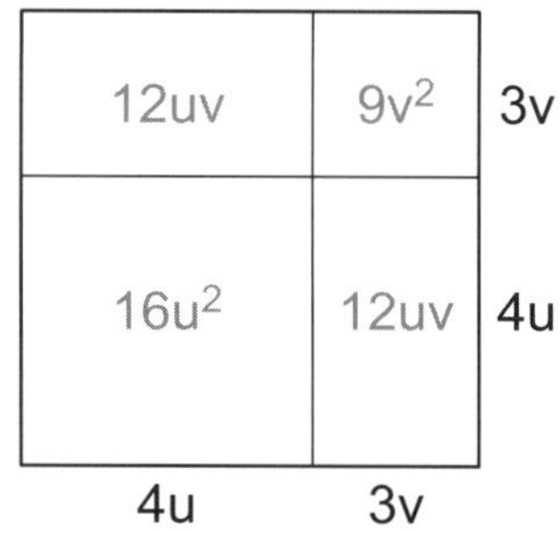

$A = (4u + 3v)^2$

$A = 16u^2 + 24uv + 9v^2$

Gib die binomischen Formeln mit den Variablen a und b an.

$(a + b)^2 = a^2 + 2ab + b^2$ $(a - b)^2 = a^2 - 2ab + b^2$ $(a + b) \cdot (a - b) = a^2 - b^2$

3 Ergänze zur binomischen Formel.

a) $(a + 3)^2$ $= a^2 + 6a + 9$
$(a - 3)^2$ $= a^2 - 6a + 9$
$(a + 3) \cdot (a - 3)$ $= a^2 - 9$

b) $(2 + b)^2$ $= 4 + 4b + b^2$
$(2 - b)^2$ $= 4 - 4b + b^2$
$(2 + b) \cdot (2 - b)$ $= 4 - b^2$

c) $(2u + v) \cdot (2u - v)$ $= 4u^2 - v^2$
$(4 + 3v)^2$ $= 16 + 24v + 9v^2$
$(5u - 2v)^2$ $= 25u^2 - 20uv + 4v^2$
$(\frac{1}{3} + v)^2$ $= \frac{1}{9} + \frac{2}{3} v + v^2$

d) $(5 - 3q)^2$ $= 25 - 30q + 9q^2$
$(3p + 1) \cdot (3p - 1)$ $= 9p^2 - 1$
$(4p + 9q)^2$ $= 16p^2 + 72pq + 81q^2$
$(\frac{1}{2} p + \frac{1}{5} q)^2$ $= \frac{1}{4} p^2 + \frac{1}{5} pq + \frac{1}{25} q^2$

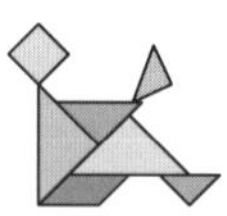

Wenn du mit einer binomischen Formel eine Rechnung ausführst, sage dir die Formel mit Worten vor, z. B.:

$(a + b)^2$	=	a^2	+	$2 \cdot a \cdot b$	+	b^2
Summe zum Quadrat	gleich	Quadrat des ersten Summanden	plus	zweimal erster Summand mal zweiter Summand	plus	Quadrat des zweiten Summanden

4 Ergänze zur binomischen Formel und rechne die Probe für x = 5.

a) $(x + 4)^2 = x^2 + 8x + 16$
A: $(5 + 4)^2 = 9^2 = 81$
E: $5^2 + 8 \cdot 5 + 16$
$= 25 + 40 + 16 = 81$

b) $(x - 3)^2 = x^2 - 6x + 9$
A: $(5 - 3)^2 = 2^2 = 4$
E: $5^2 - 6 \cdot 5 + 9$
$= 25 - 30 + 9 = 4$

c) $(x + 2) \cdot (x - 2) = x^2 - 4$
A: $(5 + 2) \cdot (5 - 2)$
$= 7 \cdot 3 = 21$
E: $5^2 - 4 = 25 - 4 = 21$

1 Beschrifte zunächst die Seiten der Teilflächen und der Gesamtfläche.
Danach beschreibe den Flächeninhalt als Summe der Teilflächen (mithilfe der binomischen Formel) und in Produktform.

a)

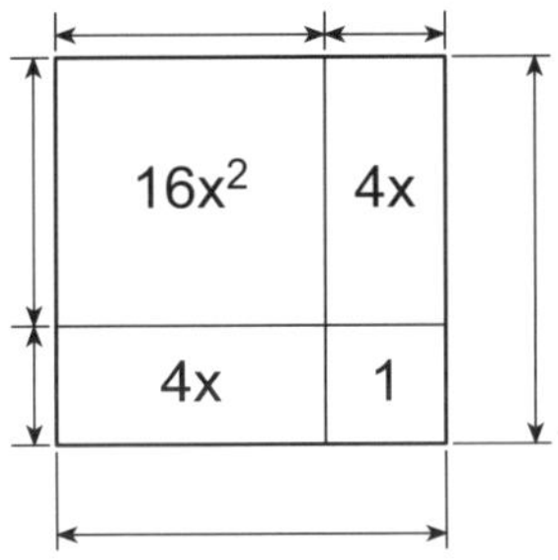

A = ...

A = ...

b)

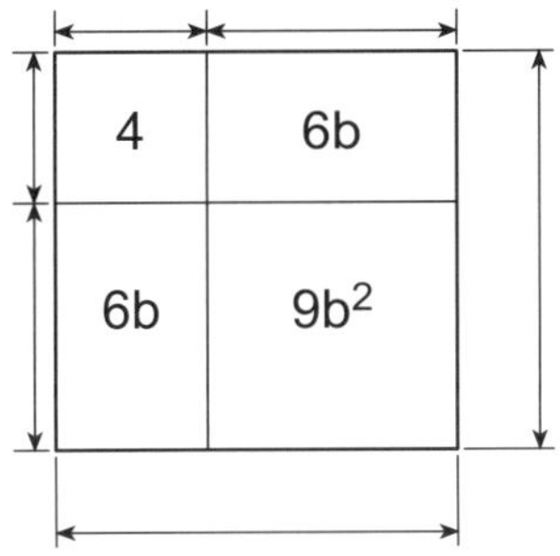

A = ...

A = ...

c)

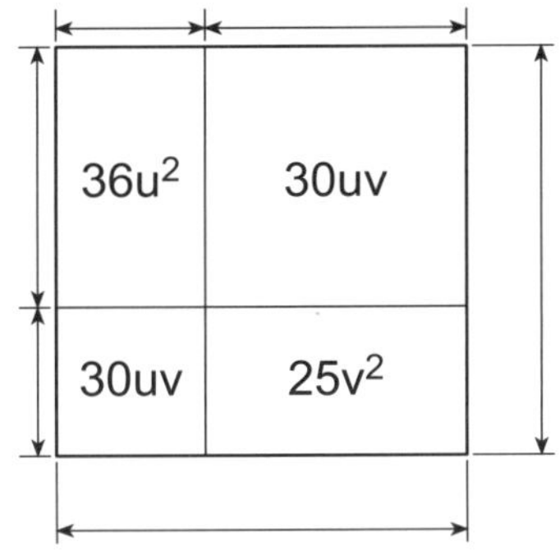

A = ...

A = ...

2 Verbinde äquivalente Terme mit jeweils einer geraden Linie.

a)

$4 + 4x + x^2$	$(x + 2) \cdot (x - 2)$
$x^2 - 4$	$(2x - 1)^2$
$1 + 4x + 4x^2$	$(2 + x)^2$
$4x^2 - 4x + 1$	$(1 + 2x) \cdot (1 + 2x)$

b)

$9a^2 - 12ab + 4b^2$	$(3 + 2b)^2$
$9a^2 - b^2$	$(3a - 2b)^2$
$9 + 12b + 4b^2$	$(3a + b) \cdot (3a - b)$
$a^2 + 4ab + 4b^2$	$(a + 2b)^2$

3 Ergänze jeden Term so, dass eine binomische Formel entsteht.

a)

$\square + \square + 25b^2 = (a + 5b)^2$

$4a^2 - 12ab + \square = (\square - 3b)^2$

$a^2 - 81 = (a + \square) \cdot (a - \square)$

b)

$a^2 + 24a + \square = (a + \square)^2$

$\square - 30a + \square = (\square - a)^2$

$121 - 9a^2 = (\square + \square) \cdot (\square - \square)$

4 Schreibe als Produkt.

a)

$25x^2 + 30xy + 9y^2$ ....

$16x^2 - 8xy + y^2$ ....

$x^2 - 4y^2$ ....

$4 + 2g + 0{,}25g^2$ ....

$\frac{1}{4}x^2 - xy + y^2$ ....

b)

$49 - 0{,}16y^2$ ....

$u^2 - 1{,}6uv + 0{,}64v^2$ ....

$0{,}04 + 2z + 25z^2$ ....

$1{,}96 - s^2$ ....

$4 + g + \frac{1}{16}g^2$ ....

5

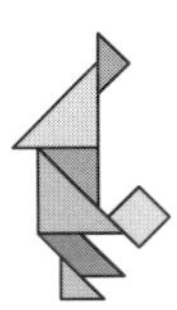

Multiple-Choice-Aufgabe.
Kreuze die richtige Antwort an.

$1{,}01^2$ wird mithilfe der Binomischen Formel berechnet.

- ☐ $1^2 + 0{,}01^2 = 1 + 0{,}0001 = 1{,}0001$
- ☐ $1^2 + 0{,}01 + 0{,}01^2 = 1 + 0{,}01 + 0{,}0001 = 1{,}0101$
- ☐ $1^2 + 2 \cdot 0{,}01 + 0{,}01^2 = 1 + 0{,}02 + 0{,}0001 = 1{,}0201$
- ☐ $1^2 + 2 \cdot 0{,}01 + 0{,}01^2 = 2 + 0{,}02 + 0{,}0001 = 2{,}0201$

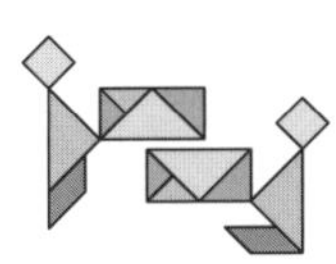

Könnt ihr herausfinden, welche „Denkfehler" zu den falschen Antworten führten?

Faktorisieren mit binomischen Formeln

1 Beschrifte zunächst die Seiten der Teilflächen und der Gesamtfläche.
Danach beschreibe den Flächeninhalt als Summe der Teilflächen (mithilfe der binomischen Formel) und in Produktform.

a)

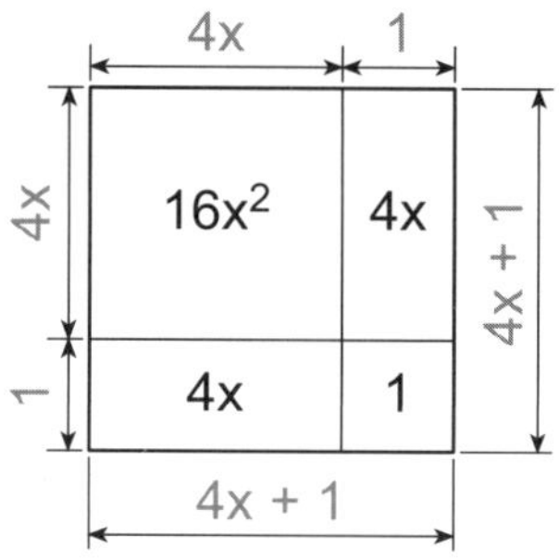

$A = 16x^2 + 8x + 1$

$A = (4x + 1)^2$

b)

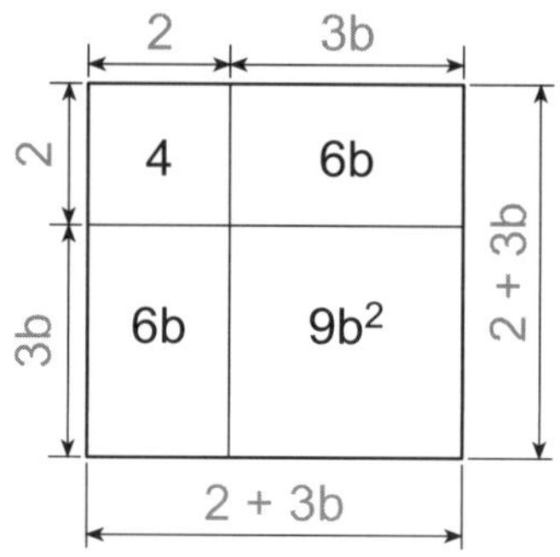

$A = 4 + 12b + 9b^2$

$A = (2 + 3b)^2$

c)

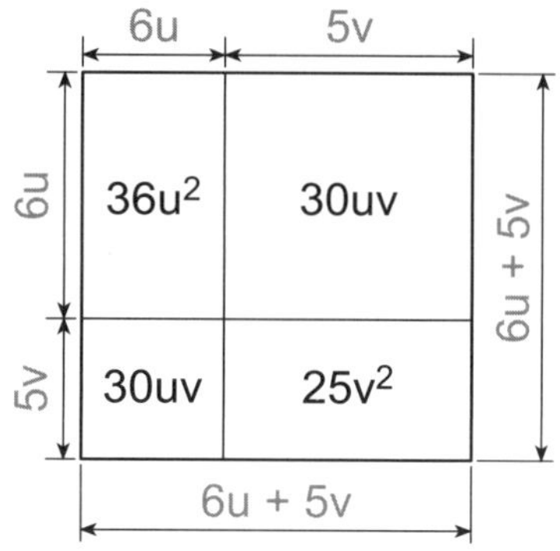

$A = 36u^2 + 60uv + 25v^2$

$A = (6u + 5v)^2$

2 Verbinde äquivalente Terme mit jeweils einer geraden Linie.

a)

$4 + 4x + x^2$	$(x + 2) \cdot (x - 2)$
$x^2 - 4$	$(2x - 1)^2$
$1 + 4x + 4x^2$	$(2 + x)^2$
$4x^2 - 4x + 1$	$(1 + 2x) \cdot (1 + 2x)$

b)

$9a^2 - 12ab + 4b^2$	$(3 + 2b)^2$
$9a^2 - b^2$	$(3a - 2b)^2$
$9 + 12b + 4b^2$	$(3a + b) \cdot (3a - b)$
$a^2 + 4ab + 4b^2$	$(a + 2b)^2$

3 Ergänze jeden Term so, dass eine binomische Formel entsteht.

a)
$a^2 + 10ab + 25b^2 = (a + 5b)^2$

$4a^2 - 12ab + 9b^2 = (2a - 3b)^2$

$a^2 - 81 = (a + 9) \cdot (a - 9)$

b)
$a^2 + 24a + 144 = (a + 12)^2$

$225 - 30a + a^2 = (15 - a)^2$

$121 - 9a^2 = (11 + 3a) \cdot (11 - 3a)$

4 Schreibe als Produkt.

a)
$25x^2 + 30xy + 9y^2 = (5x + 3y)^2$

$16x^2 - 8xy + y^2 = (4x - y)^2$

$x^2 - 4y^2 = (x + 2y) \cdot (x - 2y)$

$4 + 2g + 0{,}25g^2 = (2 + 0{,}5g)^2$

$\frac{1}{4}x^2 - xy + y^2 = (\frac{1}{2}x - y)^2$

b)
$49 - 0{,}16y^2 = (7 + 0{,}4y) \cdot (7 - 0{,}4y)$

$u^2 - 1{,}6uv + 0{,}64v^2 = (u - 0{,}8v)^2$

$0{,}04 + 2z + 25z^2 = (0{,}2 + 5z)^2$

$1{,}96 - s^2 = (1{,}4 + s) \cdot (1{,}4 - s)$

$4 + g + \frac{1}{16}g^2 = (2 + \frac{1}{4}g)^2$

5

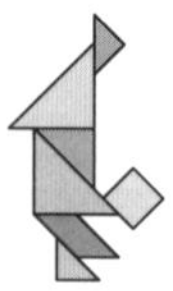

Multiple-Choice-Aufgabe.
Kreuze die richtige Antwort an.

$1{,}01^2$ wird mithilfe der Binomischen Formel berechnet.

- ☐ $1^2 + 0{,}01^2 = 1 + 0{,}0001 = 1{,}0001$
- ☐ $1^2 + 0{,}01 + 0{,}01^2 = 1 + 0{,}01 + 0{,}0001 = 1{,}0101$
- ☒ $1^2 + 2 \cdot 0{,}01 + 0{,}01^2 = 1 + 0{,}02 + 0{,}0001 = 1{,}0201$
- ☐ $1^2 + 2 \cdot 0{,}01 + 0{,}01^2 = 2 + 0{,}02 + 0{,}0001 = 2{,}0201$

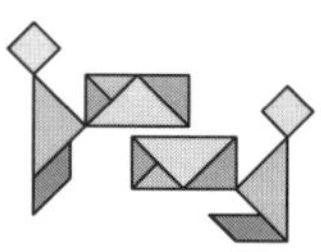

Könnt ihr herausfinden, welche „Denkfehler" zu den falschen Antworten führten?

1 Was kostet nun wie viel?

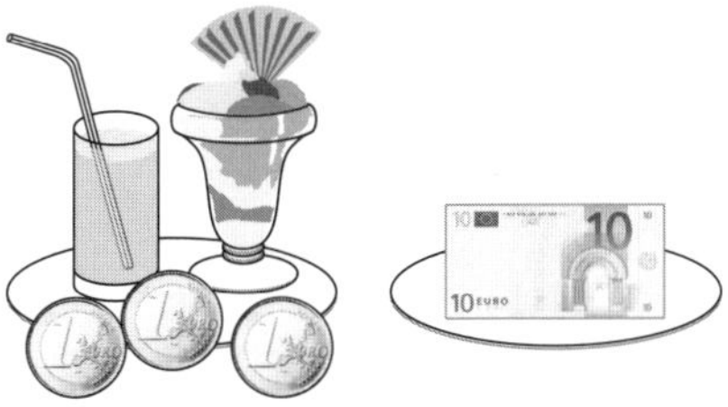

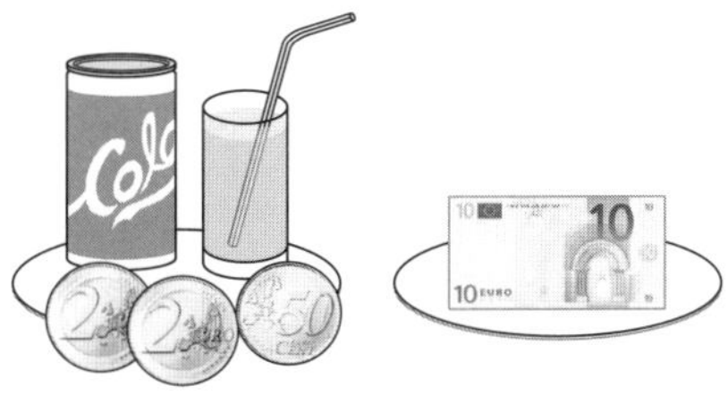

eiscafe	
....	€ ....
....	€ ....
....	€ ....
Endsumme	€ ....
Bar	€ ....
Rückgeld	€ ....
WIR DANKEN FÜR IHREN BESUCH!	

eiscafe	
....	€ ....
....	€ ....
....	€ ....
Endsumme	€ ....
Bar	€ ....
Rückgeld	€ ....
WIR DANKEN FÜR IHREN BESUCH!	

eiscafe	
2 Eis	€ ....
1 Cola	€ ....
....	€ ....
Endsumme	€ ....
Bar	€ ....
Rückgeld	€ ....
WIR DANKEN FÜR IHREN BESUCH!	

2 Die Waage ist im Gleichgewicht!
Notiere eine Gleichung und löse sie im Kopf.

a) .... = ...

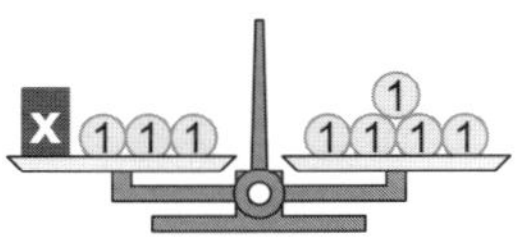

.... = ...

b) .... = ...

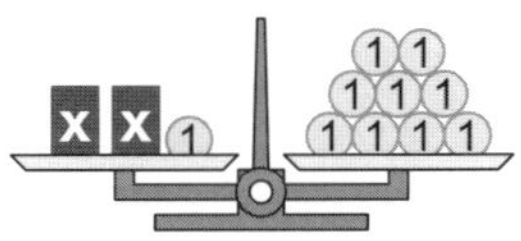

.... = ...

c) .... = ...

.... = ...

d) .... = ...

.... = ...

3 Einfach, oder ganz schön schwer?
Löse die Gleichung schriftlich und gib alle Umformungsschritte an. Rechne auch die Probe.

a) $\frac{3}{4}x = 12$

P: ....

b) $4x = -12$

P: ....

c) $4 - x = 12$

P: ....

4 Welche der angegebenen Zahlen ist Lösung der Gleichung?
Kreuze an.

a) $x + 5 = 2$	☐ -7	☐ -3	☐ 3	☐ 7
b) $\frac{x}{3} = 6$	☐ 2	☐ 9	☐ 12	☐ 18
c) $3x + 1 = 5$	☐ 1	☐ $1\frac{1}{3}$	☐ 2	☐ 6
d) $x + 3 = 15 - x$	☐ 0	☐ 3	☐ 6	☐ 12

1 Was kostet nun wie viel?

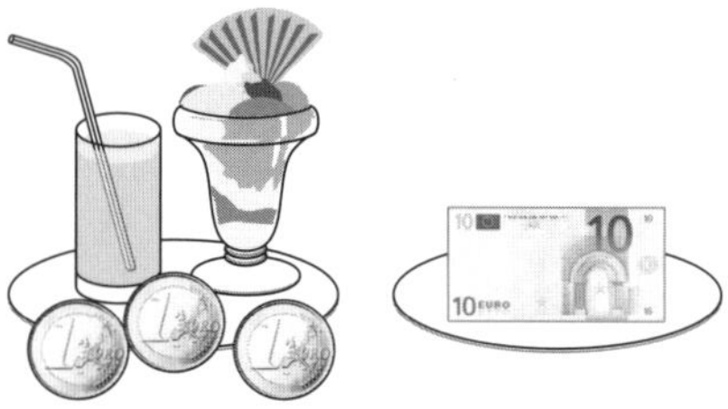

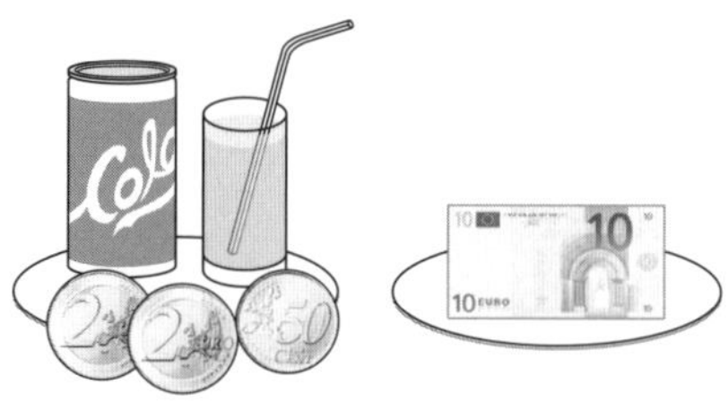

eiscafe

1 Limo	€ 2,50
1 Eis	€ 4,50
	€
Endsumme	€ 7,00
Bar	€ 10,00
Rückgeld	€ 3,00

WIR DANKEN FÜR IHREN BESUCH!

eiscafe

1 Cola	€ 3,00
1 Limo	€ 2,50
	€
Endsumme	€ 5,50
Bar	€ 10,00
Rückgeld	€ 4,50

WIR DANKEN FÜR IHREN BESUCH!

eiscafe

2 Eis	€ 9,00
1 Cola	€ 3,00
	€
Endsumme	€ 12,00
Bar	€ 20,00
Rückgeld	€ 8,00

WIR DANKEN FÜR IHREN BESUCH!

2 Die Waage ist im Gleichgewicht!
Notiere eine Gleichung und löse sie im Kopf.

a) $x + 3 = 5$

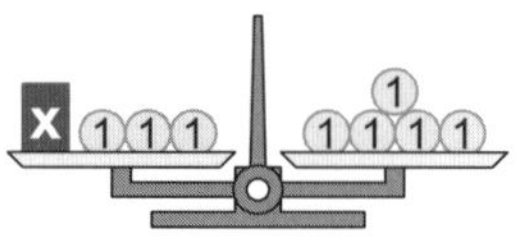

$x = 2$

b) $2x + 1 = 9$

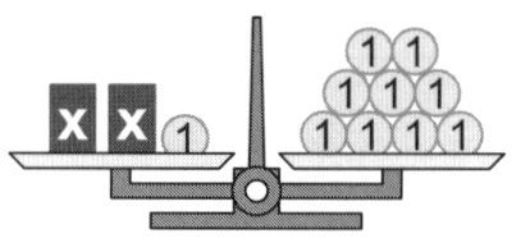

$x = 4$

c) $2x = x + 5$

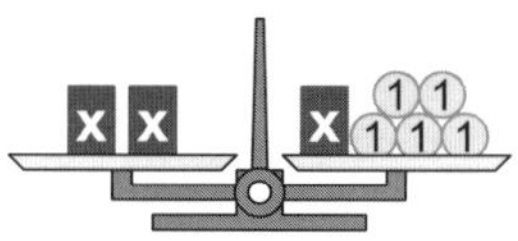

$x = 5$

d) $3x + 3 = x + 4$

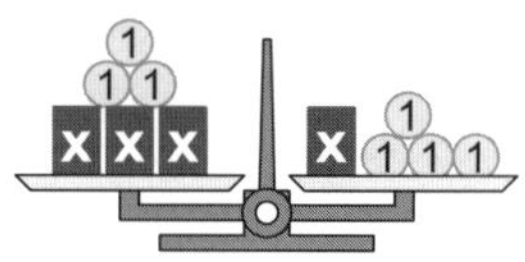

$x = \frac{1}{2}$

3 Einfach, oder ganz schön schwer?
Löse die Gleichung schriftlich und gib alle Umformungsschritte an. Rechne auch die Probe.

a)
$\frac{3}{4}x = 12 \quad | \cdot 4$
$3x = 48 \quad | : 3$
$x = 16$
P: $\frac{3}{4} \cdot 16 = 12$
$12 = 12$ ✓

b)
$4x = -12 \quad | : 4$
$x = -3$
P: $4 \cdot (-3) = -12$
$-12 = -12$ ✓

c)
$4 - x = 12 \quad | + x$
$4 = 12 + x \quad | - 12$
$-8 = x$
P: $4 - (-8) = 12$
$4 + 8 = 12$
$12 = 12$ ✓

4 Welche der angegebenen Zahlen ist Lösung der Gleichung?
Kreuze an.

a) $x + 5 = 2$	☐ -7	☒ -3	☐ 3	☐ 7
b) $\frac{x}{3} = 6$	☐ 2	☐ 9	☐ 12	☒ 18
c) $3x + 1 = 5$	☐ 1	☒ $1\frac{1}{3}$	☐ 2	☐ 6
d) $x + 3 = 15 - x$	☐ 0	☐ 3	☒ 6	☐ 12

1 Was kostet nun wie viel?

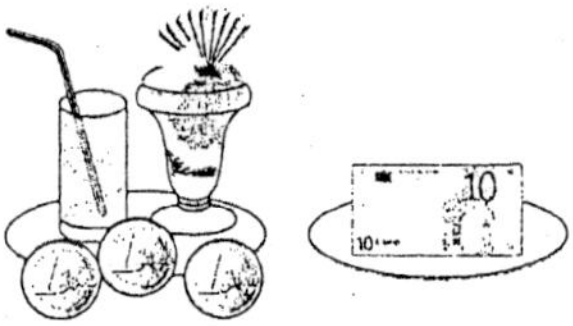

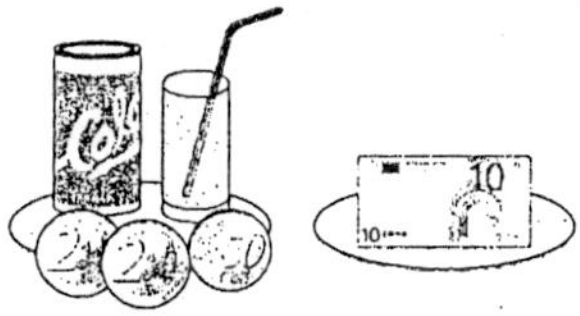

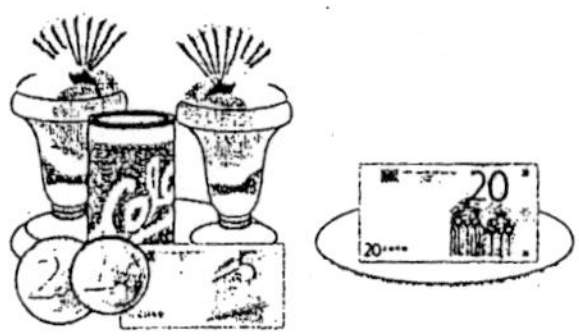

eiscafe	
....	€ ....
....	€ ....
....	€ ....
Endsumme	€ ....
Bar	€ ....
Rückgeld	€ ....
WIR DANKEN FÜR IHREN BESUCH!	

eiscafe	
....	€ ....
....	€ ....
....	€ ....
Endsumme	€ ....
Bar	€ ....
Rückgeld	€ ....
WIR DANKEN FÜR IHREN BESUCH!	

eiscafe	
2 Eis	€ ....
1 Cola	€ ....
....	€ ....
Endsumme	€ ....
Bar	€ ....
Rückgeld	€ ....
WIR DANKEN FÜR IHREN BESUCH!	

2 Die Waage ist im Gleichgewicht!
Notiere eine Gleichung und löse sie im Kopf.

a) .... = ...

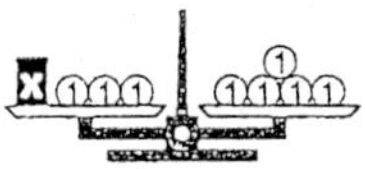

.... = ...

b) .... = ...

.... = ...

c) .... = ...

.... = ...

d) .... = ...

.... = ...

3 Einfach, oder ganz schön schwer?
Löse die Gleichung schriftlich und gib alle Umformungsschritte an. Rechne auch die Probe.

a) $\frac{3}{4}x = 12$

P:

b) $4x = -12$

P:

c) $4 - x = 12$

P:

4 Welche der angegebenen Zahlen ist Lösung der Gleichung?
Kreuze an.

a) $x + 5 = 2$	-7	-3	3	7
b) $\frac{x}{3} = 6$	2	9	12	18
c) $3x + 1 = 5$	1	$1\frac{1}{3}$	2	6
d) $x + 3 = 15 - x$	0	3	6	12

1 Familie Neumann war verreist.
Fünf Tage wohnte sie in einem Hotel und neun weitere Tage in einem Gasthof. Insgesamt gab die Familie 1845 € aus einschließlich 285 € für die Fahrt und Souvenirs.
x steht für die Kosten je Tag im Hotel in Euro.
x steht für die Kosten je Tag im Gasthof in Euro.

Welche Gleichung passt zum Text? Kreuze an.

- ☐ $5 \cdot x + 9 \cdot y = 1845 + 285$
- ☐ $5 \cdot x + 9 \cdot y + 285 = 1845$
- ☐ $5 \cdot x + 9 \cdot y - 285 = 1845$
- ☐ $5 + x + 9 + y + 285 = 1845$

2 Ergänze die fehlenden Rechenschritte und/oder die Erklärung dazu.

$5x - 2(3x + 2) = 7 - (5x - 1)$	
$-x - 4 = 8 - 5x$	Variable schrittweise isolieren
$\vert + 4$	
$x = 3$	

3 Löse die Gleichung. Notiere die Umformungsschritte.

a) $4(3x + 4) - (11 - 6x) = 41$

b) $6(x + 4) = 15 - 4(3 - 5x)$

c) $(x - 1)(x + 4) = (x + 1)^2$

d) $6x(x - 2) = (3x + 1)(2x - 7)$

4 Rechne auf einem Übungsblatt. Je zwei Gleichungen haben dieselbe Lösung. Verbinde!

$4(x + 2) - 3(5 - 6x) = 4$	x =	x =	$-18 = 5(x - 1) + 6(2x - 5)$
$7(2x + 3) = 27 - 4(3x - 5)$	x =	x =	$13 - 2(6x + 1) = 5(7 - 3x)$
$7x - 15 = 3(4x + 1) - 8$	x =	x =	$2(8x - 3) - 9 = 4x - 9$
$(x + 1)(x - 4) = (x - 2)^2$	x =	x =	$(x - 3)^2 = (x - 6)(x - 1)$
$(2x + 3)(x - 5) = 2x(x - 1)$	x =	x =	$(x - 1)(3x + 4) = 3x(x + 1)$

1 Familie Neumann war verreist.

Fünf Tage wohnte sie in einem Hotel und neun weitere Tage in einem Gasthof. Insgesamt gab die Familie 1845 € aus einschließlich 285 € für die Fahrt und Souvenirs.

x steht für die Kosten je Tag im Hotel in Euro.
x steht für die Kosten je Tag im Gasthof in Euro.

Welche Gleichung passt zum Text? Kreuze an.

- [ ] $5 \cdot x + 9 \cdot y = 1845 + 285$
- [x] $5 \cdot x + 9 \cdot y + 285 = 1845$
- [ ] $5 \cdot x + 9 \cdot y - 285 = 1845$
- [ ] $5 + x + 9 + y + 285 = 1845$

2 Ergänze die fehlenden Rechenschritte und/oder die Erklärung dazu.

$5x - 2(3x + 2) = 7 - (5x - 1)$		Klammern ausmultiplizieren / auflösen
$5x - 6x - 4 = 7 - 5x + 1$		Vereinfachen durch Zusammenfassen
$-x - 4 = 8 - 5x$	$\mid + 5x$	Variable schrittweise isolieren
$4x - 4 = 8$	$\mid + 4$	
$4x = 12$	$\mid : 2$	
$x = 3$		

3 Löse die Gleichung. Notiere die Umformungsschritte.

a)

$4(3x + 4) - (11 - 6x) = 41$	
$12x + 16 - 11 + 6x = 41$	
$18x + 5 = 41$	$\mid - 5$
$18x = 36$	$\mid : 18$
$x = 2$	

b)

$6(x + 4) = 15 - 4(3 - 5x)$	
$6x + 24 = 15 - 12 + 20x$	
$6x + 24 = 3 + 20x$	$\mid - 6x$
$24 = 3 + 14x$	$\mid - 3$
$21 = 14x$	$\mid : 14$
$1{,}5 = x$	

c)

$(x - 1)(x + 4) = (x + 1)^2$	
$x^2 + 4x - x - 4 = x^2 + 2x + 1$	
$x^2 + 3x - 4 = x^2 + 2x + 1$	$\mid - x^2$
$3x - 4 = 2x + 1$	$\mid - 2x$
$x - 4 = 1$	$\mid + 4$
$x = 5$	

d)

$6x(x - 2) = (3x + 1)(2x - 7)$	
$6x^2 - 12x = 6x^2 - 21x + 2x - 7$	
$6x^2 - 12x = 6x^2 - 19x - 7$	$\mid - 6x^2$
$-12x = -19x - 7$	$\mid + 19x$
$7x = -7$	$\mid : 7$
$x = -1$	

4 Rechne auf einem Übungsblatt. Je zwei Gleichungen haben dieselbe Lösung. Verbinde!

$4(x + 2) - 3(5 - 6x) = 4$	x = 0,5	x = 1	$-18 = 5(x - 1) + 6(2x - 5)$
$7(2x + 3) = 27 - 4(3x - 5)$	x = 1	x = 8	$13 - 2(6x + 1) = 5(7 - 3x)$
$7x - 15 = 3(4x + 1) - 8$	x = −2	x = 0,5	$2(8x - 3) - 9 = 4x - 9$
$(x + 1)(x - 4) = (x - 2)^2$	x = 8	x = −3	$(x - 3)^2 = (x - 6)(x - 1)$
$(2x + 3)(x - 5) = 2x(x - 1)$	x = −3	x = −2	$(x - 1)(3x + 4) = 3x(x + 1)$

1 Welche Gleichung passt zum Text? Ordne zu.
Berechne jeweils die gesuchte Zahl im Kopf oder auf einem Notizblatt.

Addiert man 2 und das Viertel einer Zahl, so erhält man 10.	Subtrahiert man vom Vierfachen einer Zahl die Zahl 2, so erhält man 10.	Addiert man 10 und das Vierfache einer Zahl, so erhält man 2.	Ein Viertel einer Zahl ist um 10 größer als 2.	Das Viertel einer Zahl ist um 10 kleiner als das um 4 verminderte Doppelte der Zahl.	Das Vierfache einer Zahl ist um 10 größer als 2.
$4x - 2 = 10$	$10 + 4x = 2$	$4x - 10 = 2$	$2 + \frac{x}{4} = 10$	$\frac{x}{4} - 10 = 2$	$\frac{x}{4} + 10 = 2x - 4$

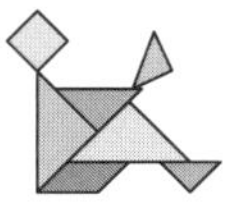

Beim Aufstellen einer Gleichung muss man darauf achten, dass beide Seiten denselben Wert ergeben, sodass die „Waage im Gleichgewicht“ ist.
Achte auf die Worte „so erhält man“ oder „ist um ... größer/kleiner als ...“.

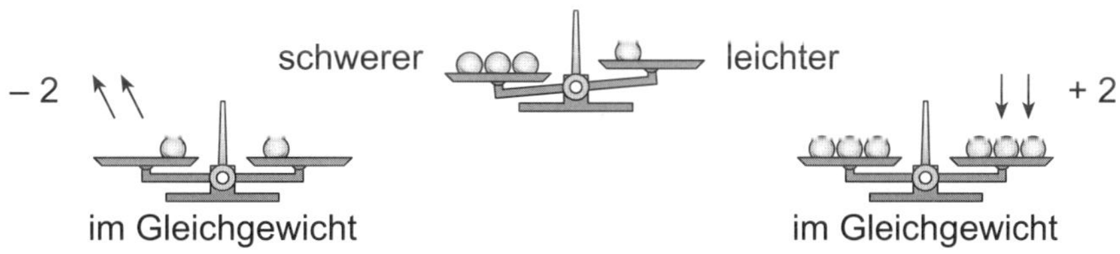

2 Wie heißt die Zahl?
Stelle eine Gleichung auf und löse sie schrittweise. Gib auch die Umformungsschritte an.

a) Das Doppelte einer Zahl ist um 2 größer als 16.

A: ....

b) Das Dreifache einer Zahl ist um 8 kleiner als das Fünffache der Zahl.

A: ....

c) Ein Viertel einer Zahl ist um 13 kleiner als 25.

A: ....

d) Subtrahiert man von einer Zahl die Zahl 3 und multipliziert diese Differenz mit 4, so ist das Ergebnis um 6 größer als das Doppelte der Zahl.

A: ....

e) Multipliziert man 10 mit der Summe aus einer Zahl und der Zahl 1, so ist das Ergebnis um 8 kleiner als das Siebenfache der Zahl.

A: ....

1 Welche Gleichung passt zum Text? Ordne zu.
Berechne jeweils die gesuchte Zahl im Kopf oder auf einem Notizblatt.

Addiert man 2 und das Viertel einer Zahl, so erhält man 10.	Subtrahiert man vom Vierfachen einer Zahl die Zahl 2, so erhält man 10.	Addiert man 10 und das Vierfache einer Zahl, so erhält man 2.	Ein Viertel einer Zahl ist um 10 größer als 2.	Das Viertel einer Zahl ist um 10 kleiner als das um 4 verminderte Doppelte der Zahl.	Das Vierfache einer Zahl ist um 10 größer als 2.

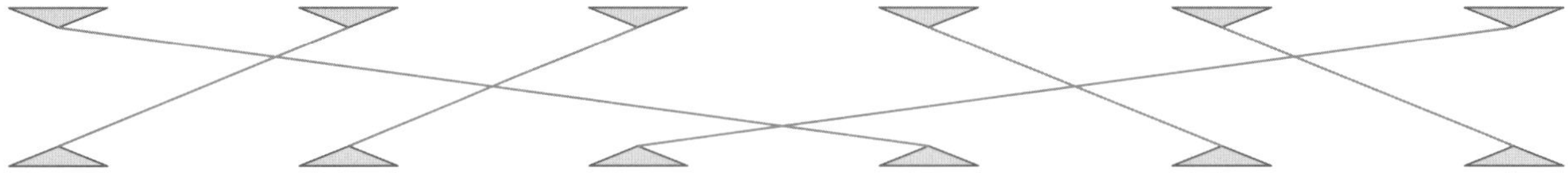

$4x - 2 = 10$	$10 + 4x = 2$	$4x - 10 = 2$	$2 + \frac{x}{4} = 10$	$\frac{x}{4} - 10 = 2$	$\frac{x}{4} + 10 = 2x - 4$
$x = 3$	$x = -2$	$x = 3$	$x = 32$	$x = 48$	$x = 8$

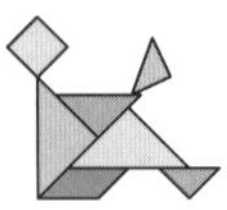

Beim Aufstellen einer Gleichung muss man darauf achten, dass beide Seiten denselben Wert ergeben, sodass die „Waage im Gleichgewicht“ ist.
Achte auf die Worte „so erhält man“ oder „ist um ... größer/kleiner als ...“.

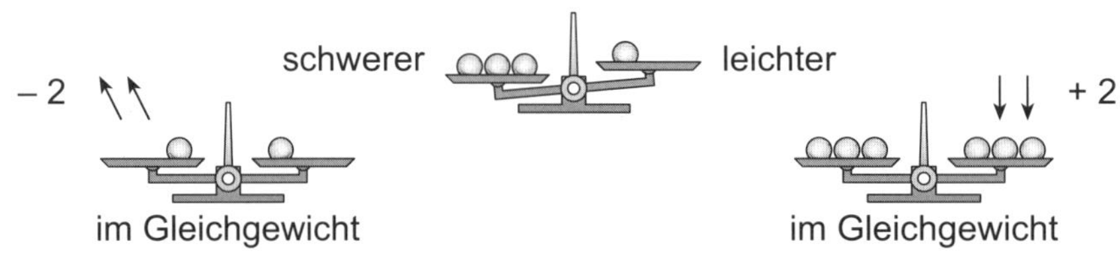

2 Wie heißt die Zahl?
Stelle eine Gleichung auf und löse sie schrittweise. Gib auch die Umformungsschritte an.

a) Das Doppelte einer Zahl ist um 2 größer als 16.

$2x - 2 = 16 \quad | + 2$
$2x = 18 \quad | : 2$
$x = 9$

A: Die Zahl heißt 9.

b) Das Dreifache einer Zahl ist um 8 kleiner als das Fünffache der Zahl.

$3x + 8 = 5x \quad | - 3x$
$8 = 2x \quad | : 2$
$x = 4$

A: Die Zahl heißt 4.

c) Ein Viertel einer Zahl ist um 13 kleiner als 25.

$\frac{x}{4} + 13 = 25 \quad | - 13$
$\frac{x}{4} = 12 \quad | \cdot 4$
$x = 48$

A: Die Zahl heißt 48.

d) Subtrahiert man von einer Zahl die Zahl 3 und multipliziert diese Differenz mit 4, so ist das Ergebnis um 6 größer als das Doppelte der Zahl.

$(x - 3) \cdot 4 - 6 = 2x$
$4x - 12 - 6 = 2x$
$4x - 18 = 2x \quad | - 2x$
$2x - 18 = 0 \quad | + 18$
$2x = 18 \quad | : 2$
$x = 9$

A: Die Zahl heißt 9.

e) Multipliziert man 10 mit der Summe aus einer Zahl und der Zahl 1, so ist das Ergebnis um 8 kleiner als das Siebenfache der Zahl.

$10 \cdot (x + 1) + 8 = 7x$
$10x + 10 + 8 = 7x$
$10x + 18 = 7x \quad | - 7x$
$3x + 18 = 0 \quad | - 18$
$3x = -18 \quad | : 3$
$x = -6$

A: Die Zahl heißt –6.

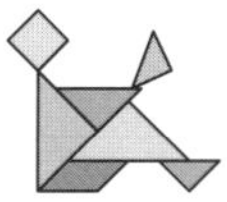

Altersrätsel kann man (wie auch andere Rätsel) zweckmäßig mithilfe einer Tabelle lösen. Man kann in einer zusätzlichen Spalte auch die Ergebnisse eintragen (= Probe).
Beim Aufstellen der Gleichung ist zu beachten, dass sich die Waage im Gleichgewicht befinden muss!

1 Martin ist 5 Jahre älter als seine Schwester Martina. Zusammen sind sie 23 Jahre alt. Wie alt sind die Geschwister?

Martin		
Martina	x	
zusammen		

A:

2 Die Giraffe ist dreimal so alt wie die Gazelle. Der Tiger ist 20 Jahre jünger als die Giraffe. Zusammen sind sie 57 Jahre alt. Wie alt sind die Tiere?

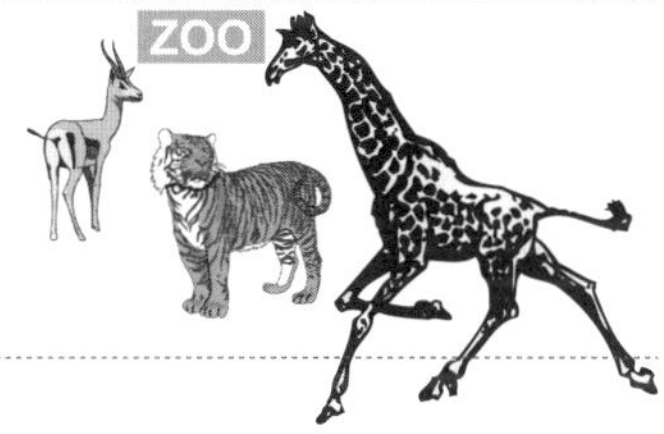

A:

3 Frau Becker ist heute doppelt so alt wie ihre Tochter Hanna. Vor 10 Jahren war sie dreimal so alt wie sie. Wie alt sind die beiden heute?

	heute		vor 10 Jahren	
Fr. Becker				
Hanna				

Fr. Becker > Hanna

=

A:

4 Felix und seine Cousine Maria sind heute zusammen 25 Jahre alt. In fünf Jahren wird Felix eineinhalbmal so alt wie Maria sein. Wie alt sind die beiden heute?

A:

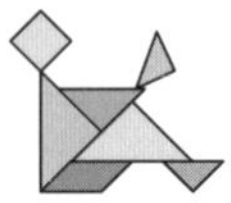

Altersrätsel kann man (wie auch andere Rätsel) zweckmäßig mithilfe einer Tabelle lösen. Man kann in einer zusätzlichen Spalte auch die Ergebnisse eintragen (= Probe).
Beim Aufstellen der Gleichung ist zu beachten, dass sich die Waage im Gleichgewicht befinden muss!

1 Martin ist 5 Jahre älter als seine Schwester Martina. Zusammen sind sie 23 Jahre alt. Wie alt sind die Geschwister?

Martin	x + 5	14
Martina	x	9
zusammen	23	23

$$x + 5 + x = 23$$
$$2x + 5 = 23 \quad | -5$$
$$2x = 18 \quad | :2$$
$$x = 9$$

A: Martin ist 14 Jahre alt, seine Schwester Martina ist 9 Jahre alt.

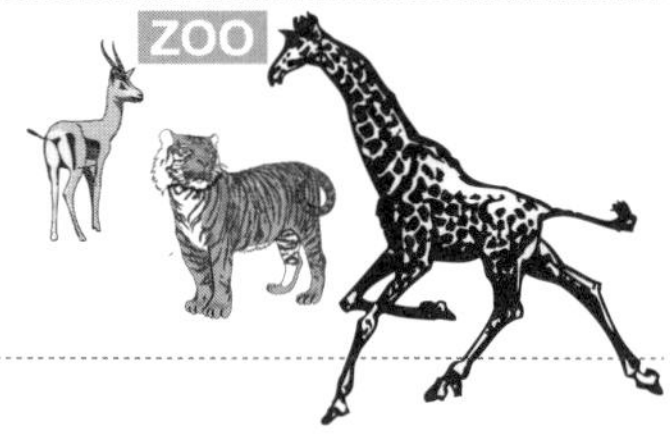

2 Die Giraffe ist dreimal so alt wie die Gazelle. Der Tiger ist 20 Jahre jünger als die Giraffe. Zusammen sind sie 57 Jahre alt. Wie alt sind die Tiere?

Giraffe	3x	33
Tiger	3x – 20	13
Gazelle	x	11
zusammen	57	57

$$3x + 3x - 20 + x = 57$$
$$7x - 20 = 57 \quad | +20$$
$$7x = 77 \quad | :7$$
$$x = 11$$

A: Die Giraffe ist 33 Jahre alt, der Tiger 13 und die Gazelle 11.

3 Frau Becker ist heute doppelt so alt wie ihre Tochter Hanna. Vor 10 Jahren war sie dreimal so alt wie sie. Wie alt sind die beiden heute?

	heute		vor 10 Jahren	
Fr. Becker	2x	40	2x – 10	30
Hanna	x	20	x – 10	10

Fr. Becker > Hanna

$$2x - 10 = (x - 10) \cdot 3$$
$$2x - 10 = 3x - 30 \quad | -2x$$
$$-10 = x - 30 \quad | +30$$
$$20 = x$$

A: Heute ist Frau Becker 40 Jahre alt und ihre Tochter Hanna ist 20 Jahre alt.

4 Felix und seine Cousine Maria sind heute zusammen 25 Jahre alt. In fünf Jahren wird Felix eineinhalbmal so alt wie Maria sein. Wie alt sind die beiden heute?

	heute		in 5 Jahren	
Felix	25 – x	16	25 – x + 5	21
Maria	x	9	x + 5	14
zusammen	25	25	35	35

Felix > Maria

$$25 - x + 5 = (x + 5) \cdot 1\tfrac{1}{2}$$
$$30 - x = 1{,}5x + 7{,}5 \quad | +x$$
$$30 = 2{,}5x + 7{,}5 \quad | -7{,}5$$
$$22{,}5 = 2{,}5x \quad | :2{,}5$$
$$9 = x$$

A: Heute ist Felix 16 Jahre alt, seine Cousine Maria ist 9 Jahre alt.

1 a) Der Umfang des Rechtecks beträgt 60 m. Berechne die Seitenlängen mithilfe einer Gleichung (Maßzahlengleichung).

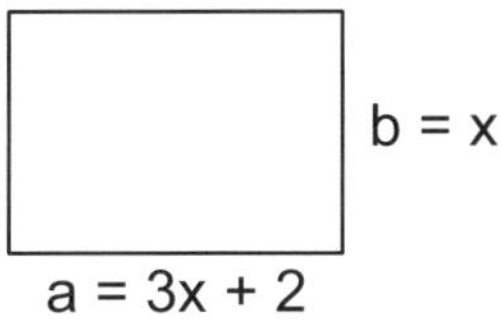

A:

b) In einem Dreieck ist die Seite b doppelt so lang wie die Seite a, die Seite c ist 3 m kürzer als die Seite b. Der Umfang beträgt 60 m. Wie lang sind die Seiten?

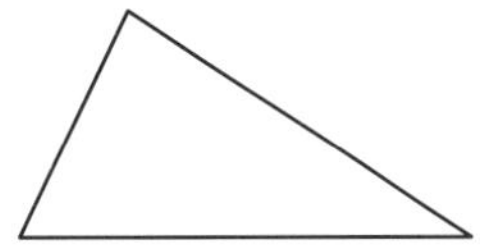

A:

2 a) In einem gleichschenkligen Dreieck ist jeder Basiswinkel viermal so groß wie der Winkel an der Spitze. Wie groß sind die Winkel?

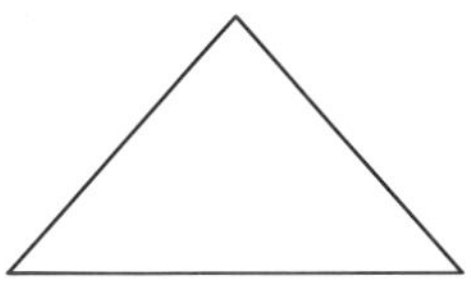

A:

b) In einem Dreieck ist Winkel β doppelt so groß wie Winkel α, Winkel γ ist um 40° größer als α. Wie groß sind die Winkel?

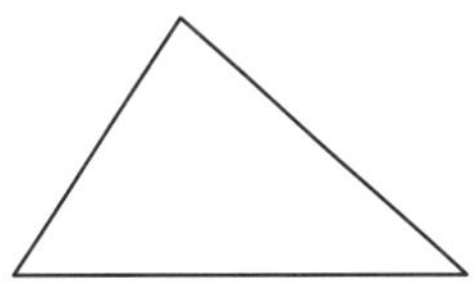

A:

3 Ein Dreieck (g = 6,5 m und h = 4,8 m) und ein 6 m langes Rechteck sind flächengleich. Wie breit ist das Rechteck?

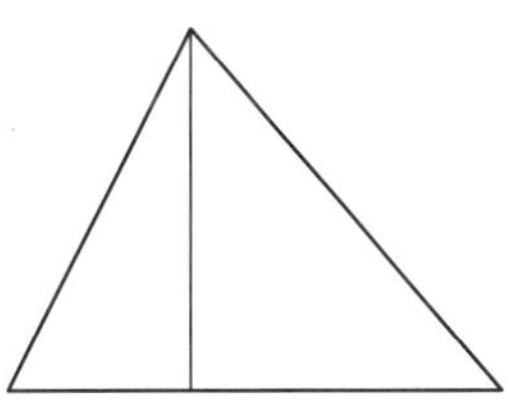

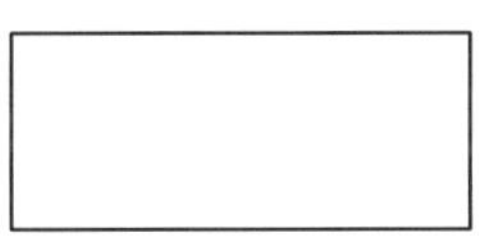

A:

1 a) Der Umfang des Rechtecks beträgt 60 m. Berechne die Seitenlängen mithilfe einer Gleichung (Maßzahlengleichung).

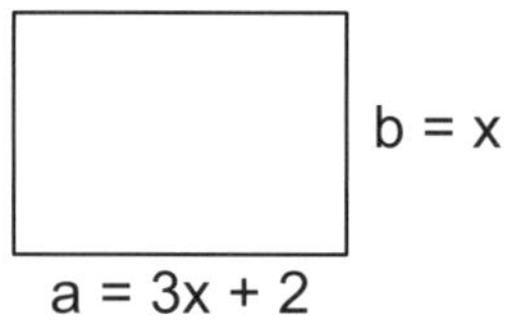

$(3x + 2 + x) \cdot 2 = 60$

$(4x + 2) \cdot 2 = 60$

$8x + 4 = 60 \quad | -4$

$8x = 56 \quad | :8$

$x = 7$

$b = x \qquad a = 3x + 2$

$b = 7 \qquad a = 3 \cdot 7 + 2 = 23$

A: Länge a = 23 m, Breite b = 7 m

b) In einem Dreieck ist die Seite b doppelt so lang wie die Seite a, die Seite c ist 3 m kürzer als die Seite b. Der Umfang beträgt 60 m. Wie lang sind die Seiten?

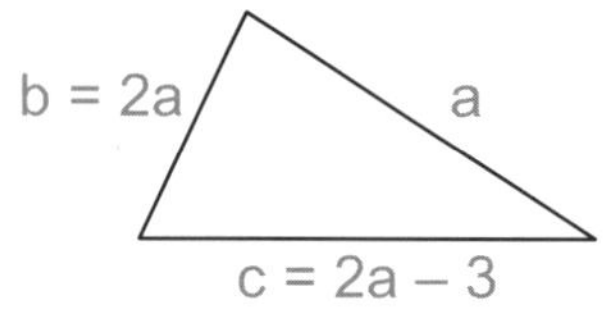

$a + b + c = u$

$a + 2a + 2a - 3 = 60$

$5a - 3 = 60 \quad | +3$

$5a = 63 \quad | :5$

$a = 12{,}6$

$b = 2a \qquad c = b - 3$

$b = 2 \cdot 12{,}6 = 25{,}2 \qquad c = 25{,}2 - 3 = 22{,}2$

A: Seiten: a = 12,6 m, b = 25,2 m, c = 22,2 m

2 a) In einem gleichschenkligen Dreieck ist jeder Basiswinkel viermal so groß wie der Winkel an der Spitze. Wie groß sind die Winkel?

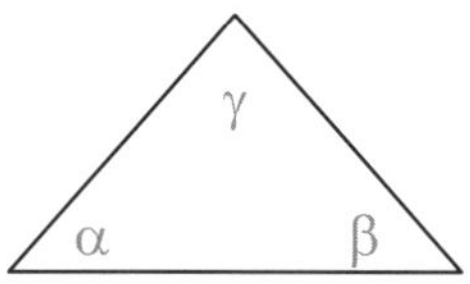

$\alpha = 4\gamma$

$\beta = 4\gamma$

$\alpha + \beta + \gamma = 180°$

$4\gamma + 4\gamma + \gamma = 180°$

$9\gamma = 180° \quad | :9$

$\gamma = 20°$

$\alpha = 4 \cdot 20° = 80°$

A: Winkel: $\alpha = 80°$, $\beta = 80°$, $\gamma = 20°$

b) In einem Dreieck ist Winkel β doppelt so groß wie Winkel α, Winkel γ ist um 40° größer als α. Wie groß sind die Winkel?

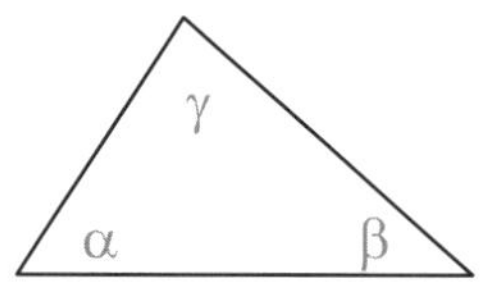

$\beta = 2\alpha$

$\gamma = \alpha + 40°$

$\alpha + \beta + \gamma = 180°$

$\alpha + 2\alpha + \alpha + 40° = 180°$

$4\alpha + 40° = 180° \quad | -40°$

$4\alpha = 140° \quad | :4$

$\alpha = 35°$

$\beta = 2 \cdot 35° = 70° \qquad \gamma = 35° + 40° = 75°$

A: Winkel: $\alpha = 35°$, $\beta = 70°$, $\gamma = 75°$

3 Ein Dreieck (g = 6,5 m und h = 4,8 m) und ein 6 m langes Rechteck sind flächengleich. Wie breit ist das Rechteck?

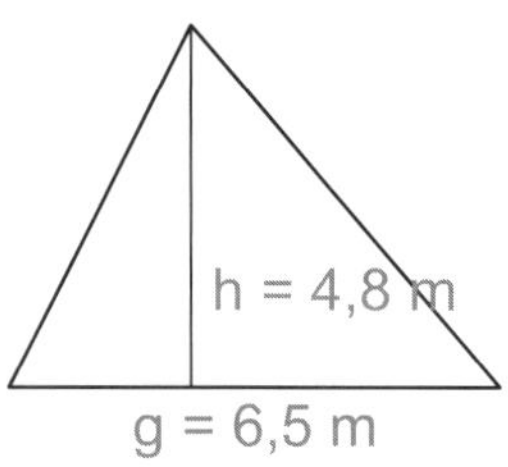

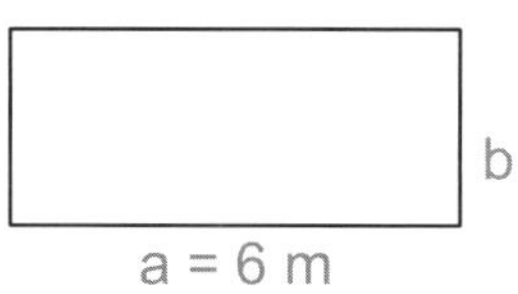

$A_D = A_R$

$\frac{g \cdot h}{2} = a \cdot b$

$\frac{6{,}5 \cdot 4{,}8}{2} = 6 \cdot b$

$15{,}6 = 6 \cdot b \quad | :6$

$b = 2{,}6$

A: Das Rechteck ist 2,6 m breit.

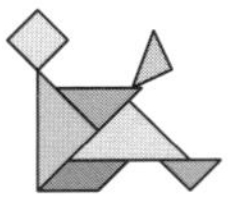

Die Zinsrechnung ist eine Anwendung der Prozentrechnung.
K .... Kapital (Guthaben oder Darlehen)
p % ... Zinssatz
t .... Zeit (Jahre oder Monate oder Tage; 1 Monat ≙ 30 Tage, 1 Jahr ≙ 360 Tage)
Z .... Zinsen

1 a) Gib die Formel an. Schreibe dann die Faktoren auf einen gemeinsamen Bruchstrich.

(1) Zinsen für 1 Jahr

$Z = K \cdot \frac{p}{100}$

$Z = \frac{K \cdot p}{100}$

(2) Zinsen für m Monate

(3) Zinsen für t Tage

b) Gib die Formel an und stelle so um, dass du die gefragte Größe berechnen kannst.

(1) Monatszinsen, Zinssatz p berechnen

$\frac{K \cdot p \cdot m}{100 \cdot 12} = Z \quad | \cdot (100 \cdot 12)$

$K \cdot p \cdot m = Z \cdot 100 \cdot 12$

(2) Jahreszinsen, Tage t berechnen

2 a) Herr Wolf hatte sein Konto 18 Tage lang mit einem Betrag von 2 160 € überzogen. Dafür wurden 11,34 € Zinsen verbucht. Wie hoch ist der Zinssatz?

A:

b) Frau Schulz hat 4 200 € auf einem Sparkonto mit einem Zinssatz von 3,5 % angelegt. Dafür wurden 85,75 € Zinsen gutgeschrieben. Wie viele Monate war das Geld auf dem Konto?

A:

3 Herr Lustig möchte gerne so viel Geld besitzen, dass er von den Zinsen leben kann. Er würde es sicher anlegen (ohne Risiko), mit einem Zinssatz von 4 %. Mit 60 000 € im Jahr würde er gut auskommen. Herr Lustig spielt deshalb regelmäßig im Lotto 6 aus 49. Wie hoch mindestens müsste sein Gewinn sein?

A:

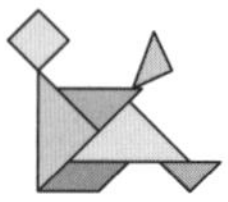

Die Zinsrechnung ist eine Anwendung der Prozentrechnung.
K .... Kapital (Guthaben oder Darlehen)
p % ... Zinssatz
t .... Zeit (Jahre oder Monate oder Tage; 1 Monat ≙ 30 Tage, 1 Jahr ≙ 360 Tage)
Z .... Zinsen

1 a) Gib die Formel an. Schreibe dann die Faktoren auf einen gemeinsamen Bruchstrich.

(1) Zinsen für 1 Jahr

$Z = K \cdot \frac{p}{100}$

$Z = \frac{K \cdot p}{100}$

(2) Zinsen für m Monate

$Z = K \cdot \frac{p}{100} \cdot \frac{m}{12}$

$Z = \frac{K \cdot p \cdot m}{100 \cdot 12}$

(3) Zinsen für t Tage

$Z = K \cdot \frac{p}{100} \cdot \frac{t}{360}$

$Z = \frac{K \cdot p \cdot t}{100 \cdot 360}$

b) Gib die Formel an und stelle so um, dass du die gefragte Größe berechnen kannst.

(1) Monatszinsen, Zinssatz p berechnen

$\frac{K \cdot p \cdot m}{100 \cdot 12} = Z \quad | \cdot (100 \cdot 12)$

$K \cdot p \cdot m = Z \cdot 100 \cdot 12 \quad | : (K \cdot m)$

$p = \frac{Z \cdot 100 \cdot 12}{K \cdot m}$

(2) Jahreszinsen, Tage t berechnen

$\frac{K \cdot p \cdot t}{100 \cdot 360} = Z \quad | \cdot (100 \cdot 360)$

$K \cdot p \cdot t = Z \cdot 100 \cdot 360 \quad | : (K \cdot p)$

$t = \frac{Z \cdot 100 \cdot 360}{K \cdot p}$

2 a) Herr Wolf hatte sein Konto 18 Tage lang mit einem Betrag von 2 160 € überzogen. Dafür wurden 11,34 € Zinsen verbucht. Wie hoch ist der Zinssatz?

K = 2 160 €, t = 18 Tage, Z = 11,34 €; p = ?

$\frac{K \cdot p \cdot t}{100 \cdot 360} = Z \quad | \cdot (100 \cdot 360)$

$K \cdot p \cdot t = Z \cdot 100 \cdot 360 \quad | : (K \cdot t)$

$p = \frac{Z \cdot 100 \cdot 360}{K \cdot t}$

$p = \frac{11{,}34 \cdot 100 \cdot 360}{2\,160 \cdot 18}$

$p = 10{,}5$

A: Der Zinssatz beträgt 10,5 %.

b) Frau Schulz hat 4 200 € auf einem Sparkonto mit einem Zinssatz von 3,5 % angelegt. Dafür wurden 85,75 € Zinsen gutgeschrieben. Wie viele Monate war das Geld auf dem Konto?

K = 4 200 €, p % = 3,5 %, Z = 85,75 €; m = ?

$\frac{K \cdot p \cdot m}{100 \cdot 12} = Z \quad | \cdot (100 \cdot 12)$

$K \cdot p \cdot m = Z \cdot 100 \cdot 12 \quad | : (K \cdot p)$

$m = \frac{Z \cdot 100 \cdot 12}{K \cdot p}$

$m = \frac{85{,}75 \cdot 100 \cdot 12}{4\,200 \cdot 3{,}5}$

$m = 7$

A: Das Geld war 7 Monate auf dem Konto.

3 Herr Lustig möchte gerne so viel Geld besitzen, dass er von den Zinsen leben kann. Er würde es sicher anlegen (ohne Risiko), mit einem Zinssatz von 4 %. Mit 60 000 € im Jahr würde er gut auskommen. Herr Lustig spielt deshalb regelmäßig im Lotto 6 aus 49. Wie hoch mindestens müsste sein Gewinn sein?

$\frac{K \cdot p}{100} = Z \quad | \cdot 100$

$K \cdot p = Z \cdot 100 \quad | : p$

$K = \frac{Z \cdot 100}{p}$

$K = \frac{60\,000 \cdot 100}{4}$

$K = 1\,500\,000$

A: Der Lottogewinn müsste mindestens 1 500 000 € betragen.

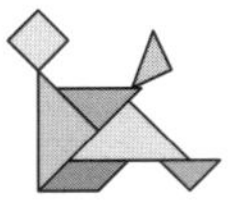

Ist die Mathematik nur eine Hilfswissenschaft?
Ist die Physik nur eine Anwendung der Mathematik?

Die Mathematik und die Physik sind untrennbar miteinander verwoben. Tiefere Einsichten auf dem einem Gebiet sind fast immer mit Fortschritten auf dem anderen verbunden – sie gehen Hand in Hand und bereichern sich gegenseitig.

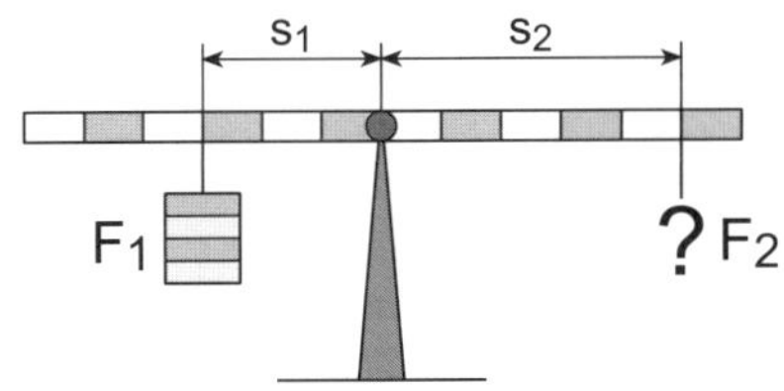

1 a) $W = F \cdot s$

Arbeit gleich Kraft mal Weg
$W = 8\,100$ J, $F = 450$ N; $s = ?$
(1 Joule = 1 Newton · 1 Meter)

b) $F_1 \cdot s_1 = F_2 \cdot s_2$

Hebelgesetz:
Kraft mal Kraftarm gleich Last mal Lastarm
$F_1 = 100$ N, $s_1 = 20$ cm, $s_2 = 400$ cm; $F_2 = ?$

c) $P = \frac{W}{t}$

Leistung gleich Arbeit durch Zeit
$P = 600$ W, $W = 75\,000$ J; $t = ?$
(1 Joule = 1 Watt · 1 Sekunde)

d) $\rho = \frac{m}{V}$

Dichte gleich Masse durch Volumen
$m = 75$ g, $\rho = 0{,}25\ \frac{g}{cm^3}$; $V = ?$

e) $W = U \cdot I \cdot t$

Elektrische Energie gleich
Spannung mal Stromstärke mal Zeit
$I = 2$ A, $t = 10$ s, $W = 90$ J; $U = ?$
(1 Joule = 1 Volt · 1 Ampere · 1 Sekunde)

f) $v =$

Geschwindigkeit gleich Weg durch Zeit
Ein Flugzeug braucht bei einer durchschnittlichen Geschwindigkeit von 720 km/h für die Strecke Hamburg–New York 8 h 30 min.
Berechne die Flugstrecke?

Ich kann Formeln aus verschiedenen Sachgebieten umstellen und Größen daraus berechnen.	☺☺	☺	😐	☹

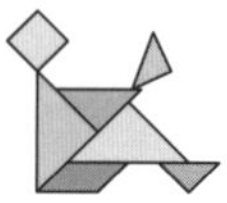

Ist die Mathematik nur eine Hilfswissenschaft?
Ist die Physik nur eine Anwendung der Mathematik?

Die Mathematik und die Physik sind untrennbar miteinander verwoben. Tiefere Einsichten auf dem einem Gebiet sind fast immer mit Fortschritten auf dem anderen verbunden – sie gehen Hand in Hand und bereichern sich gegenseitig.

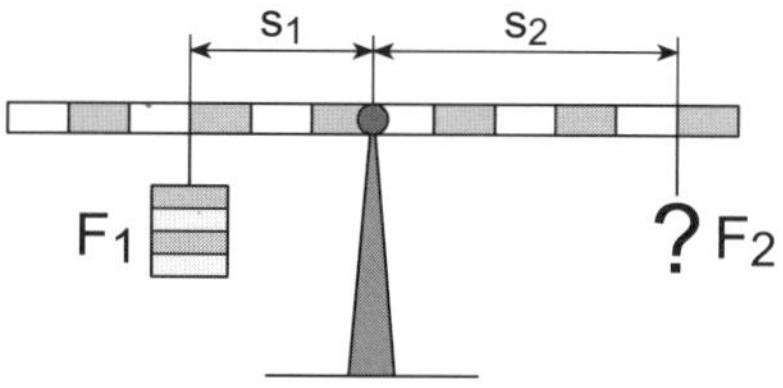

1 a) $W = F \cdot s$

Arbeit gleich Kraft mal Weg
$W = 8\,100$ J, $F = 450$ N; $s = ?$
(1 Joule = 1 Newton · 1 Meter)

$W = F \cdot s \quad | : F$

$s = \frac{W}{F}$

$s = \frac{8\,100\text{ J}}{450\text{ N}} = \frac{8\,100\text{ N} \cdot \text{m}}{450\text{ N}}$

$s = 18$ m

b) $F_1 \cdot s_1 = F_2 \cdot s_2$

Hebelgesetz:
Kraft mal Kraftarm gleich Last mal Lastarm
$F_1 = 100$ N, $s_1 = 20$ cm, $s_2 = 400$ cm; $F_2 = ?$

$F_1 \cdot s_1 = F_2 \cdot s_2 \quad | : s_2$

$F_2 = \frac{F_1 \cdot s_1}{s_2}$

$F_2 = \frac{100\text{ N} \cdot 20\text{ cm}}{400\text{ cm}}$

$F_2 = 5$ N

c) $P = \frac{W}{t}$

Leistung gleich Arbeit durch Zeit
$P = 600$ W, $W = 75\,000$ J; $t = ?$
(1 Joule = 1 Watt · 1 Sekunde)

$P = \frac{W}{t} \quad | \cdot t$

$P \cdot t = W \quad | : P$

$t = \frac{W}{P}$

$t = \frac{75\,000\text{ J}}{600\text{ W}} = \frac{75\,000\text{ W} \cdot \text{s}}{600\text{ W}}$

$t = 125$ s

d) $\rho = \frac{m}{V}$

Dichte gleich Masse durch Volumen
$m = 75$ g, $\rho = 0{,}25\,\frac{\text{g}}{\text{cm}^3}$; $V = ?$

$\rho = \frac{m}{V} \quad | \cdot V$

$m = \rho \cdot V \quad | : \rho$

$V = \frac{m}{\rho}$

$V = \frac{75\text{ g} \cdot \text{cm}^3}{0{,}25\text{ g}}$

$V = 300\text{ cm}^3$

e) $W = U \cdot I \cdot t$

Elektrische Energie gleich
Spannung mal Stromstärke mal Zeit
$I = 2$ A, $t = 10$ s, $W = 90$ J; $U = ?$
(1 Joule = 1 Volt · 1 Ampere · 1 Sekunde)

$W = U \cdot I \cdot t \quad | : (I \cdot t)$

$U = \frac{W}{I \cdot t}$

$U = \frac{90\text{ J}}{2\text{ A} \cdot 10\text{ s}} = \frac{90 \cdot \text{V} \cdot \text{A} \cdot \text{s}}{2\text{ A} \cdot 10\text{ s}}$

$U = 4{,}5$ V

f) $v = \frac{s}{t}$

Geschwindigkeit gleich Weg durch Zeit
Ein Flugzeug braucht bei einer durchschnittlichen Geschwindigkeit von 720 km/h für die Strecke Hamburg–New York 8 h 30 min.
Berechne die Flugstrecke?

$v = \frac{s}{t} \quad | \cdot t$

$s = v \cdot t$

$s = \frac{720\text{ km} \cdot 8{,}5\text{ h}}{\text{h}}$

$s = 6\,120$ km

Ich kann Formeln aus verschiedenen Sachgebieten umstellen und Größen daraus berechnen.	☺☺	☺	😐	☹

1 Hast du als Kind gerne mit Bausteinen Türme gebaut, oder Häuser ...?
Nun kannst du bereits selbst Bausteine (aus Papier) herstellen, nämlich Quader, Würfel und andere Prismen.
Bitte mehrere Mitschüler, mit dir in einer Gruppe zu arbeiten.
Jeder von euch soll einen bestimmten Baustein herstellen. Mit diesen Bausteinen sollt ihr dann etwas bauen können, z. B. eine Brücke, ein Stadttor, eine Kirche, ...

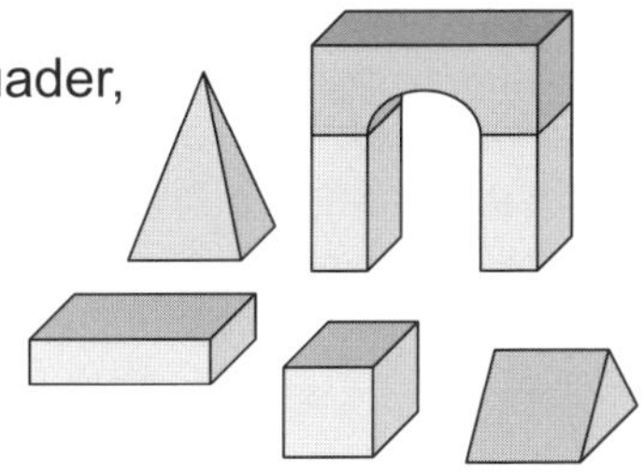

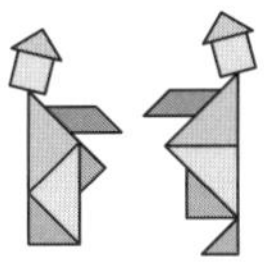

- Überlegt, was ihr mit Bausteinen bauen wollt.
- Überlegt euch die Form und die Größe der einzelnen Bausteine, die ihr dafür braucht. (Die Bausteine sollen nicht zu klein sein, allerdings soll jedes Netz auf einem A4-Blatt Platz haben.)
- Beschließt, wer welchen Baustein herstellt. Achtet auf die Form und auf die Größe!
- Zeichnet die Netze – vergesst nicht die Klebestreifen – und stellt die Bausteine her.
- Sind sie gelungen? Könnt ihr bauen, was ihr geplant habt?

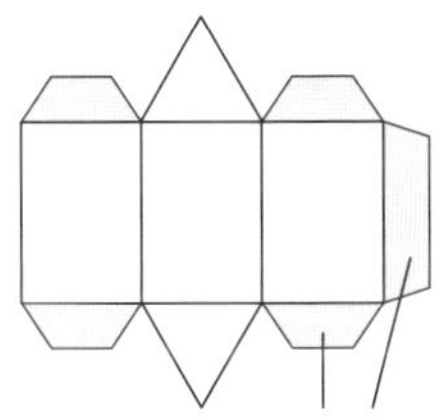

2 Die Figuren sollen Körpernetze von Prismen darstellen. Leider sind sie nicht vollständig. Ergänze. Bemale dann die Grund- und die Deckfläche.

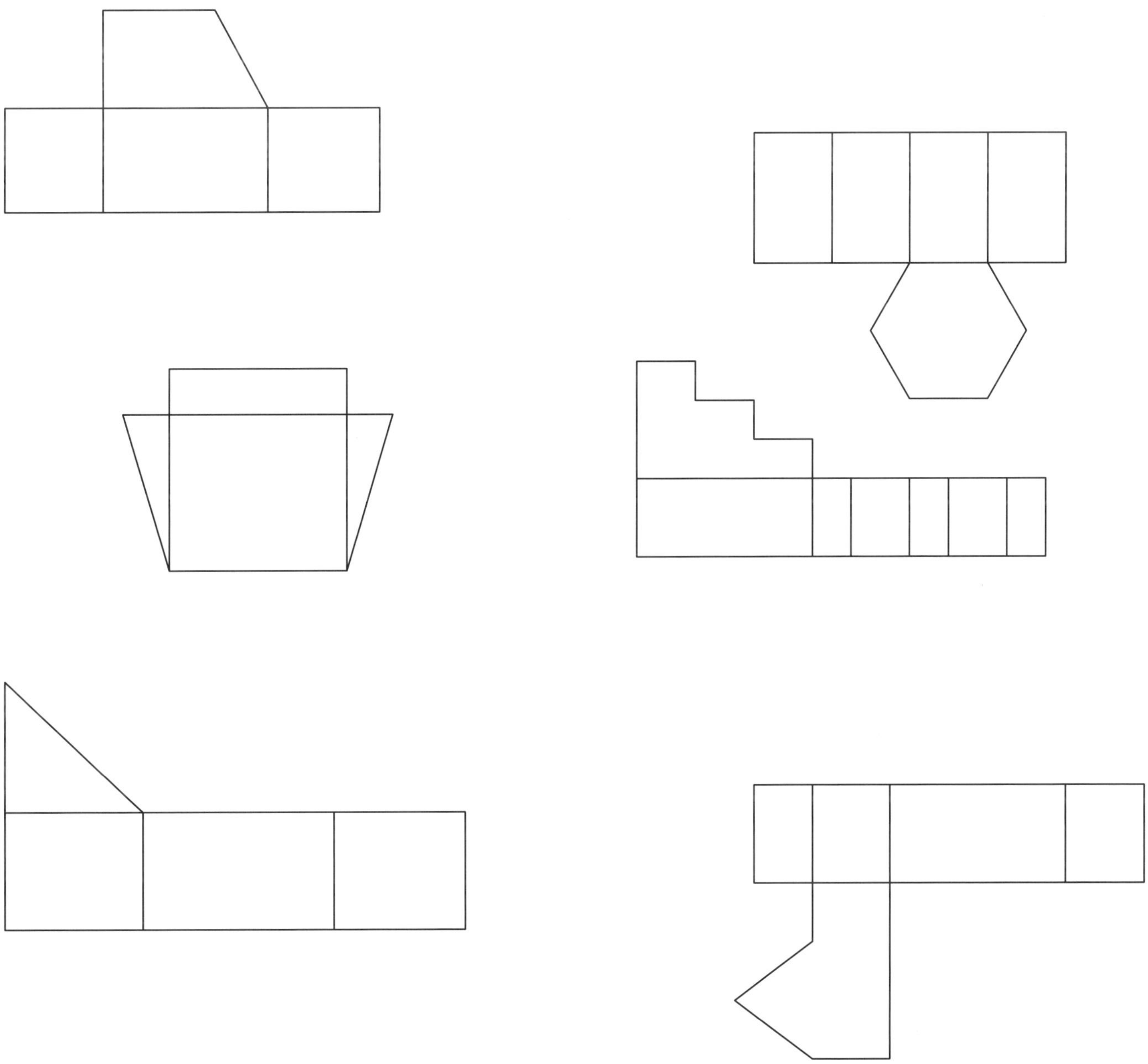

1 Hast du als Kind gerne mit Bausteinen Türme gebaut, oder Häuser ...?
Nun kannst du bereits selbst Bausteine (aus Papier) herstellen, nämlich Quader, Würfel und andere Prismen.
Bitte mehrere Mitschüler, mit dir in einer Gruppe zu arbeiten.
Jeder von euch soll einen bestimmten Baustein herstellen. Mit diesen Bausteinen sollt ihr dann etwas bauen können, z. B. eine Brücke, ein Stadttor, eine Kirche, ...

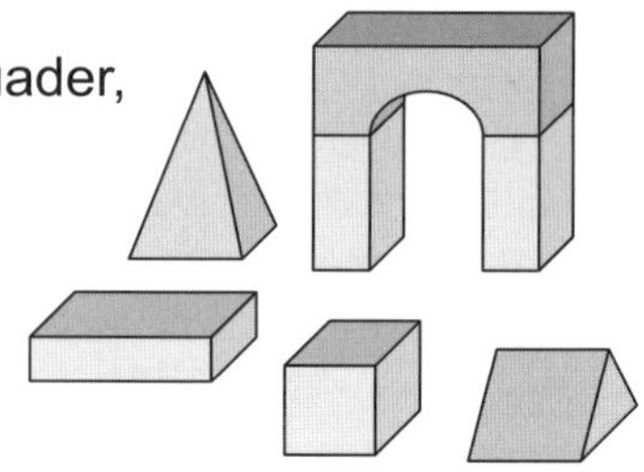

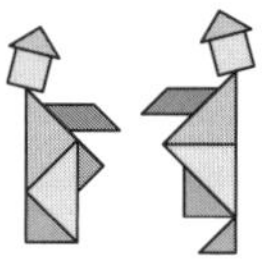

- Überlegt, was ihr mit Bausteinen bauen wollt.
- Überlegt euch die Form und die Größe der einzelnen Bausteine, die ihr dafür braucht. (Die Bausteine sollen nicht zu klein sein, allerdings soll jedes Netz auf einem A4-Blatt Platz haben.)
- Beschließt, wer welchen Baustein herstellt. Achtet auf die Form und auf die Größe!
- Zeichnet die Netze – vergesst nicht die Klebestreifen – und stellt die Bausteine her.
- Sind sie gelungen? Könnt ihr bauen, was ihr geplant habt?

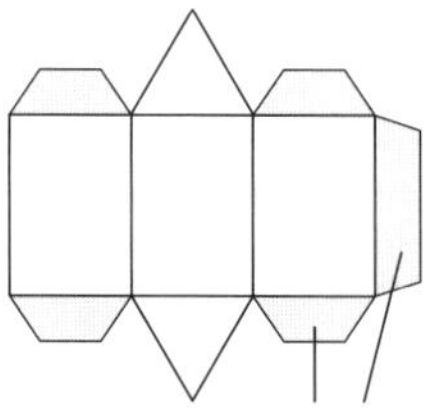

2 Die Figuren sollen Körpernetze von Prismen darstellen. Leider sind sie nicht vollständig. Ergänze. Bemale dann die Grund- und die Deckfläche.

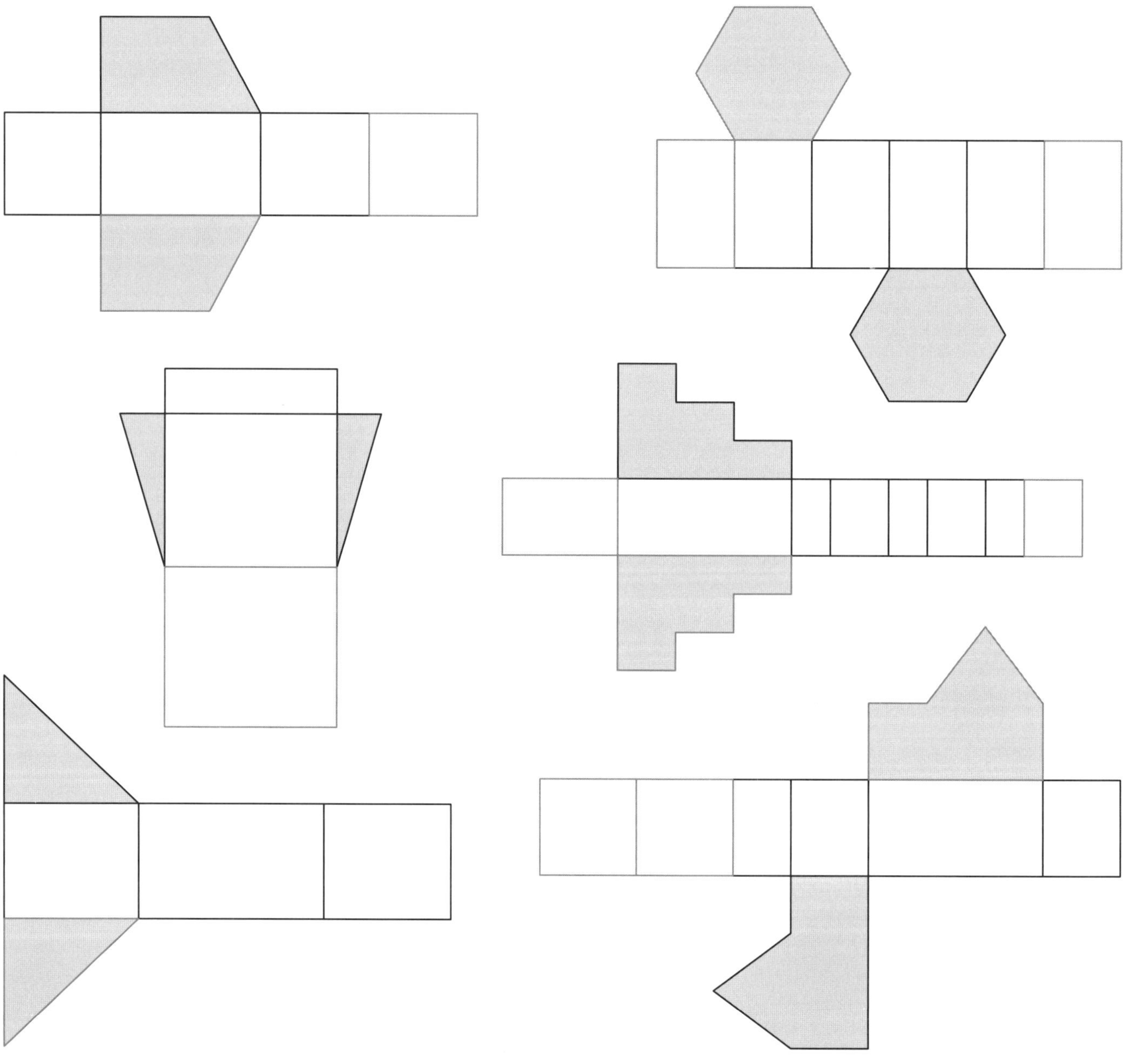

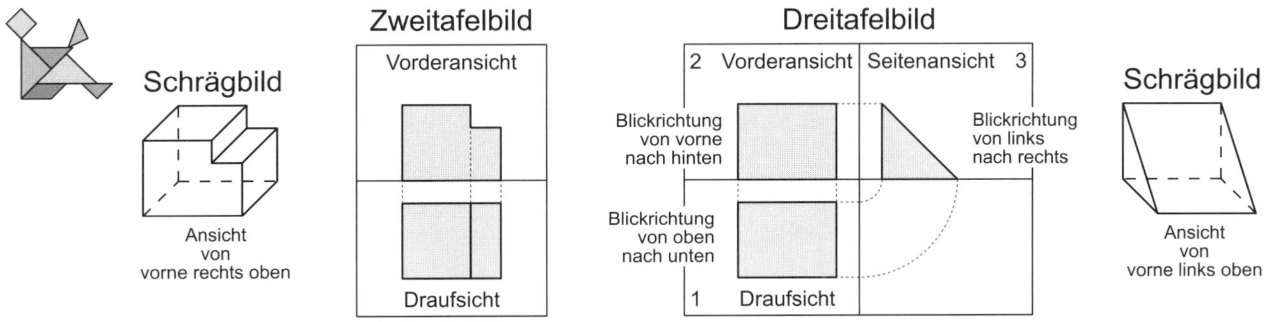

1 Aus welchen geometrischen Grundkörpern sind die im Zweitafelbild dargestellten Körper zusammengesetzt? Bezeichne sie.

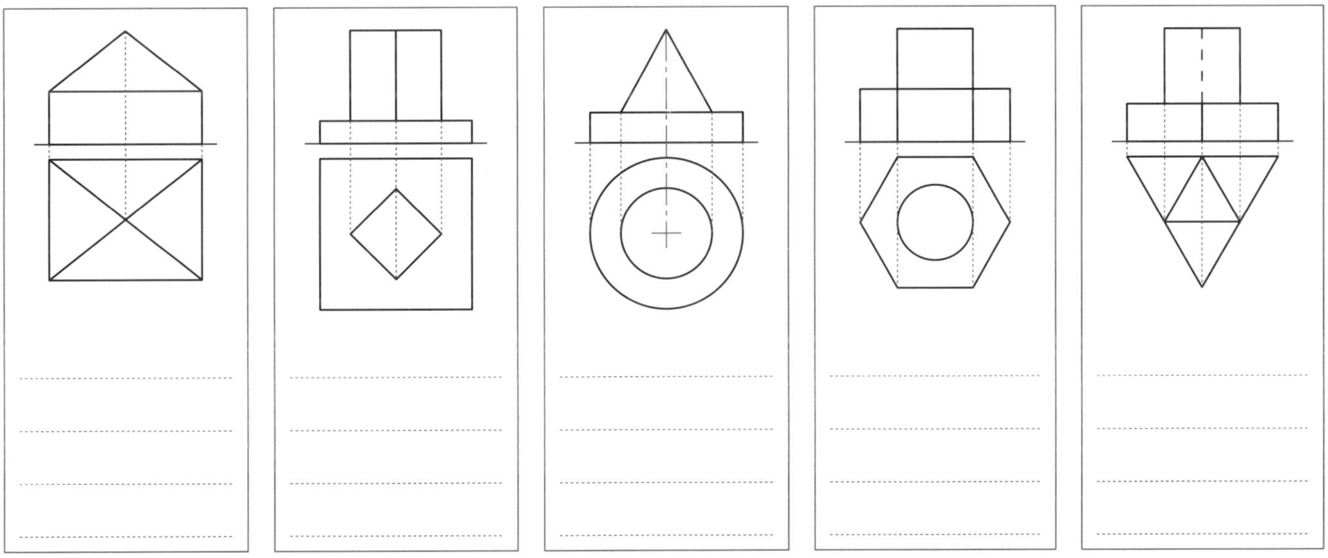

2 Verschiedene Körper können die gleiche Draufsicht, aber unterschiedliche Vorderansicht haben, und umgekehrt. Zeichne passende Ansichten dazu (Vorderansicht bzw. Draufsicht).

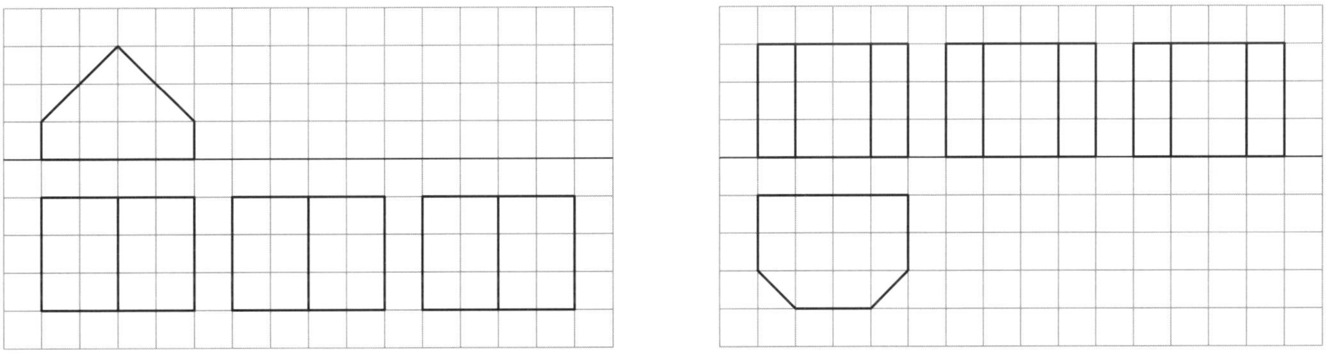

3 Zeichne jeweils eine passende Seitenansicht.

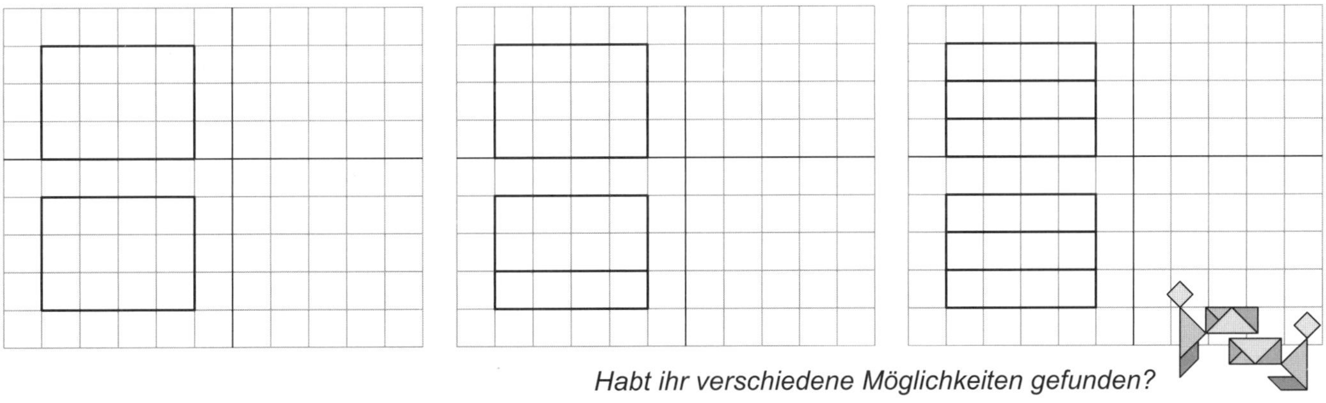

Habt ihr verschiedene Möglichkeiten gefunden?

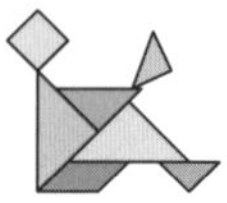

Schrägbild

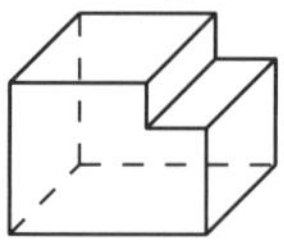

Ansicht von vorne rechts oben

Zweitafelbild

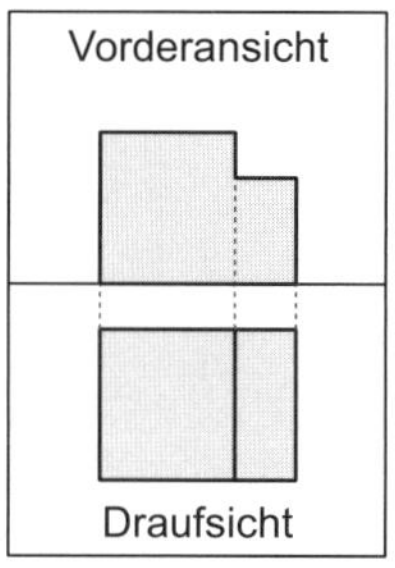

Dreitafelbild

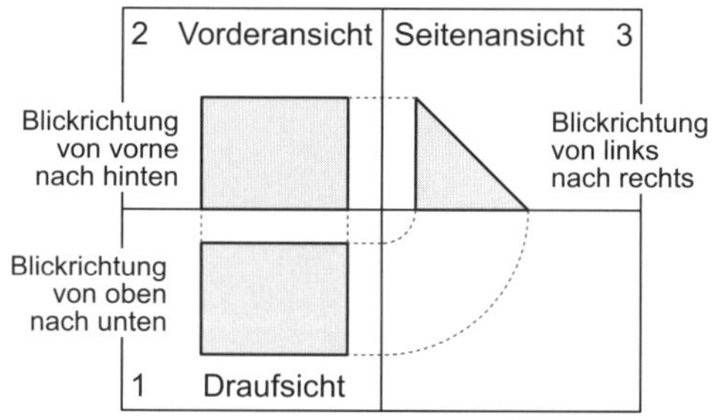

Schrägbild

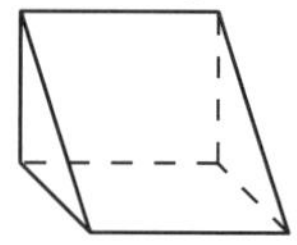

Ansicht von vorne links oben

1 Aus welchen geometrischen Grundkörpern sind die im Zweitafelbild dargestellten Körper zusammengesetzt? Bezeichne sie.

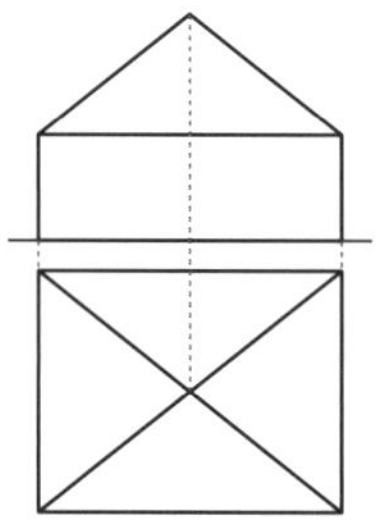

rechteckige Pyramide
Quader

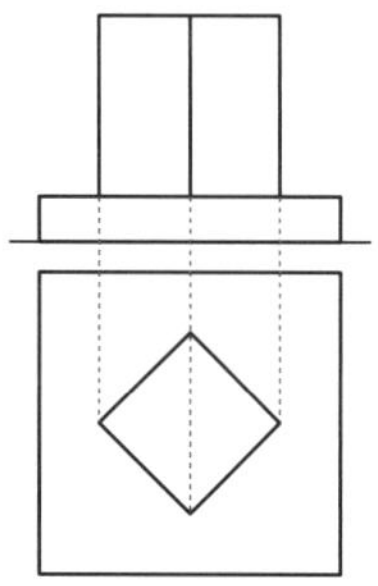

quadratisches Prisma
quadratisches Prisma

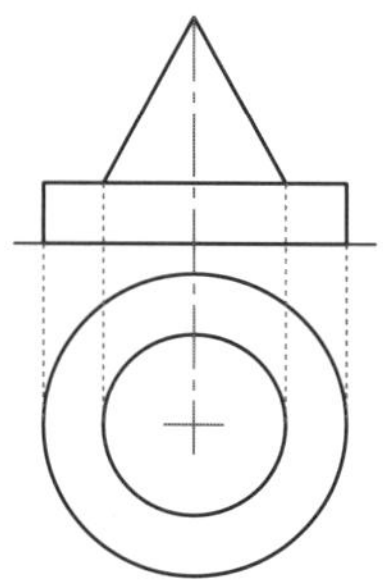

Kegel
Zylinder

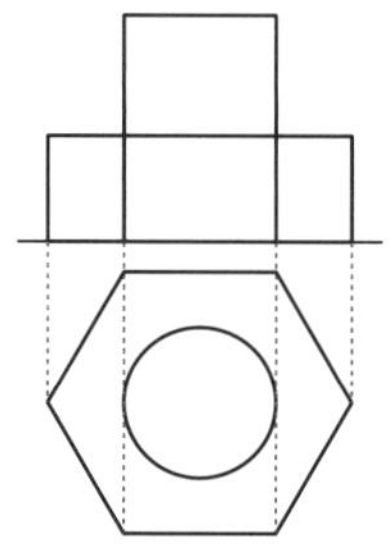

Zylinder
sechsseitiges Prisma

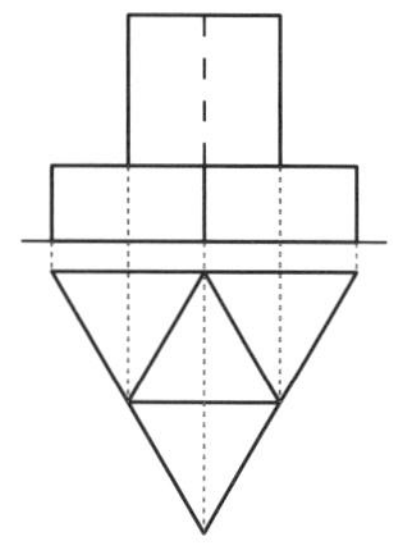

dreiseitiges Prisma
dreiseitiges Prisma

2 Verschiedene Körper können die gleiche Draufsicht, aber unterschiedliche Vorderansicht haben, und umgekehrt. Zeichne passende Ansichten dazu (Vorderansicht bzw. Draufsicht).

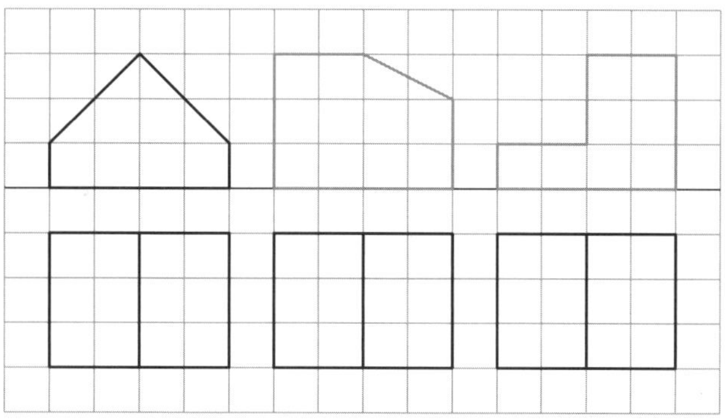

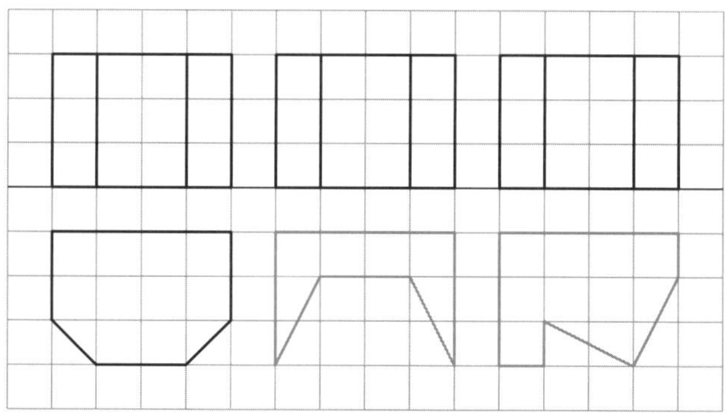

3 Zeichne jeweils eine passende Seitenansicht.

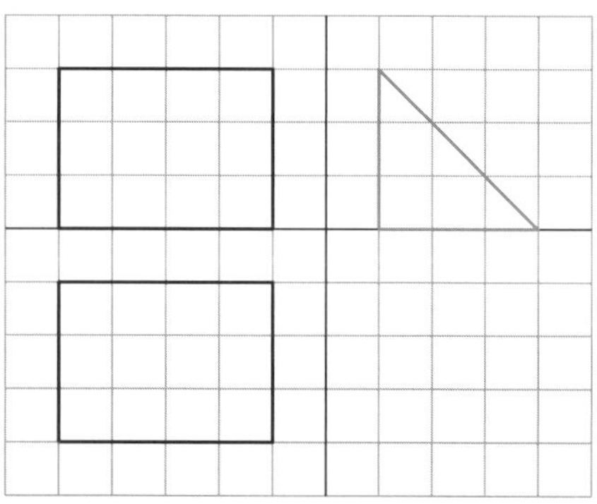

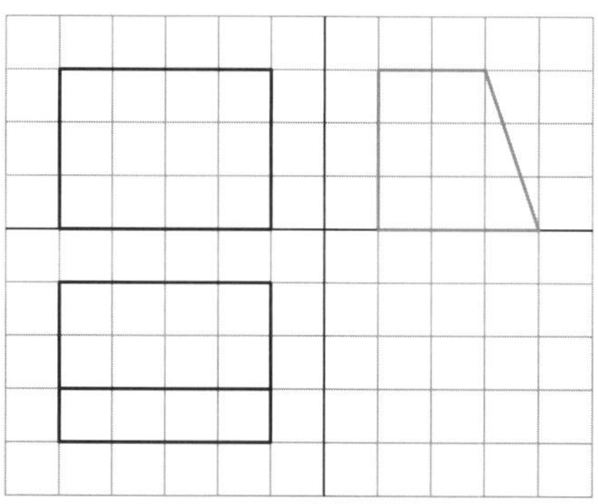

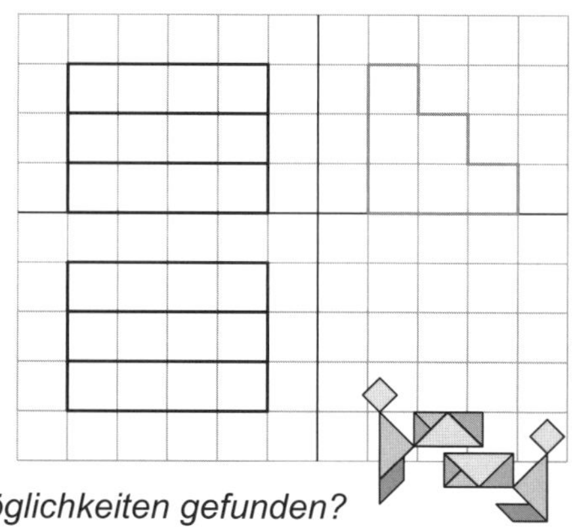

Habt ihr verschiedene Möglichkeiten gefunden?

1 Ergänze zu einem Schrägbild. Ein Haus entwirf selbst.

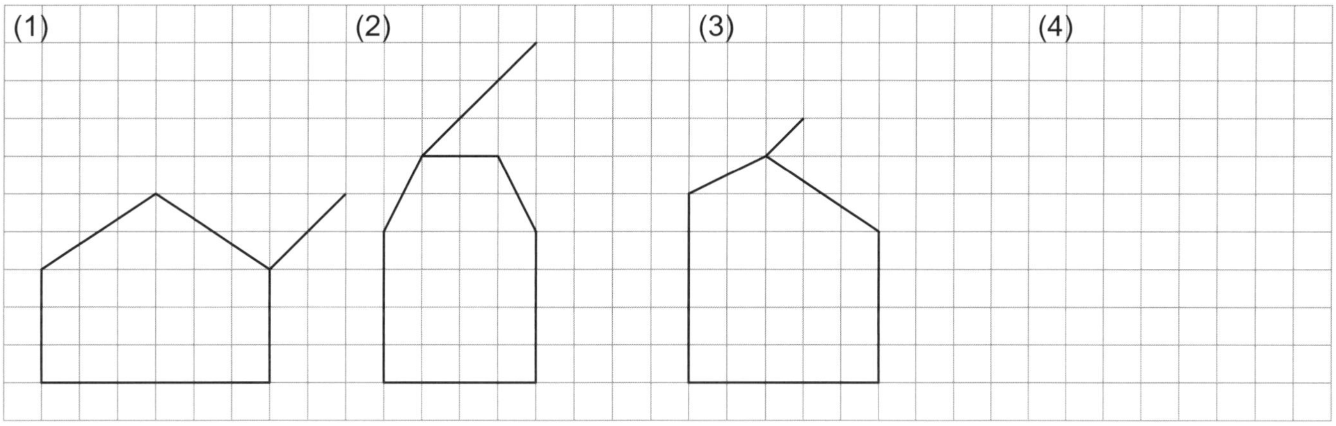

2 Die Figur stellt die Grundfläche eines Prismas dar (Draufsicht).
Zeichne daneben das Schrägbild des Prismas mit dieser Grundfläche und der Körperhöhe h = 2 cm.

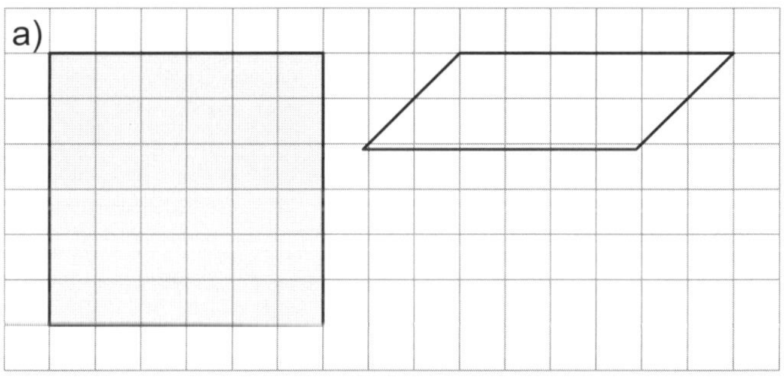

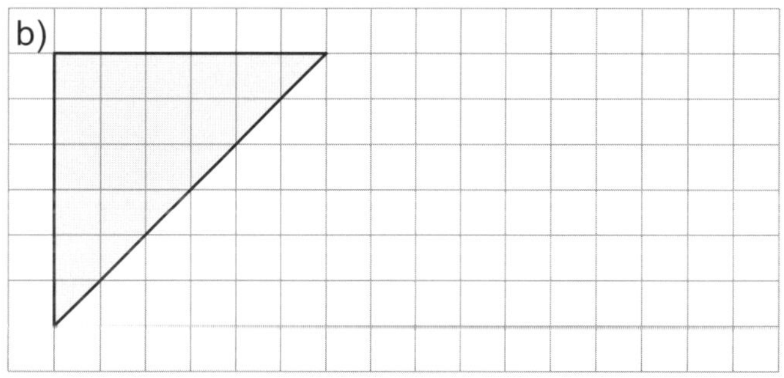

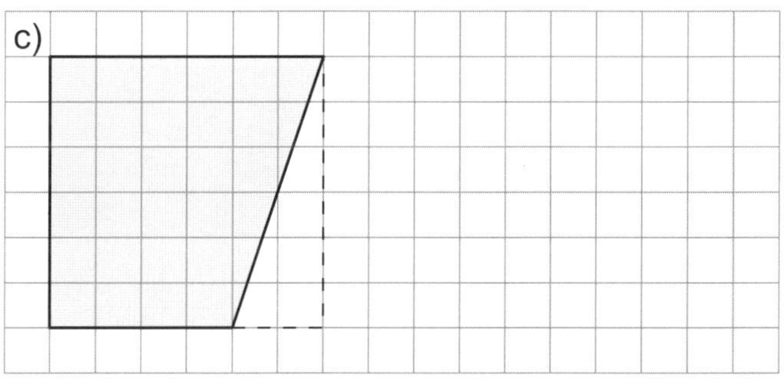

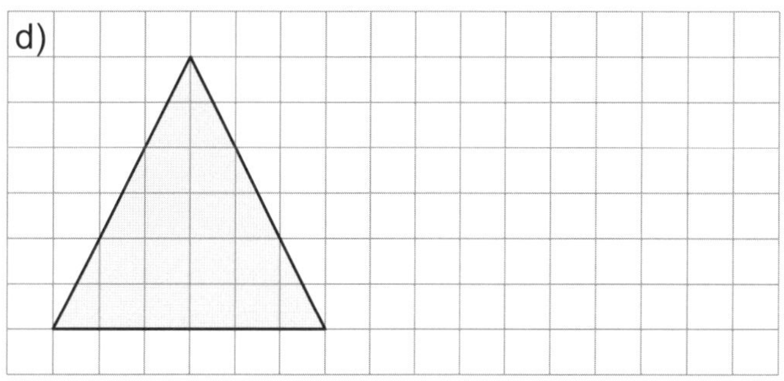

3 Von einem Würfel wurde ein Teil weggesägt. Der Restkörper wurde (a) um 90° nach rechts gedreht.
Zeichne den Körper (b) um 180° und (c) um 270° nach rechts gedreht.

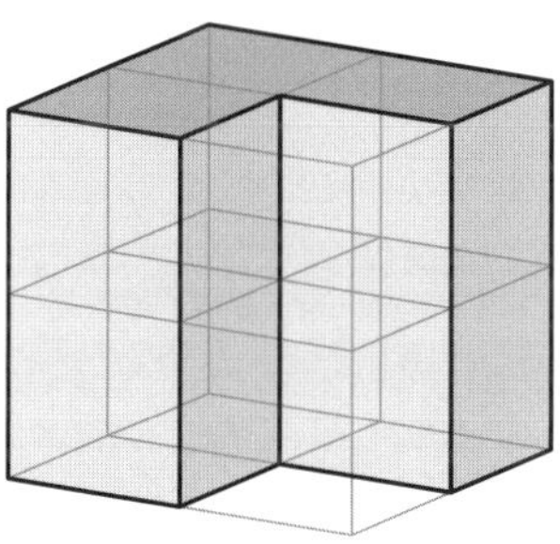

a)

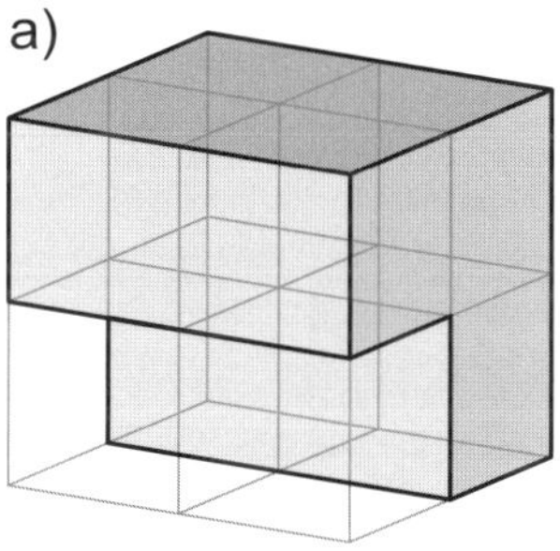

b)

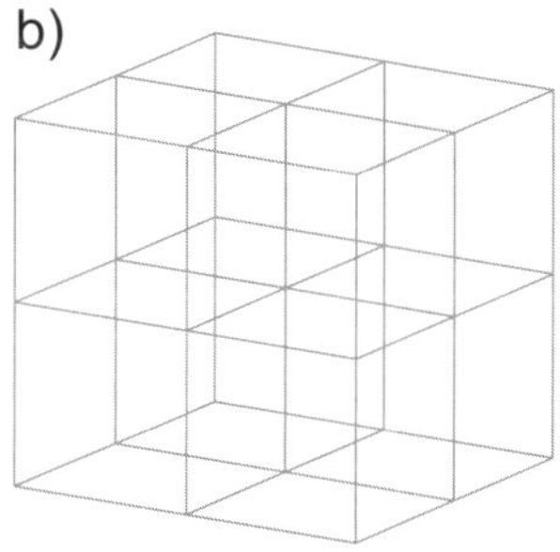

c)

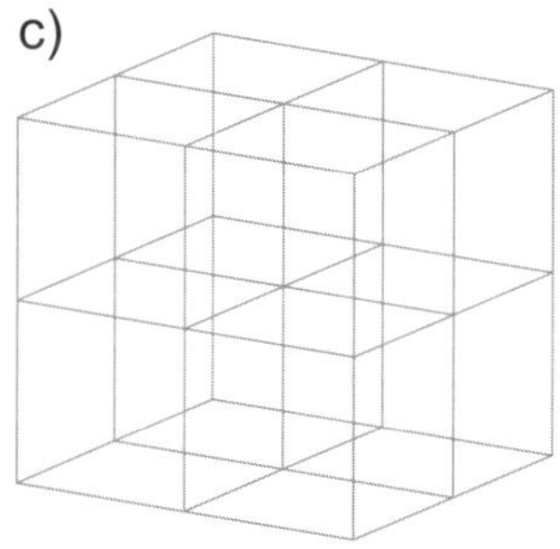

4 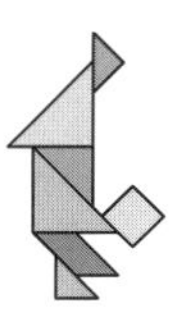

Gib auch eine Begründung bzw. ein Beispiel an.

a) Gibt es Prismen mit 16 Kanten?

....

....

b) Gibt es Prismen mit 16 Flächen?

....

....

1 Ergänze zu einem Schrägbild. Ein Haus entwirf selbst.

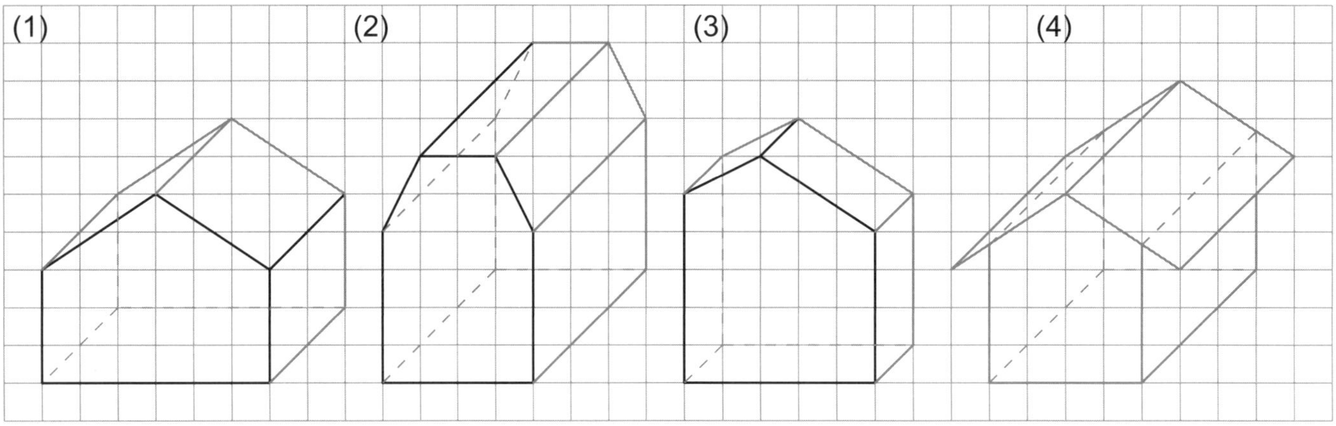

2 Die Figur stellt die Grundfläche eines Prismas dar (Draufsicht).
Zeichne daneben das Schrägbild des Prismas mit dieser Grundfläche und der Körperhöhe h = 2 cm.

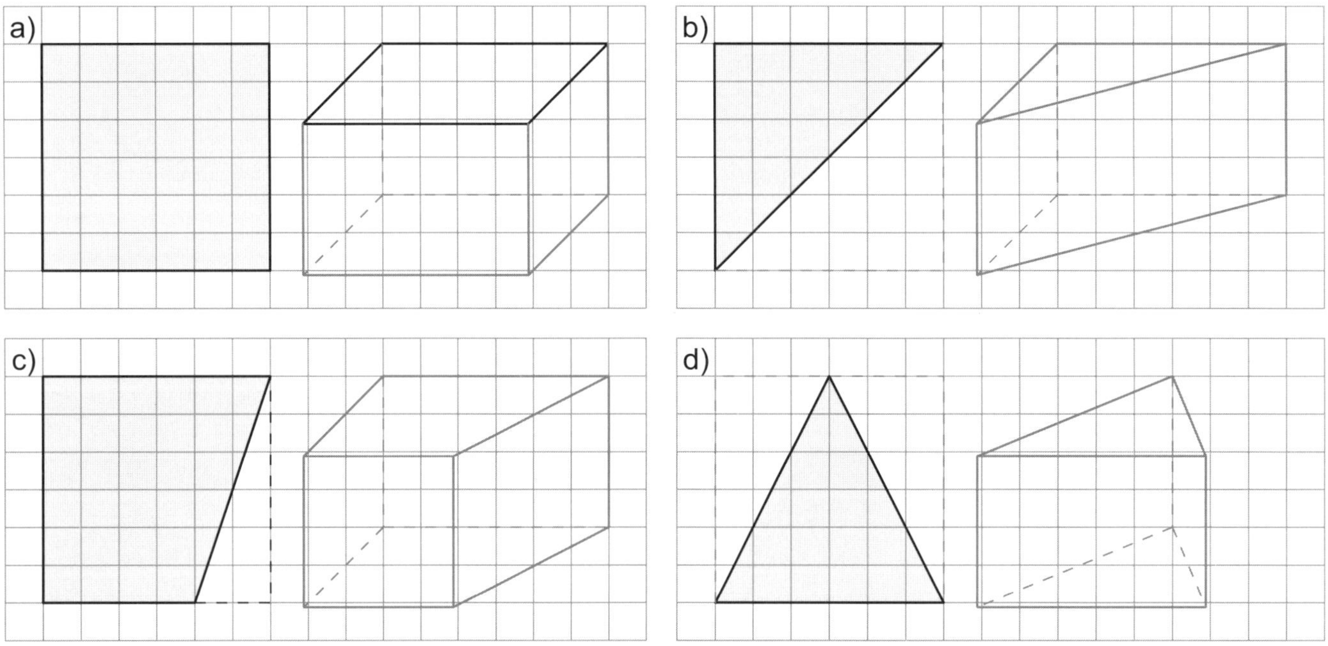

3 Von einem Würfel wurde ein Teil weggesägt. Der Restkörper wurde (a) um 90° nach rechts gedreht.
Zeichne den Körper (b) um 180° und (c) um 270° nach rechts gedreht.

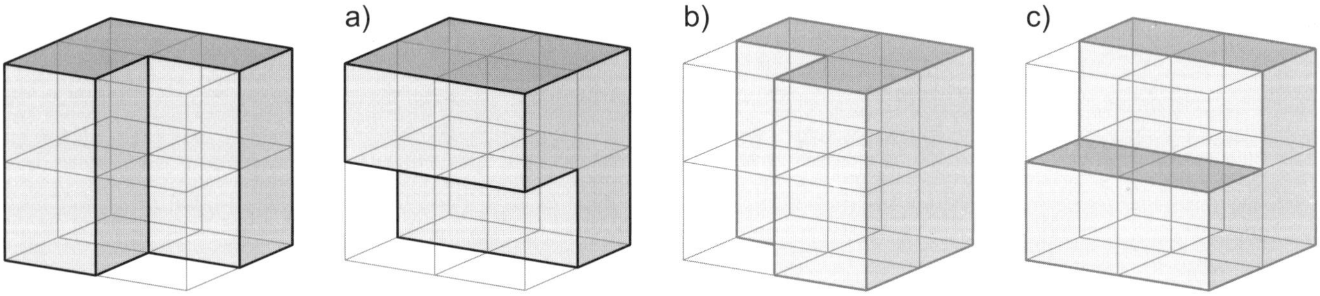

4 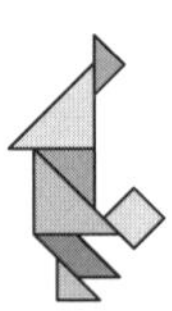 Gib auch eine Begründung bzw. ein Beispiel an.

a) Gibt es Prismen mit 16 Kanten?

Nein. Prismen haben 9, 12, 15, 18 ... Kanten.

b) Gibt es Prismen mit 16 Flächen?

Ja, 14-seitige Prismen.

1 Die abgebildeten Körper sind jeweils aus fünf Zentimeterwürfeln zusammengesetzt, sie haben also gleiches Volumen. Die Körper haben auch gleiche Oberfläche. Findest du einen Körper, der ebenfalls aus fünf Zentimeterwürfeln zusammengesetzt ist, dessen Oberfläche aber kleiner ist?

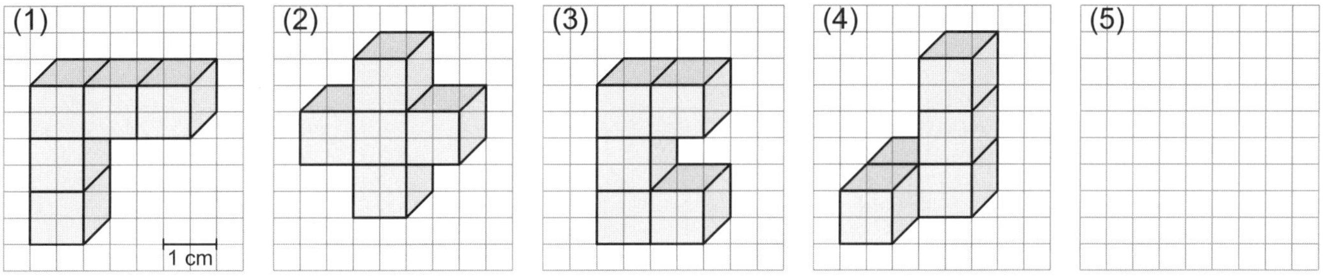

O = ... O = ... O = ... O = ... O = ...

Nicht alle dargestellten Körper sind Prismen. Begründe.

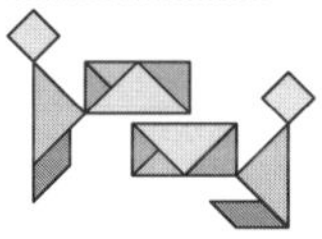

....

....

2 Berechne das Volumen folgender Prismen. Maße in cm.

a)

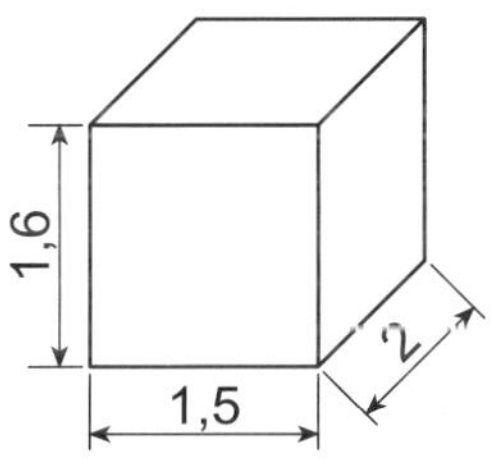

b)

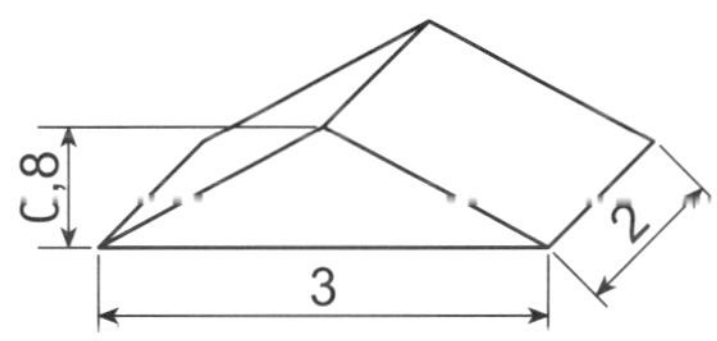

3 Berechne die Oberfläche folgender Prismen. Entnimm die Maße der Abbildung.

a)

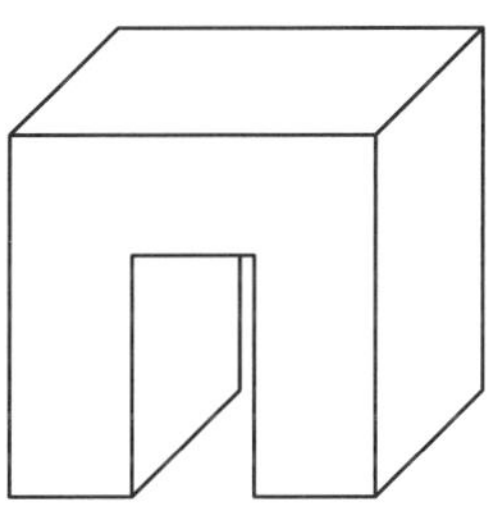

b)

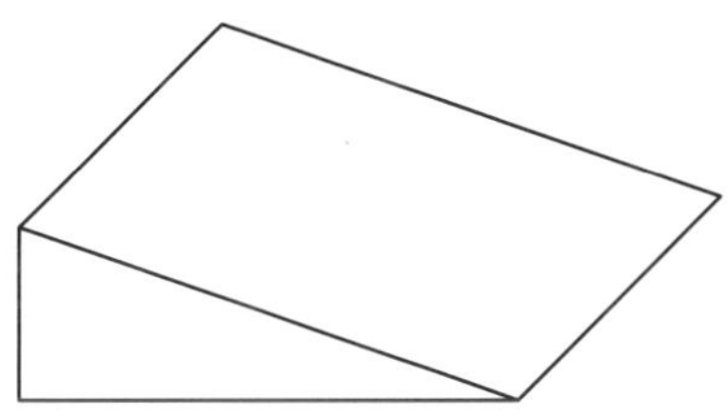

1 Die abgebildeten Körper sind jeweils aus fünf Zentimeterwürfeln zusammengesetzt, sie haben also gleiches Volumen. Die Körper haben auch gleiche Oberfläche. Findest du einen Körper, der ebenfalls aus fünf Zentimeterwürfeln zusammengesetzt ist, dessen Oberfläche aber kleiner ist?

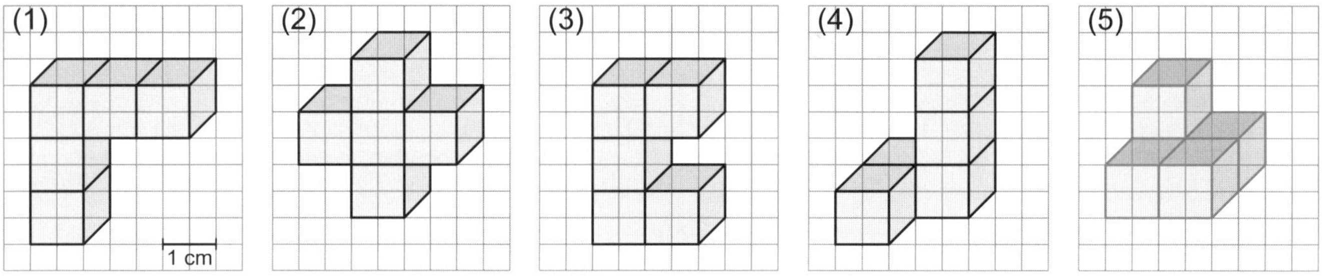

O = $22\ cm^2$ O = $22\ cm^2$ O = $22\ cm^2$ O = $22\ cm^2$ O = $20\ cm^2$

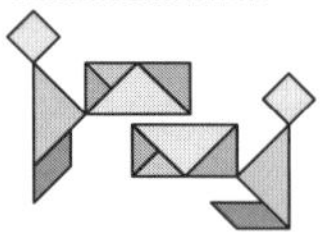

Nicht alle dargestellten Körper sind Prismen. Begründe.

Körper (4) ist kein Prisma. Grund- und Deckfläche sind keine deckungsgleichen Vielecke. Die Seitenkanten sind nicht gleich lang.

2 Berechne das Volumen folgender Prismen. Maße in cm.

a)

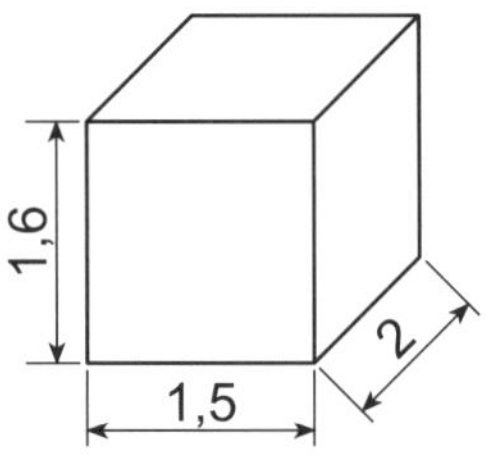

$V_{Pr} = G \cdot h_K$

$V_{Pr} = 1{,}5\ cm \cdot 2\ cm \cdot 1{,}6\ cm$

$V_{Pr} = 3\ cm^2 \cdot 1{,}6\ cm$

$V_{Pr} = 4{,}8\ cm^3$

b)

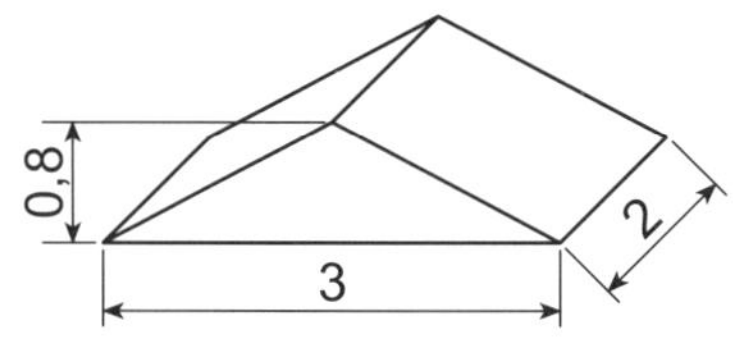

$V_{Pr} = G \cdot h_K$

$V_{Pr} = \frac{3\ cm \cdot 0{,}8\ cm}{2} \cdot 2\ cm$

$V_{Pr} = 1{,}2\ cm^2 \cdot 2\ cm$

$V_{Pr} = 2{,}4\ cm^3$

3 Berechne die Oberfläche folgender Prismen. Entnimm die Maße der Abbildung.

a)

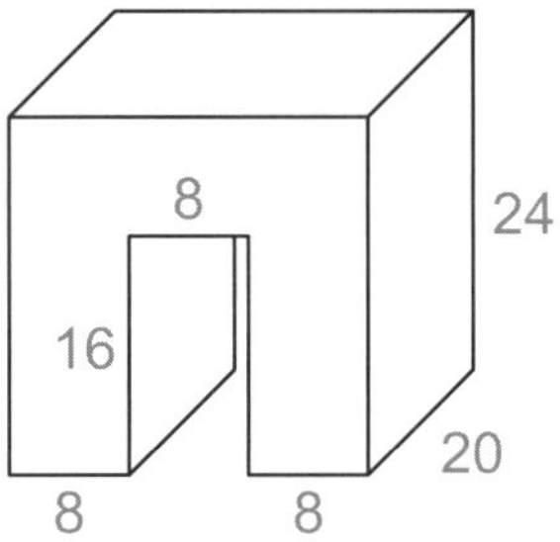

$G = 24\ mm \cdot 24\ mm - 8\ mm \cdot 16\ mm$

$G = 448\ mm^2$

$M = 128\ mm \cdot 20\ mm$

$M = 2\,560\ mm^2$

$O_{Pr} = 2 \cdot G + M$

$O_{Pr} = 2 \cdot 448\ mm^2 + 2\,560\ mm^2$

$O_{Pr} = 3\,456\ mm^2$

b)

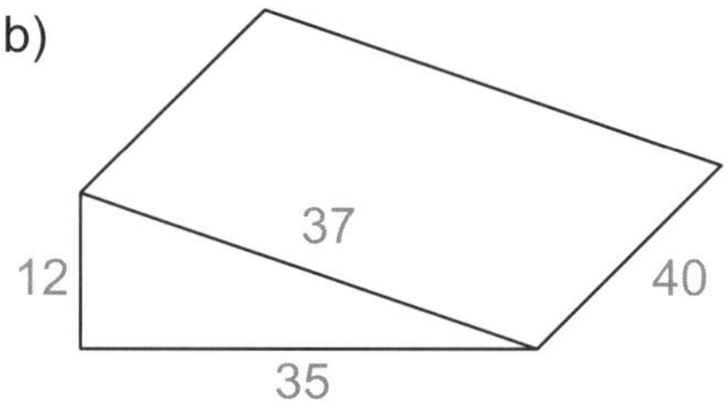

$G = \frac{35\ mm \cdot 12\ mm}{2}$

$G = 210\ mm^2$

$M = (35\ mm + 37\ mm + 12\ mm) \cdot 40\ mm$

$M = 3\,360\ mm^2$

$O_{Pr} = 2 \cdot G + M$

$O_{Pr} = 2 \cdot 210\ mm^2 + 3\,360\ mm^2$

$O_{Pr} = 3\,780\ mm^2$

1 Die Abbildung zeigt die Grundfläche eines Prismas.
Wie hoch ist es, wenn das Volumen 90 cm^3 beträgt?

a)

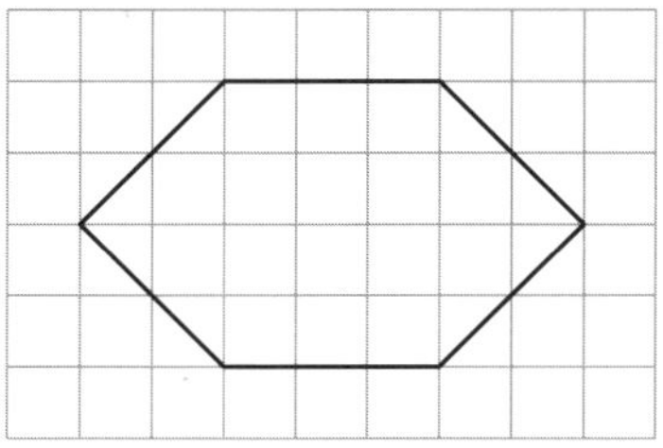

b)

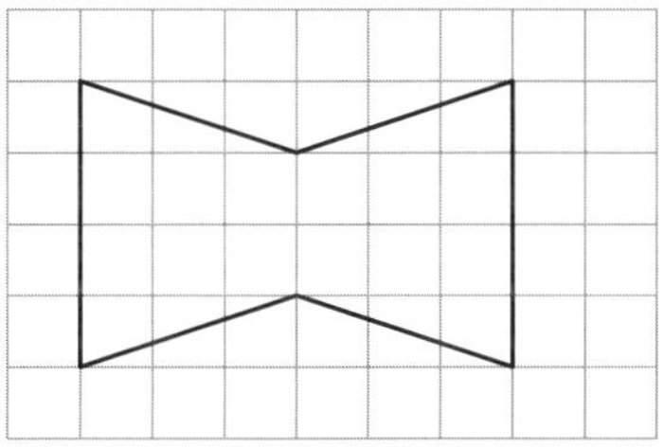

2 Der Mantel eines 4 cm hohen Prismas hat einen Flächeninhalt von 48 cm^2.
Skizziere drei mögliche Grundflächen. Berechne jeweils die Oberfläche und das Volumen.

(1) (2) (3)

O = ……… V = ……… O = ……… V = ……… O = ……… V = ………

3 Bei einem Quader wird die Kante a um 25 % verlängert, die Kante b um 50 % verkürzt und die Höhe h um 40 % verlängert.

a) Zeichne eine Skizze des zweiten Quaders.

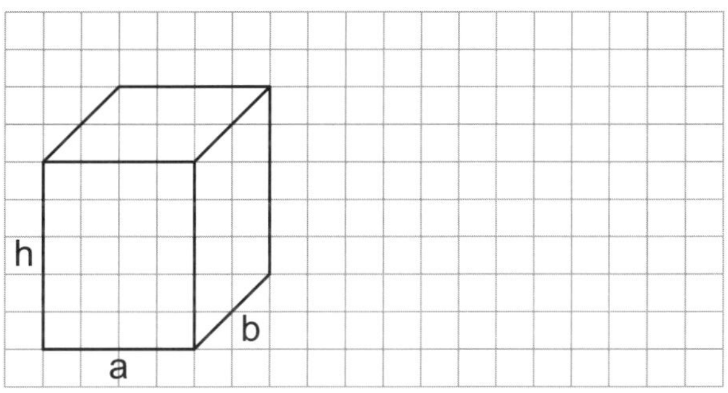

b) Wie ändert sich das Volumen?

A: ………

4 Für welchen geometrischen Körper kann die Formel gelten? (Schreibe die Aufgabennummer 1, 2 bzw. 3 in den entsprechenden Kreis.)
Vereinfache die Formeln durch Ausklammern.

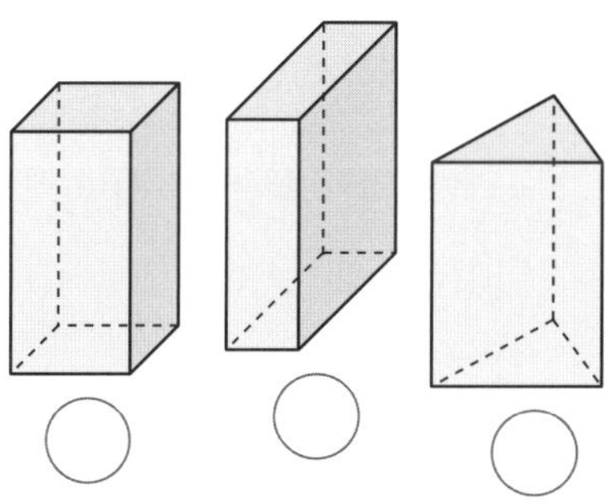

① $O = 2 \cdot a \cdot b + 2 \cdot a \cdot c + 2 \cdot b \cdot c =$ ………

② $O = 2 \cdot a^2 + 4 \cdot a \cdot h =$ ………

③ $M = a \cdot h + b \cdot h + c \cdot h =$ ………

1 Die Abbildung zeigt die Grundfläche eines Prismas.
Wie hoch ist es, wenn das Volumen 90 cm^3 beträgt?

a)

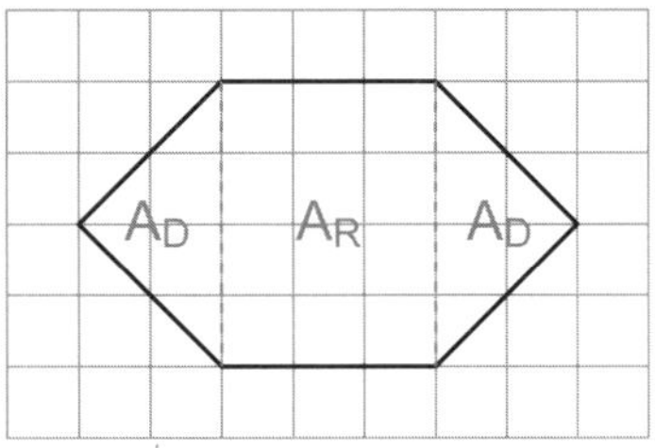

$G = A_R + 2 \cdot A_D$

$G = 1{,}5 \cdot 2\ cm^2 + 2 \cdot \frac{2 \cdot 1}{2}\ cm^2$

$G = 5\ cm^2$

$V = G \cdot h \quad |:G$

$h = \frac{V}{G}$

$h = \frac{90\ cm^3}{5\ cm^2}$

$h = 18\ cm$

b)

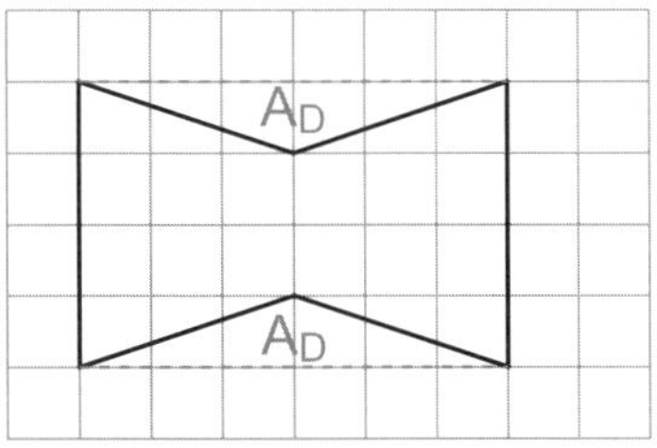

$G = A_R - 2 \cdot A_D$

$G = 3 \cdot 2\ cm^2 - 2 \cdot \frac{3 \cdot 0{,}5}{2}\ cm^2$

$G = 4{,}5\ cm^2$

$V = G \cdot h \quad |:G$

$h = \frac{V}{G}$

$h = \frac{90\ cm^3}{4{,}5\ cm^2}$

$h = 20\ cm$

2 Der Mantel eines 4 cm hohen Prismas hat einen Flächeninhalt von 48 cm^2.
Skizziere drei mögliche Grundflächen. Berechne jeweils die Oberfläche und das Volumen.

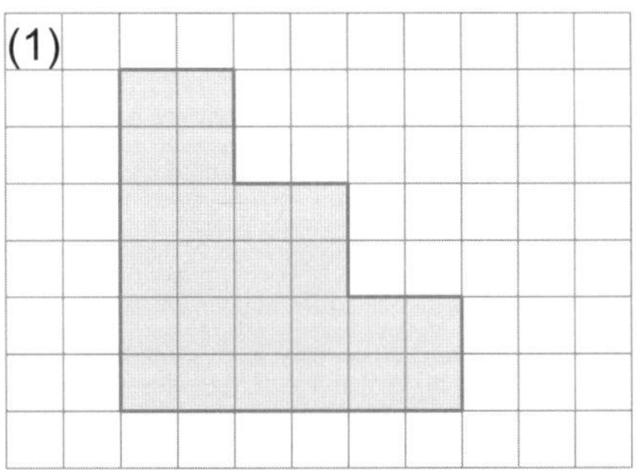

$O =$ 60 cm^2 $V =$ 24 cm^3

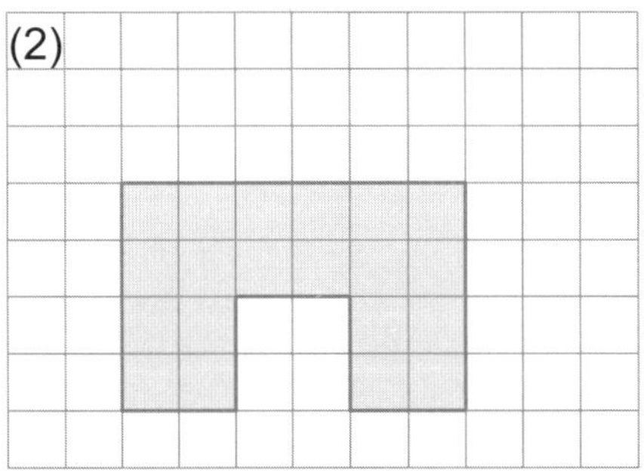

$O =$ 58 cm^2 $V =$ 20 cm^3

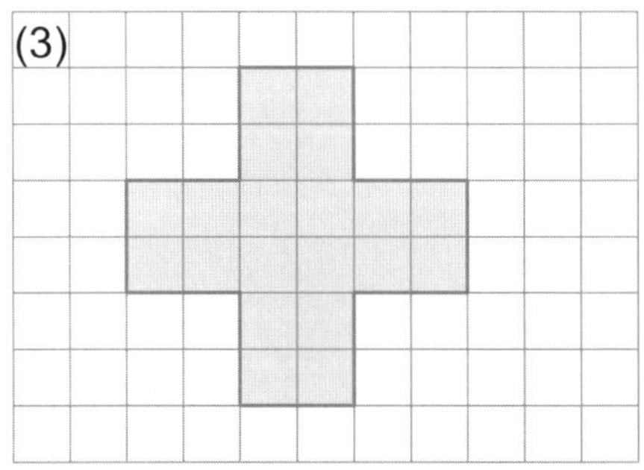

$O =$ 58 cm^2 $V =$ 20 cm^3

3 Bei einem Quader wird die Kante a um 25 % verlängert, die Kante b um 50 % verkürzt und die Höhe h um 40 % verlängert.

a) Zeichne eine Skizze des zweiten Quaders.

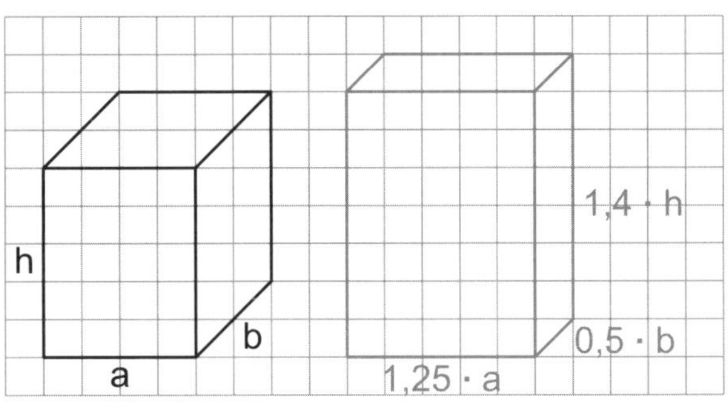

b) Wie ändert sich das Volumen?

$V_1 = a \cdot b \cdot h$

$V_2 = 1{,}25 \cdot a \cdot 0{,}5 \cdot b \cdot 1{,}4 \cdot h$

$V_2 = 0{,}875 \cdot a \cdot b \cdot h$

A: Das Volumen wird um 12,5 % kleiner.

4 Für welchen geometrischen Körper kann die Formel gelten? (Schreibe die Aufgabennummer 1, 2 bzw. 3 in den entsprechenden Kreis.)
Vereinfache die Formeln durch Ausklammern.

① $O = 2 \cdot a \cdot b + 2 \cdot a \cdot c + 2 \cdot b \cdot c =$ $2 \cdot (a \cdot b + a \cdot c + b \cdot c)$

② $O = 2 \cdot a^2 + 4 \cdot a \cdot h =$ $2 \cdot a \cdot (a + 2 \cdot h)$

③ $M = a \cdot h + b \cdot h + c \cdot h =$ $h \cdot (a + b + c)$

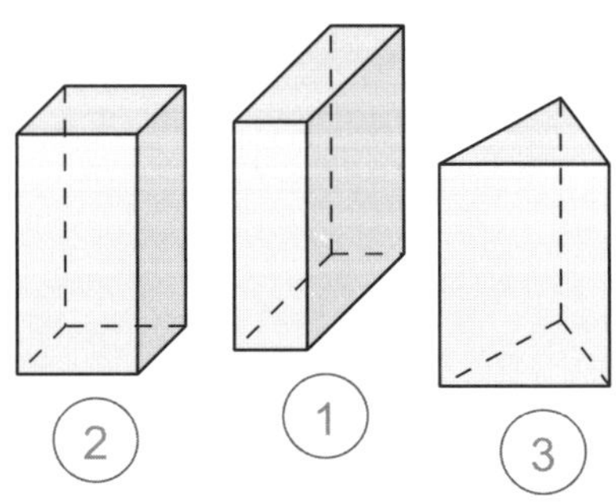

1 Auf einem Sockel wird ein 3,8 m hoher Mauerpfeiler errichtet. Die Grundfläche dieses Pfeilers ist im Maßstab 1 : 10 abgebildet.

a) Wie viel Kubikmeter Beton werden für die Errichtung gebraucht?

b) Wie viel Quadratmeter Mantelfläche müssen dann verputzt werden?

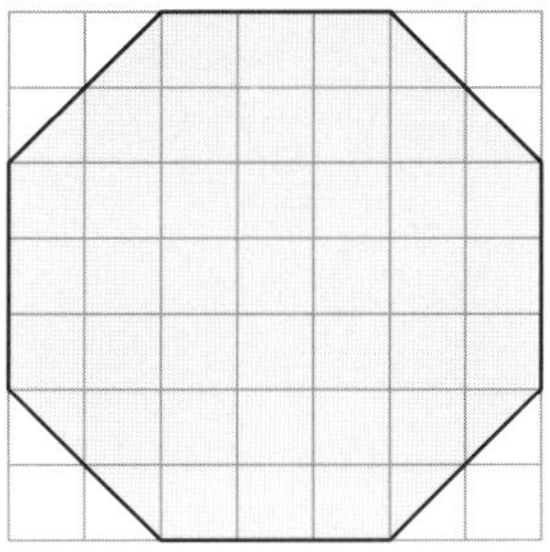

A: ....

A: ....

2 Das Haus von Familie Schulz wird renoviert.

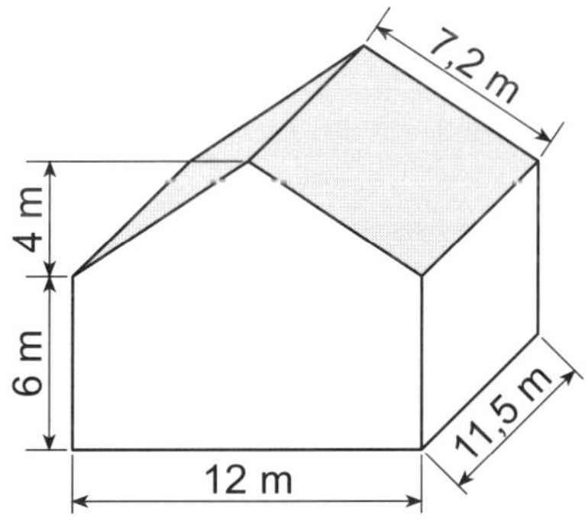

a) Für wie viel Kubikmeter umbauten Raum ist die neue Heizung zu konzipieren?

b) Wie groß ist die gesamte Dachfläche?

c) Wie groß sind die Mauerflächen, die zu verputzen sind?

a) Umbauter Raum

b) Dachfläche

c) Mauerflächen

3 Herr Kühn kauft 10 Stück Winkelprofil, silberfarbig Aluminium.
Abmessung: 2000 x 20 x 20 x 2 mm. Die Dichte von Aluminium beträgt 2,7 $\frac{g}{cm^3}$.
Berechne die Masse.

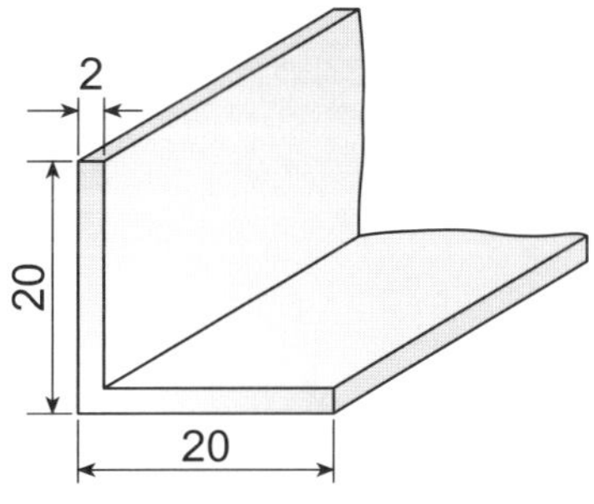

A: ....

1 Auf einem Sockel wird ein 3,8 m hoher Mauerpfeiler errichtet. Die Grundfläche dieses Pfeilers ist im Maßstab 1 : 10 abgebildet.

a) Wie viel Kubikmeter Beton werden für die Errichtung gebraucht?

b) Wie viel Quadratmeter Mantelfläche müssen dann verputzt werden?

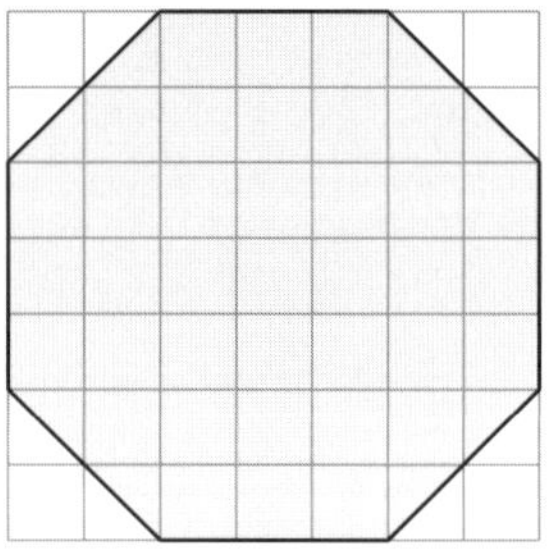

$G = 35\text{ cm} \cdot 35\text{ cm} - 10\text{ cm} \cdot 10\text{ cm} \cdot 2$

$G = 1\,225\text{ cm}^2 - 200\text{ cm}^2$

$G = 1\,025\text{ cm}^2$

$M = (15\text{ cm} + 14\text{ cm}) \cdot 4 \cdot 380\text{ cm}$

$M = 29\text{ cm} \cdot 4 \cdot 380\text{ cm}$

$M = 44\,080\text{ cm}^2$

$M = 4{,}408\text{ m}^2$

$V = G \cdot h$

$V = 1\,025\text{ cm}^2 \cdot 380\text{ cm}$

$V = 389\,500\text{ cm}^3$

$V = 0{,}3895\text{ m}^3$

A: Für die Errichtung des Mauerpfeilers werden rund 0,39 m³ Beton gebraucht.

A: Rund 4,4 m² Mantelfläche müssen verputzt werden.

2 Das Haus von Familie Schulz wird renoviert.

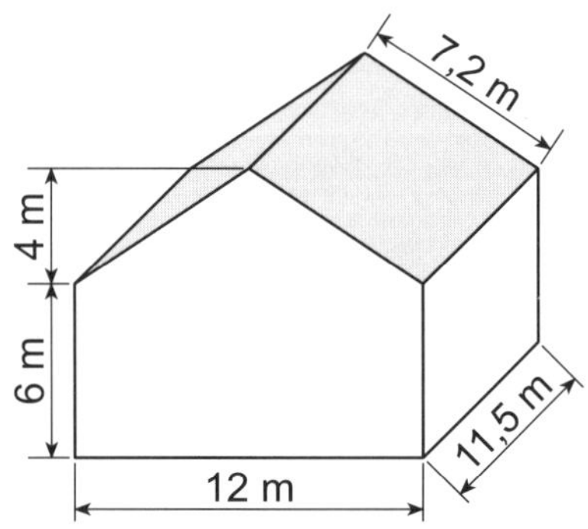

a) Für wie viel Kubikmeter umbauten Raum ist die neue Heizung zu konzipieren?

b) Wie groß ist die gesamte Dachfläche?

c) Wie groß sind die Mauerflächen, die zu verputzen sind?

a) Umbauter Raum

$G = A_R + A_D$

$G = 12 \cdot 6\text{ m}^2 + \frac{12 \cdot 4}{2}\text{ m}^2$

$G = 96\text{ m}^2$

$V = G \cdot h$

$V = 96\text{ m}^2 \cdot 11{,}5\text{ m}$

$V = 1104\text{ m}^3$

b) Dachfläche

$A = 2 \cdot 11{,}5\text{ m} \cdot 7{,}2\text{ m}$

$A = 165{,}6\text{ m}^2$

c) Mauerflächen

$A = 2 \cdot 96\text{ m}^2 + 2 \cdot 11{,}5 \cdot 6\text{ m}^2$

$A = 330\text{ m}^2$

3 Herr Kühn kauft 10 Stück Winkelprofil, silberfarbig Aluminium.
Abmessung: 2000 x 20 x 20 x 2 mm. Die Dichte von Aluminium beträgt $2{,}7\,\frac{\text{g}}{\text{cm}^3}$.
Berechne die Masse.

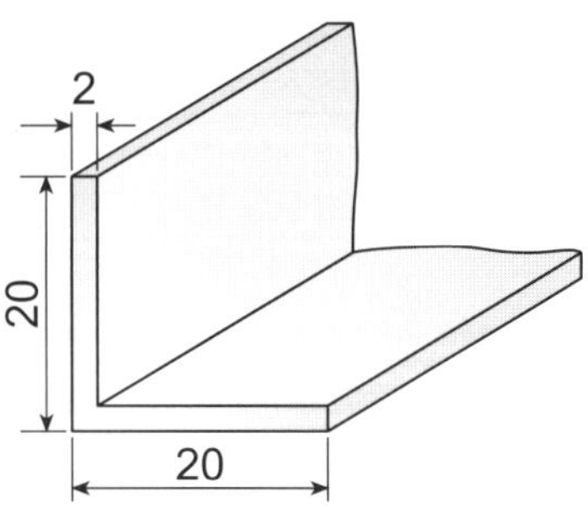

$V_{Pr} = G \cdot h_K$

$V_{Pr} = (20\text{ mm} \cdot 2\text{ mm} + 18\text{ mm} \cdot 2\text{ mm}) \cdot 2\,000\text{ mm}$

$V_{Pr} = (40\text{ mm}^2 + 36\text{ mm}^2) \cdot 2\,000\text{ mm}$

$V_{Pr} = 76\text{ mm}^2 \cdot 2\,000\text{ mm}$

$V_{Pr} = 152\,000\text{ mm}^3 = 152\text{ cm}^3$

1 Stück:

$1\text{ cm}^3 \mathrel{\hat=} 2{,}7\text{ g}$

$152\text{ cm}^3 \mathrel{\hat=} 2{,}7\text{ g} \cdot 152 = 410{,}4\text{ g}$

10 Stück:

$410{,}4\text{ g} \cdot 10 = 4\,104\text{ g}$

$4\,104\text{ g} = 4{,}104\text{ kg}$

A: 10 Stück Winkelprofil haben eine Masse von 4,104 kg.

1 Familie Jung möchte in der Küche auf einer 3,9 m langen und 2,5 m breiten rechteckigen Fläche einen neuen Bodenbelag anbringen.
Sie entscheidet sich für das folgende Angebot in einem Firmenprospekt:

Neuer Boden unter den Füßen sorgt für mehr Wohn- und Lebensqualität.
Am besten aus natürlichen Rohstoffen.

Produktinformation

Warengruppe: Linoleum-Fliesen Sortierung: feine Struktur Oberflächenbehandlung: lackiert Verbindungsart: Clic-Technik	Bemaßung: Stärke: 10 mm Länge: 90 cm Breite: 30 cm	Verpackungseinheit: 8 Stk. pro Paket, entspricht 2,16 m²

a) Wie viele Fliesen benötigt Famile Jung und wie viele Pakete muss sie kaufen?
Die Fliesen sollen nicht gestückelt werden – löse zeichnerisch.

A: ....

b) Welches Volumen hat ein Paket und welche Masse? Die Dichte des Linoleums beträgt 1,1 $\frac{kg}{dm^3}$.

....

....

A: ....

2 Der Nord-Ostsee-Kanal („Kiel Canal") ist nach Anzahl der Schiffe die meistbefahrene künstliche Wasserstraße der Welt.
Der Wasserweg wurde in nur acht Jahren errichtet und 1895 von Kaiser Wilhelm II. eröffnet.
Zu Beginn des 20. Jahrhunderts wurde der Kanal das erste Mal ausgebaut. An der Sohle beträgt die Breite 44 m, die Breite im Wasserspiegel wurde auf 102 m erhöht und die Wassertiefe auf 11 m.
(Die im Jahr 1965 begonnene zweite Erweiterung ist noch nicht abgeschlossen.)
Wie viel Wasser befindet sich seither in dem rund 100 km langen Kanal? Verwandle schrittweise in Milliarden Liter.

Planfigur:

....

....

....

....

....

A: ....

Ich kann einen gegebenen Sachverhalt erfassen und mathematische Beziehungen darin erkennen.	☺☺	☺	😐	☹

1 Familie Jung möchte in der Küche auf einer 3,9 m langen und 2,5 m breiten rechteckigen Fläche einen neuen Bodenbelag anbringen.
Sie entscheidet sich für das folgende Angebot in einem Firmenprospekt:

Neuer Boden unter den Füßen sorgt für mehr Wohn- und Lebensqualität.
Am besten aus natürlichen Rohstoffen.

Produktinformation

Warengruppe: Linoleum-Fliesen Sortierung: feine Struktur Oberflächenbehandlung: lackiert Verbindungsart: Clic-Technik	Bemaßung: Stärke: 10 mm Länge: 90 cm Breite: 30 cm	Verpackungseinheit: 8 Stk. pro Paket, entspricht 2,16 m²

a) Wie viele Fliesen benötigt Famile Jung und wie viele Pakete muss sie kaufen?
Die Fliesen sollen nicht gestückelt werden – löse zeichnerisch.

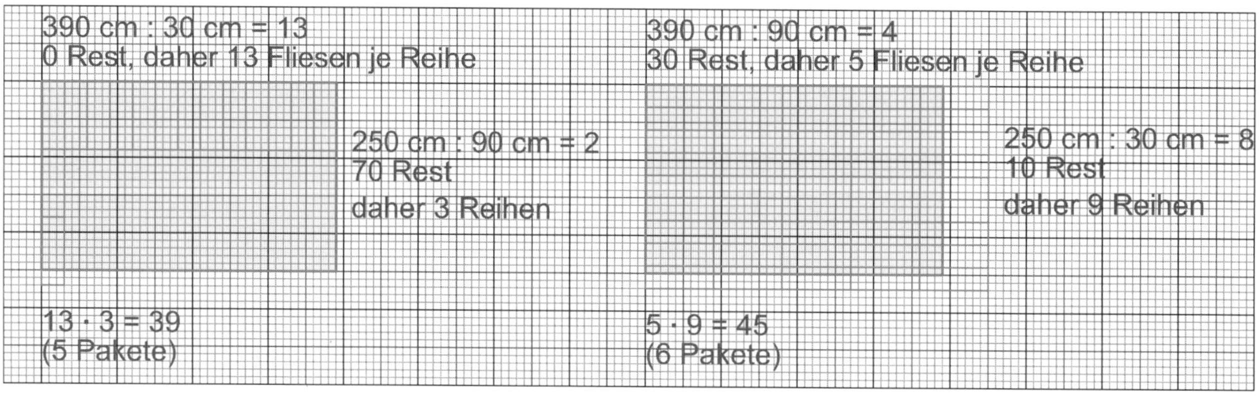

A: Familie Jung benötigt 39 Linoleum-Fliesen, sie muss 5 Pakete mit je 8 Stück kaufen.

b) Welches Volumen hat ein Paket und welche Masse? Die Dichte des Linoleums beträgt 1,1 $\frac{kg}{dm^3}$.

$V = (90 \cdot 30 \cdot 8)\ cm^3$

$V = 21\,600\ cm^3 = 21{,}6\ dm^3$

$1\ dm^3 \mathrel{\hat{=}} 1{,}1\ kg$

$21{,}6\ dm^3 \mathrel{\hat{=}} 1{,}1\ kg \cdot 21{,}6 = 23{,}76\ kg$

A: Das Volumen eines Pakets beträgt 21,6 dm³ und die Masse 23,76 kg.

2 Der Nord-Ostsee-Kanal („Kiel Canal") ist nach Anzahl der Schiffe die meistbefahrene künstliche Wasserstraße der Welt.
Der Wasserweg wurde in nur acht Jahren errichtet und 1895 von Kaiser Wilhelm II. eröffnet.
Zu Beginn des 20. Jahrhunderts wurde der Kanal das erste Mal ausgebaut. An der Sohle beträgt die Breite 44 m, die Breite im Wasserspiegel wurde auf 102 m erhöht und die Wassertiefe auf 11 m.
(Die im Jahr 1965 begonnene zweite Erweiterung ist noch nicht abgeschlossen.)
Wie viel Wasser befindet sich seither in dem rund 100 km langen Kanal? Verwandle schrittweise in Milliarden Liter.

Planfigur:

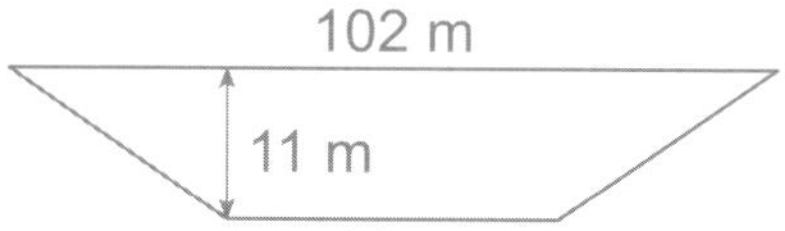

$l = 100\ km = 100\,000\ m$

$G = \frac{(44\ m + 102\ m) \cdot 11\ m}{2}$

$G = 803\ m^2$

$V = G \cdot h$

$V = 803\ m^2 \cdot 100\,000\ m$

$V = 80\,300\,000\ m^3$

$80\,300\,000\ m^3$

$= 80\,300\,000\,000\ dm^3$

= 80 300 000 000 Liter

= 80 300 Millionen Liter

= 80,3 Milliarden Liter

A: In dem rund 100 km langen Kanal befinden sich etwa 80,3 Milliarden Liter Wasser.

Ich kann einen gegebenen Sachverhalt erfassen und mathematische Beziehungen darin erkennen.	☺☺	☺	😐	☹

Elektrokardiogramm (EKG)

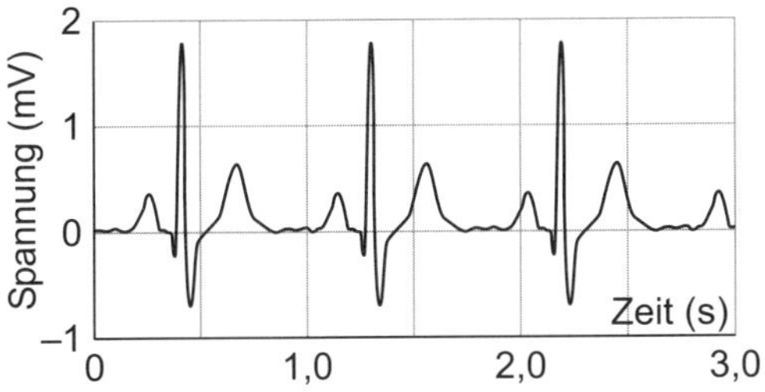

Das EKG ist die Aufzeichnung der Summe der elektrischen Aktivitäten aller Herzmuskelfasern.

Mit dem EKG lassen sich vielfältige Aussagen zu Erkrankungen des Herzens treffen. Mit spezieller Software kann die Auswertung verbessert werden.

Taxikosten

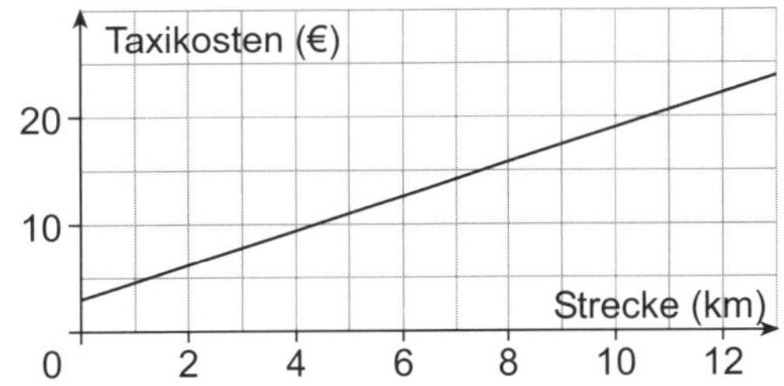

Die Taxikosten setzen sich aus dem Grundpreis und dem Kilometerpreis zusammen.

Sind der Grundpreis und der Preis pro Kilometer bekannt, so können mithilfe einer Formel die Taxikosten für jede beliebige Streckenlänge berechnet werden.

1 Verschiedene Gefäße werden gleichmäßig mit Wasser gefüllt. Die Graphen zeigen die Füllhöhe in Abhängigkeit von der Zeit. Ordne zu.

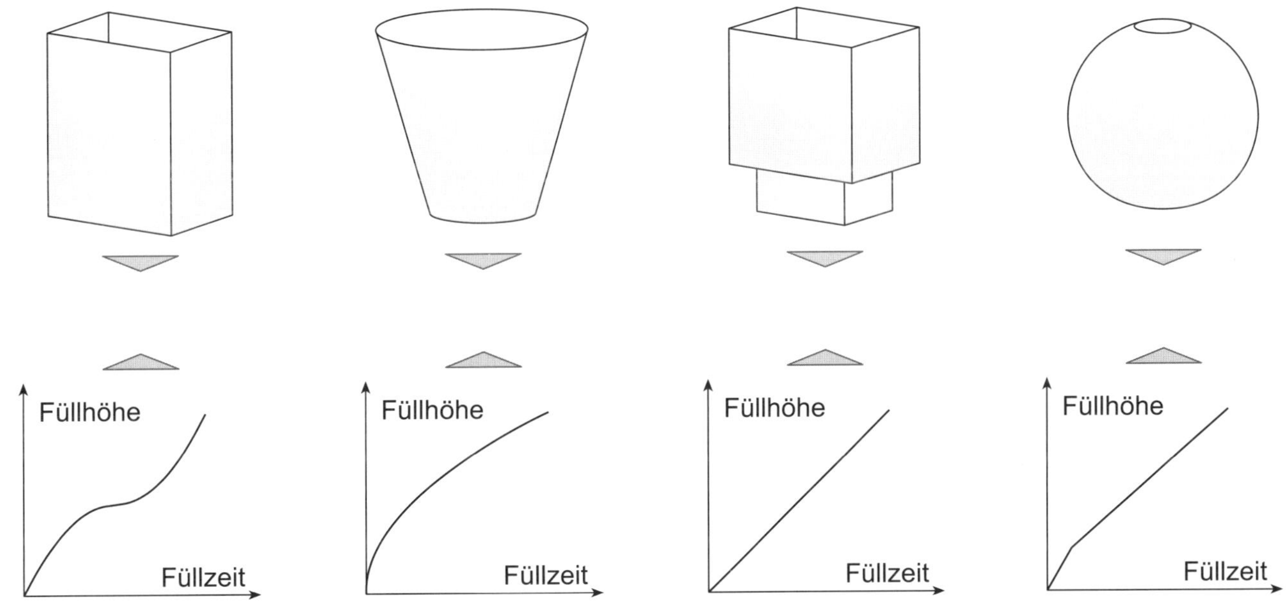

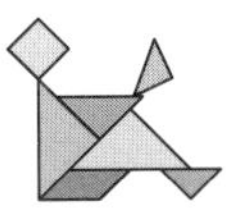

In vielen Bereichen des Alltags und der Wissenschaft spielen **Zuordnungen** zwischen Größenbereichen eine Rolle. Die zugeordnete Größe kann aufgrund von Messungen bzw. Beobachtungen ermittelt oder aufgrund von Formeln berechnet werden.

Eine Zuordnung, bei der einem Wert der einen Größe **genau ein** Wert der anderen Größe zugeordnet wird, bezeichnet man als **Funktion**.

Eine Funktion, deren Graph eine **Gerade** ist, bezeichnet man als **lineare Funktion**.

2 a) Welcher Graph gehört zu einer linearen Funktion? Kreuze an.

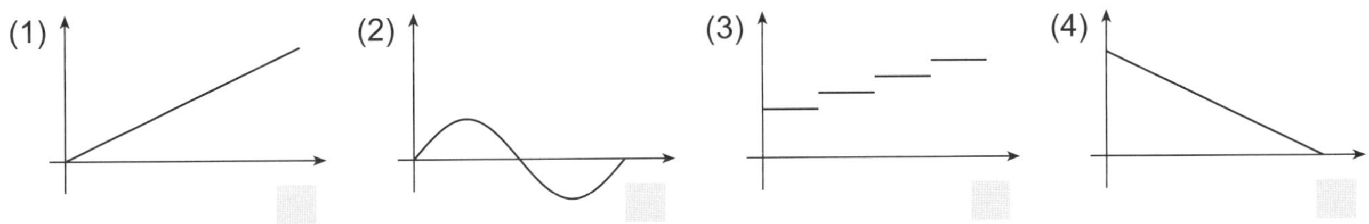

b) 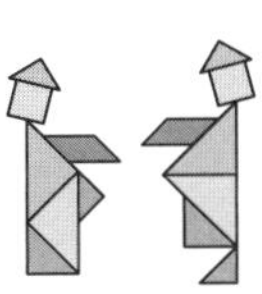

- Versucht für die dargestellten Funktionen jeweils einen passenden Sachverhalt zu finden.
- Überlegt euch für eine lineare Funktion einen geeigneten Sachverhalt und zeichnet den zugehörigen Graphen.

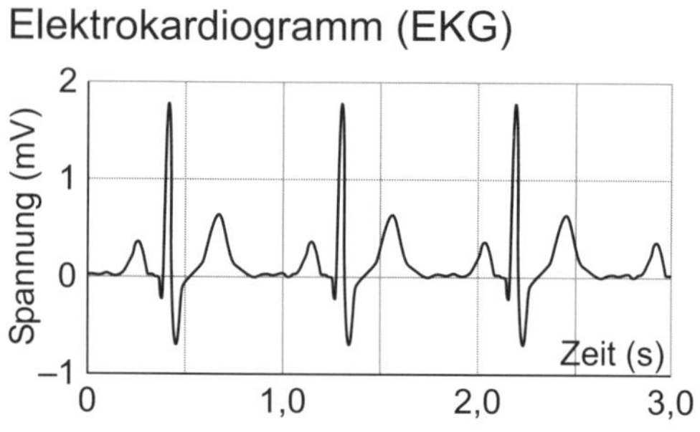

Das EKG ist die Aufzeichnung der Summe der elektrischen Aktivitäten aller Herzmuskelfasern.

Mit dem EKG lassen sich vielfältige Aussagen zu Erkrankungen des Herzens treffen. Mit spezieller Software kann die Auswertung verbessert werden.

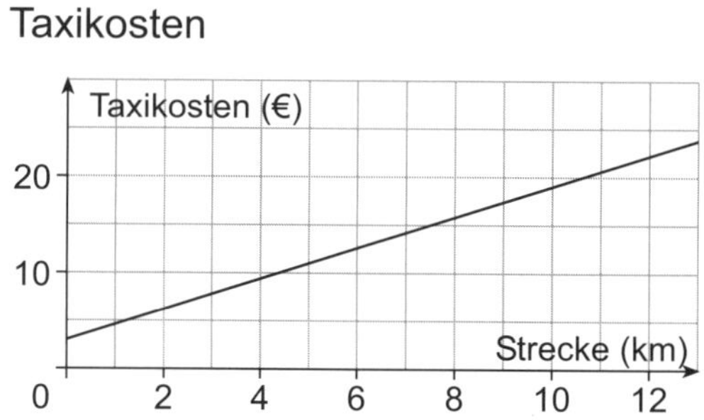

Die Taxikosten setzen sich aus dem Grundpreis und dem Kilometerpreis zusammen.

Sind der Grundpreis und der Preis pro Kilometer bekannt, so können mithilfe einer Formel die Taxikosten für jede beliebige Streckenlänge berechnet werden.

1 Verschiedene Gefäße werden gleichmäßig mit Wasser gefüllt. Die Graphen zeigen die Füllhöhe in Abhängigkeit von der Zeit. Ordne zu.

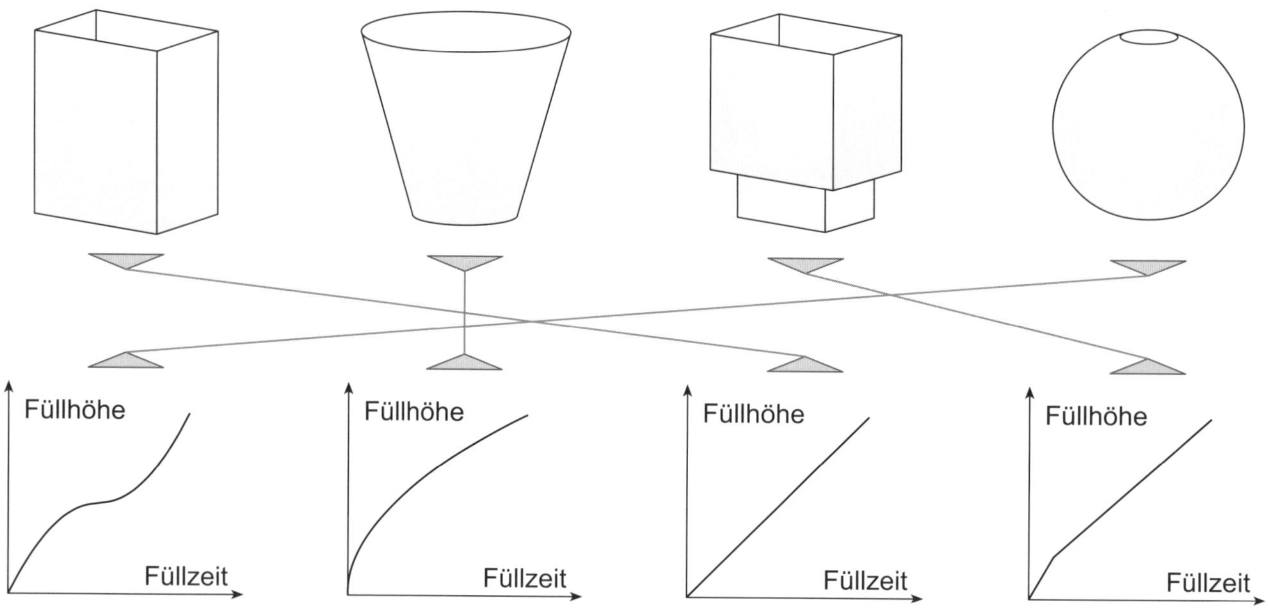

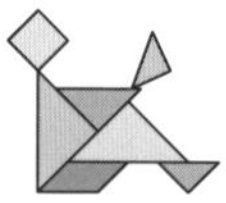

In vielen Bereichen des Alltags und der Wissenschaft spielen **Zuordnungen** zwischen Größenbereichen eine Rolle. Die zugeordnete Größe kann aufgrund von Messungen bzw. Beobachtungen ermittelt oder aufgrund von Formeln berechnet werden.

Eine Zuordnung, bei der einem Wert der einen Größe **genau ein** Wert der anderen Größe zugeordnet wird, bezeichnet man als **Funktion**.

Eine Funktion, deren Graph eine **Gerade** ist, bezeichnet man als **lineare Funktion**.

2 a) Welcher Graph gehört zu einer linearen Funktion? Kreuze an.

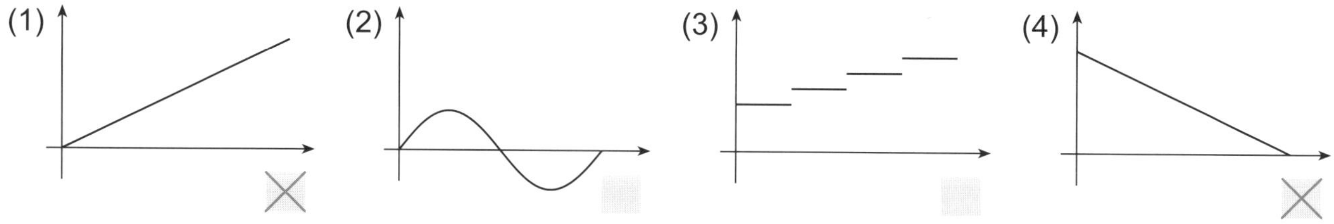

b) 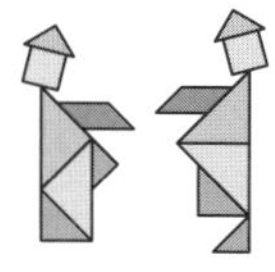

- Versucht für die dargestellten Funktionen jeweils einen passenden Sachverhalt zu finden.
- Überlegt euch für eine lineare Funktion einen geeigneten Sachverhalt und zeichnet den zugehörigen Graphen.

1 Anna, Ben, Claudia und Dieter machen Ausflüge.

Anna

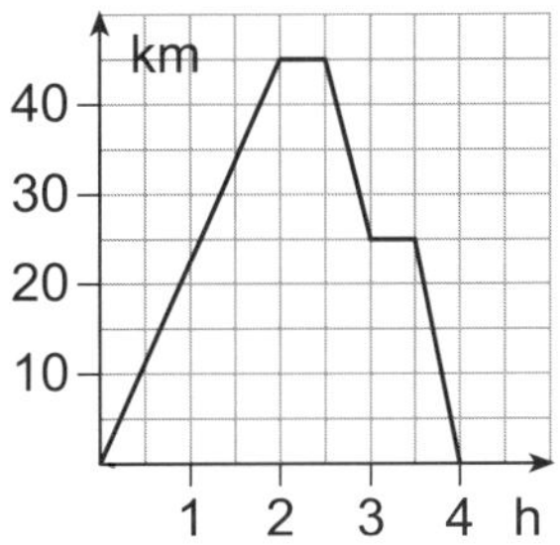

Ben

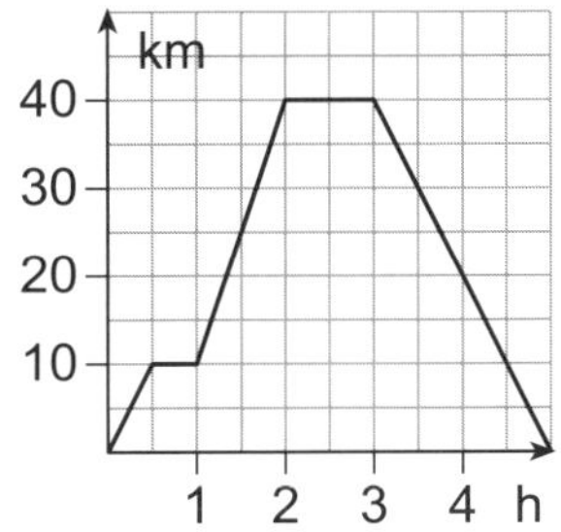

Claudia

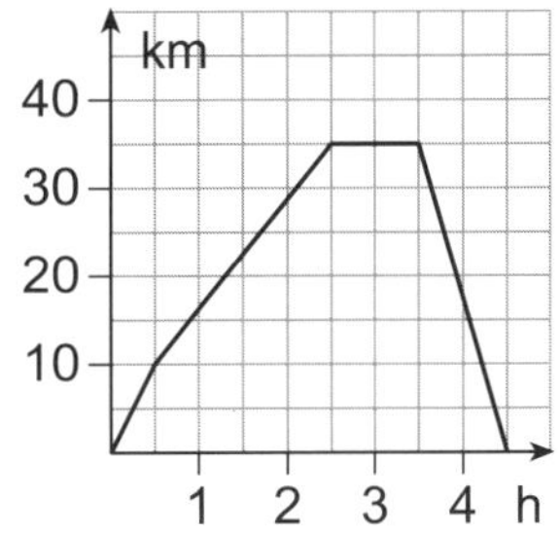

Dieter

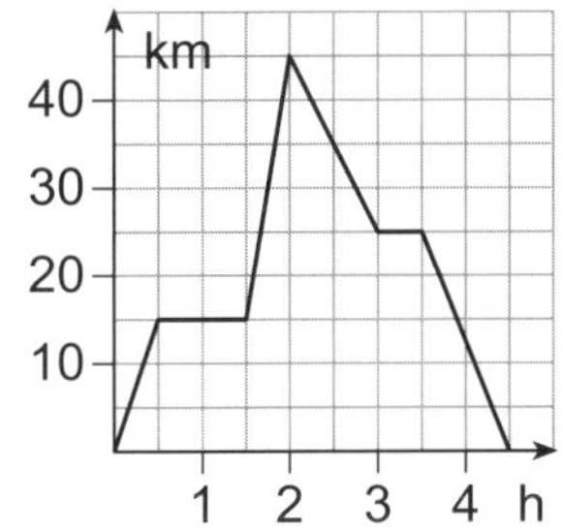

a) Notiere in den Diagrammen für die einzelnen Etappen die Geschwindigkeit in km/h.
Welches Verkehrsmittel wurde jeweils verwendet?

b) Lies aus dem (richtigen) Diagramm ab und ergänze den Text.

.... fährt ohne Pause bis zum Ziel. Für die ersten .... braucht sie eine halbe Stunde, für die folgenden .... braucht sie 2 Stunden. Nach .... Pause bewältigt sie die .... lange Rückfahrt in nur 1 Stunde.

c) 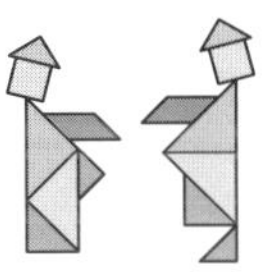 Arbeitet zu dritt.
Beschreibt je einen der Ausflüge schriftlich auf einem Notizblatt.
Kontrolliert gegenseitig.

2 Zeichne den Graphen der Funktion in das Koordinatensystem und notiere die Funktionsgleichung.
Lies die fehlenden Werte der Tabelle aus dem Graphen ab bzw. berechne sie.
Vergleiche die Methoden.

(1) Die 15 km lange Kutschenfahrt dauert 1 ½ Stunden.

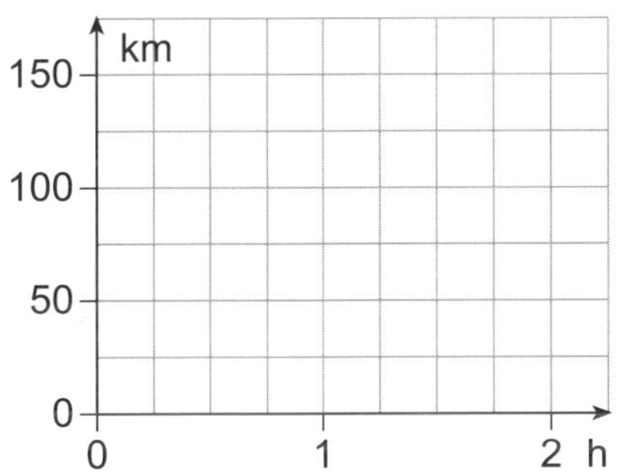

....

	15 km
1 h	
	70 km
3 h 30 min	
	420 km

(2) Familie Koch fährt mit dem Oldtimer in 2 Stunden 70 km.

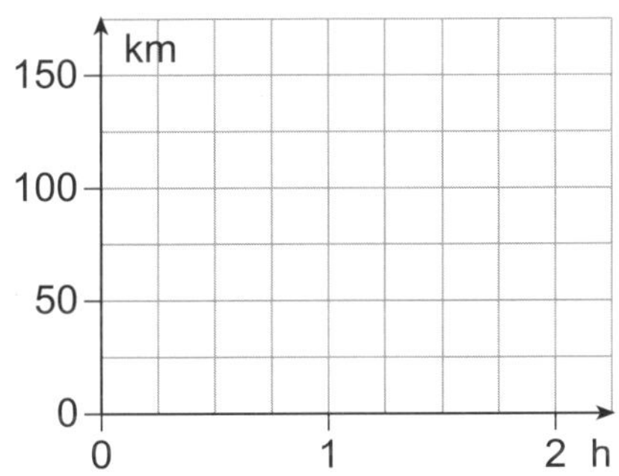

....

	70 km
1 h	
	420 km
3 h 30 min	
1 h 30 min	

(3) Herr Wolf fährt mit dem Pkw in 3 ½ Stunden 420 km.

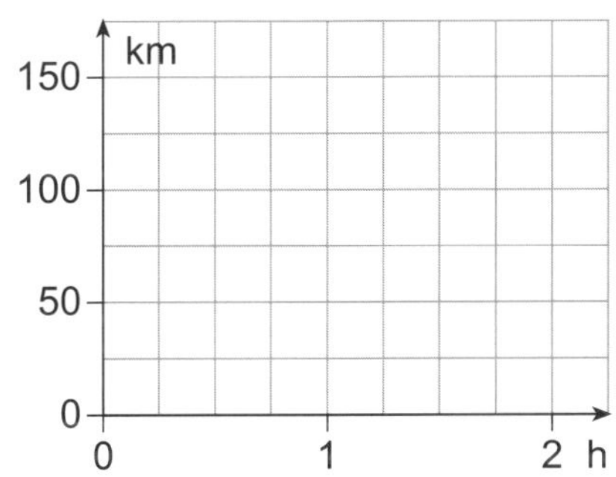

....

	420 km
1 h	
2 h	
	15 km
1 h 30 min	

Ich kann mathematische Sachverhalte in verbaler, tabellarischer, graphischer und symbolischer Form darstellen.	☺☺	☺	😐	☹

1 Anna, Ben, Claudia und Dieter machen Ausflüge.

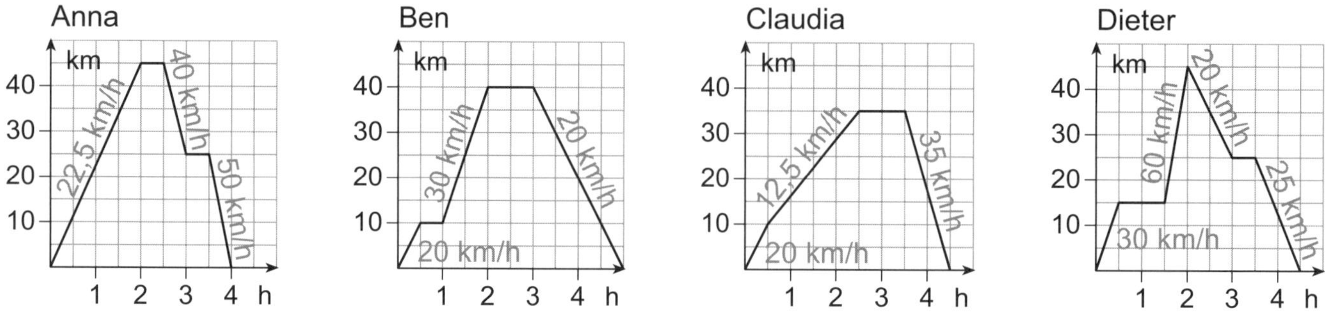

a) Notiere in den Diagrammen für die einzelnen Etappen die Geschwindigkeit in km/h.
Welches Verkehrsmittel wurde jeweils verwendet?

b) Lies aus dem (richtigen) Diagramm ab und ergänze den Text.

Claudia fährt ohne Pause bis zum Ziel. Für die ersten 10 km braucht sie eine halbe Stunde, für die folgenden 25 km braucht sie 2 Stunden. Nach 1 Stunde Pause bewältigt sie die 35 km lange Rückfahrt in nur 1 Stunde.

c) 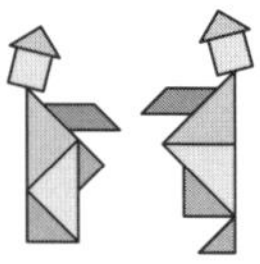 Arbeitet zu dritt.
Beschreibt je einen der Ausflüge schriftlich auf einem Notizblatt.
Kontrolliert gegenseitig.

2 Zeichne den Graphen der Funktion in das Koordinatensystem und notiere die Funktionsgleichung.
Lies die fehlenden Werte der Tabelle aus dem Graphen ab bzw. berechne sie.
Vergleiche die Methoden.

(1) Die 15 km lange Kutschenfahrt dauert 1 ½ Stunden.

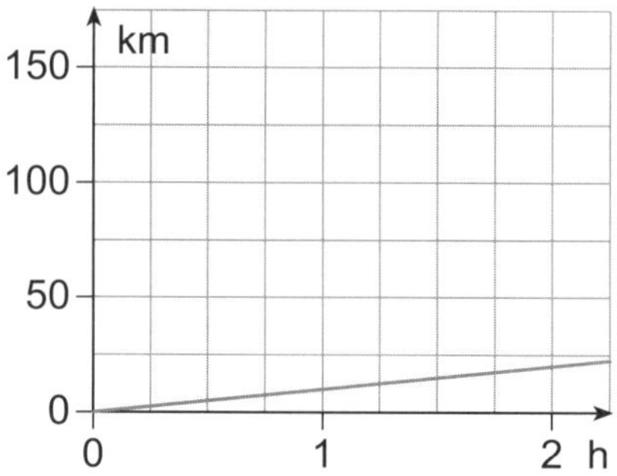

y(x) = 10 · x

1 h 30 min	15 km
1 h	10 km
7 h	70 km
3 h 30 min	35 km
42 h	420 km

(2) Familie Koch fährt mit dem Oldtimer in 2 Stunden 70 km.

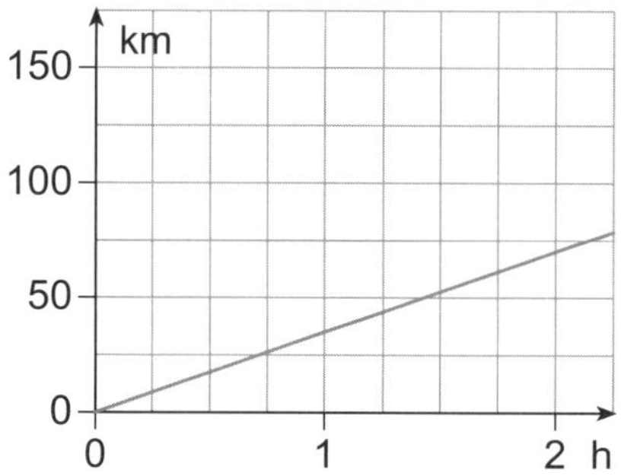

y(x) = 35 · x

2 h	70 km
1 h	35 km
12 h	420 km
3 h 30 min	122,5 km
1 h 30 min	52,5 km

(3) Herr Wolf fährt mit dem Pkw in 3 ½ Stunden 420 km.

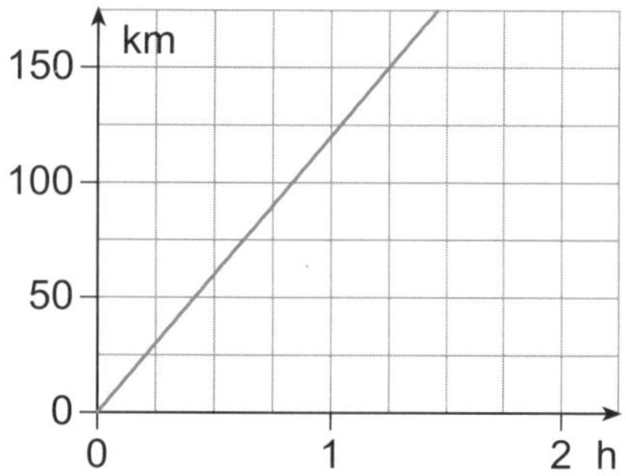

y(x) = 120 · x

3 h 30 min	420 km
1 h	120 km
2 h	240 km
7,5 min	15 km
1 h 30 min	180 km

Ich kann mathematische Sachverhalte in verbaler, tabellarischer, graphischer und symbolischer Form darstellen.	☺☺	☺	😐	☹

1 Studiere das Diagramm und ergänze den Text.

a) A und B starten am gleichen Ort, aber zu verschiedenen Zeitpunkten.

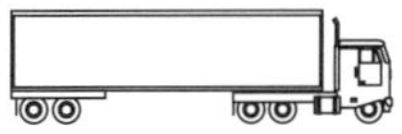

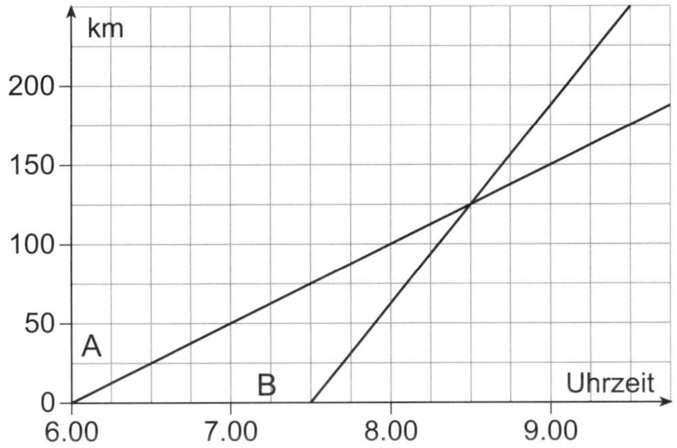

Um .... startet ein .... in Augsburg und fährt mit einer durchschnittlichen Geschwindigkeit von .... Richtung Hamburg.

Um .... folgt ihm ein .... mit einer durchschnittlichen Geschwindigkeit von ....

Um .... holt der Pkw-Fahrer den Lkw-Fahrer ein. Bis dahin hat jeder von ihnen bereits .... zurückgelegt. Der Lkw-Fahrer war .... unterwegs, der Pkw-Fahrer ....

b) A und B starten an verschiedenen Orten, aber zum gleichen Zeitpunkt.

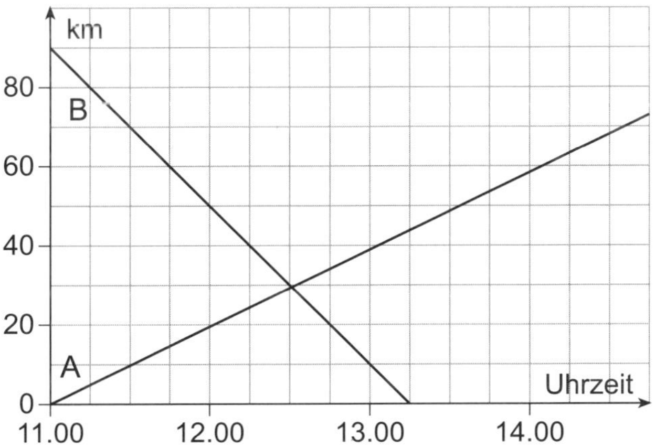

Um .... startet in der Ortschaft A ein Radfahrer und fährt mit durchschnittlich .... in Richtung Ortschaft B.

Zur selben Zeit startet in der .... entfernten Ortschaft B ein Rollerfahrer und fährt mit durchschnittlich .... in Richtung A.

Sie treffen sich um .... Der Radfahrer fuhr bis zum Treffpunkt ...., der Rollerfahrer ....

2 Zeichne die Graphen und ergänze den Text.

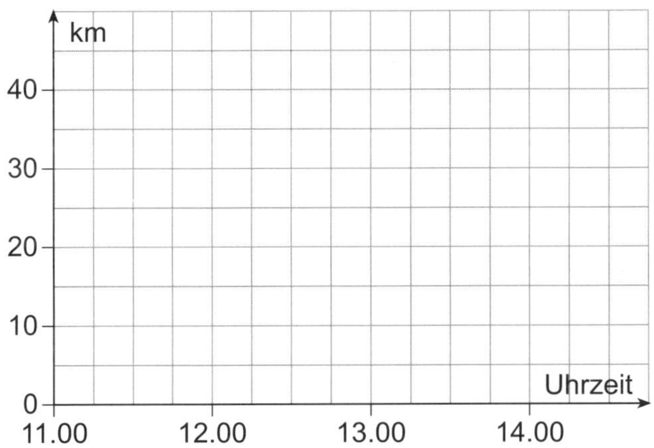

Alex und Ben starten an verschiedenen Orten zu verschiedenen Zeitpunkten.

Die Orte A und B sind 45 km voneinander entfernt.

Um 11 Uhr fährt Alex mit dem Fahrrad von A in Richtung B. Er fährt mit einer Geschwindigkeit von 15 km/h.

Um 12.15 Uhr fährt Ben mit dem Mofa von B in Richtung A. Er fährt mit einer Geschwindigkeit von 20 km/h.

Alex und Ben treffen sich um .... Alex fuhr bis zum Treffpunkt .... und brauchte dafür .... Ben fuhr bis zum Treffpunkt .... und brauchte dafür ....

1 Studiere das Diagramm und ergänze den Text.

a) A und B starten am gleichen Ort, aber zu verschiedenen Zeitpunkten.

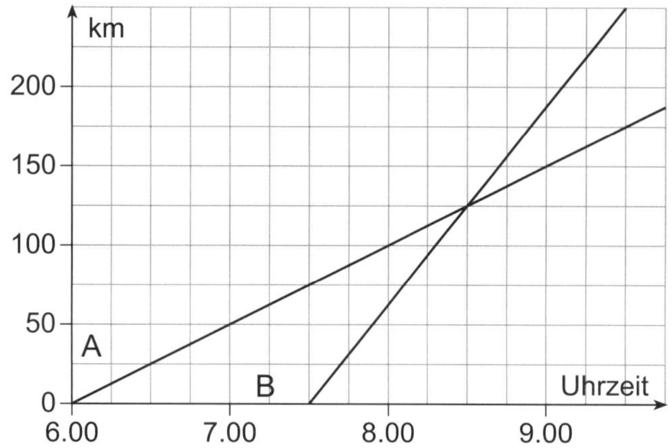

Um 6 Uhr startet ein Lkw-Fahrer in Augsburg und fährt mit einer durchschnittlichen Geschwindigkeit von 50 km/h Richtung Hamburg.

Um 7.30 Uhr folgt ihm ein Pkw-Fahrer mit einer durchschnittlichen Geschwindigkeit von 125 km/h .

Um 8.30 Uhr holt der Pkw-Fahrer den Lkw-Fahrer ein. Bis dahin hat jeder von ihnen bereits 125 km zurückgelegt. Der Lkw-Fahrer war 2 1/2 Stunden unterwegs, der Pkw-Fahrer 1 Stunde .

b) A und B starten an verschiedenen Orten, aber zum gleichen Zeitpunkt.

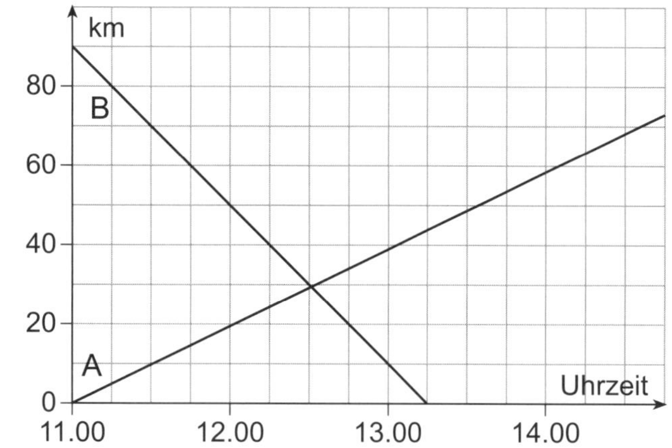

Um 11 Uhr startet in der Ortschaft A ein Radfahrer und fährt mit durchschnittlich 20 km/h in Richtung Ortschaft B.

Zur selben Zeit startet in der 90 km entfernten Ortschaft B ein Rollerfahrer und fährt mit durchschnittlich 40 km/h in Richtung A.

Sie treffen sich um 12.30 Uhr . Der Radfahrer fuhr bis zum Treffpunkt 30 km , der Rollerfahrer 60 km .

2 Zeichne die Graphen und ergänze den Text.

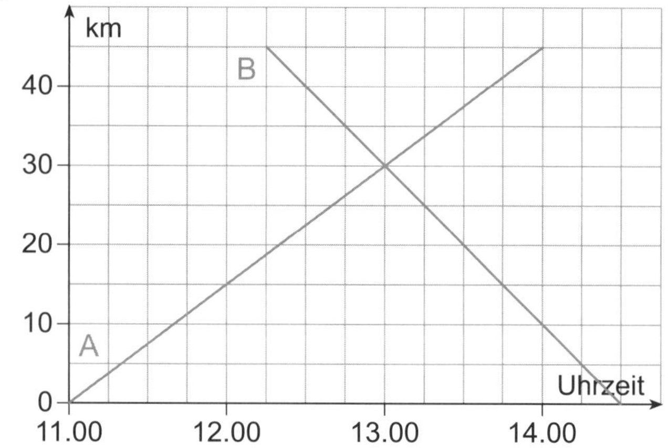

Alex und Ben starten an verschiedenen Orten zu verschiedenen Zeitpunkten.

Die Orte A und B sind 45 km voneinander entfernt.

Um 11 Uhr fährt Alex mit dem Fahrrad von A in Richtung B. Er fährt mit einer Geschwindigkeit von 15 km/h.

Um 12.15 Uhr fährt Ben mit dem Mofa von B in Richtung A. Er fährt mit einer Geschwindigkeit von 20 km/h.

Alex und Ben treffen sich um 13 Uhr . Alex fuhr bis zum Treffpunkt 30 km und brauchte dafür 2 Stunden . Ben fuhr bis zum Treffpunkt 15 km und brauchte dafür 45 Minuten .

1 Aus 50 kg Obst können 30 l Saft gepresst oder 20 kg Konfitüre hergestellt werden.

a) Stelle die Funktionen Obst ↦ Saft und Obst ↦ Konfitüre im Koordinatensystem dar.
b) Gib die Funktionsgleichungen an.
c) Ergänze die Wertetabellen. Benutze das Schaubild und die Funktionsgleichung. Vergleiche die Methoden.

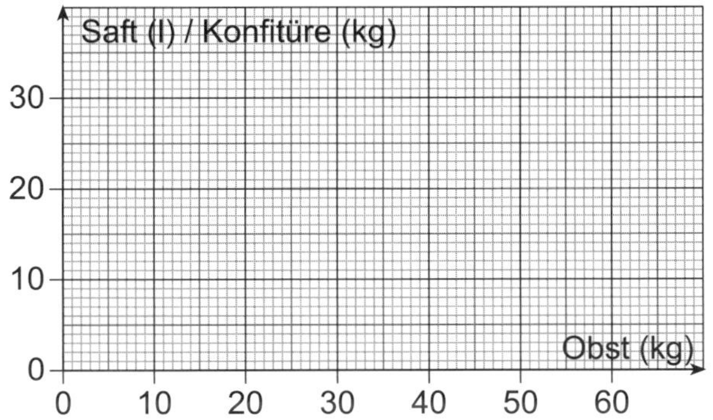

Obst (kg)	1		20		60
Saft (l)		3		30	

Obst (kg)	1		20		60
Konfitüre (kg)		2		20	

2 Für die Grünflächenpflege in einer Parkanlage wurden zwei Angebote vorgelegt.

Angebot A: Für die gesamte Grünflächenpflege (Rasenschnitt, Pflege der Blumenbeete und Gehölzschnitt) werden pro Mähgang 700 € verrechnet.

Angebot B: Für einen Mähgang werden 300 € verrechnet. Dazu kommen 2 000 € Pauschale pro Jahr für die Pflege der Blumenbeete und den Gehölzschnitt.

Stelle die Funktionen im Koordinatensystem dar, gib die Funktionsgleichungen an und ergänze die Wertetabellen.

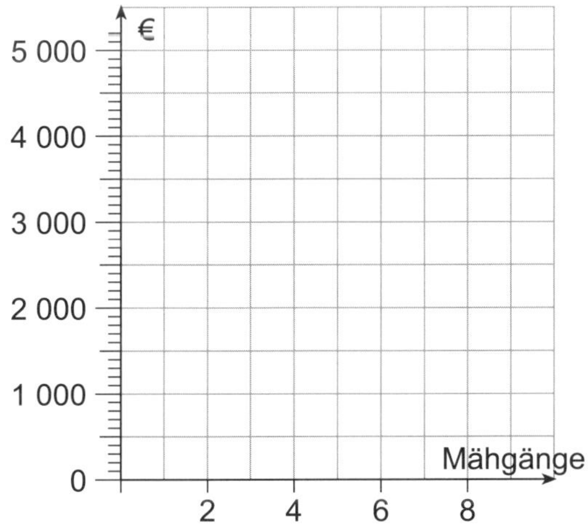

Angebot A:

Anzahl der Mähgänge	1	2	3	4	5	6
Gesamtkosten (€)						

Angebot B:

Anzahl der Mähgänge	1	2	3	4	5	6
Gesamtkosten (€)						

3 Mitglieder bezahlen im Erlebnisbad 1,50 € für die Tageskarte; der Mitgliedsbeitrag beträgt 100,00 €. Für Nichtmitglieder kostet die Tageskarte 4,00 €.

Ergänze die Wertetabellen, stelle die Funktionen Anzahl der Besuche ↦ Kosten im Koordinatensystem dar und gib die Funktionsgleichungen an.

Anzahl der Tageskarten	10	20	30	40	60
Mitglieder Kosten (€)					

Anzahl der Tageskarten	10	20	30	40	60
Nichtmitglieder Kosten (€)					

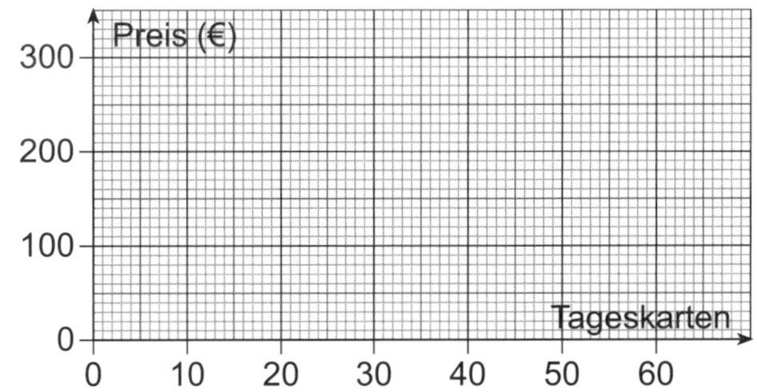

Stellt Fragen zu den Sachverhalten (Aufgaben 1 bis 3) und beantwortet sie.

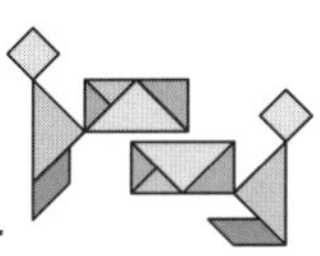

1 Aus 50 kg Obst können 30 l Saft gepresst oder 20 kg Konfitüre hergestellt werden.

a) Stelle die Funktionen Obst ↦ Saft und Obst ↦ Konfitüre im Koordinatensystem dar.
b) Gib die Funktionsgleichungen an.
c) Ergänze die Wertetabellen. Benutze das Schaubild und die Funktionsgleichung. Vergleiche die Methoden.

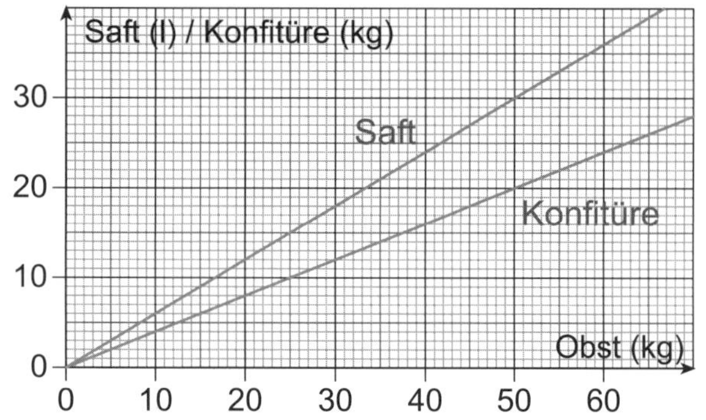

Saft: $y = 0{,}6 \cdot x$

Obst (kg)	1	5	20	50	60
Saft (l)	0,6	3	12	30	36

Konfitüre: $y = 0{,}4 \cdot x$

Obst (kg)	1	5	20	50	60
Konfitüre (kg)	0,4	2	8	20	24

2 Für die Grünflächenpflege in einer Parkanlage wurden zwei Angebote vorgelegt.

Angebot A: Für die gesamte Grünflächenpflege (Rasenschnitt, Pflege der Blumenbeete und Gehölzschnitt) werden pro Mähgang 700 € verrechnet.

Angebot B: Für einen Mähgang werden 300 € verrechnet. Dazu kommen 2 000 € Pauschale pro Jahr für die Pflege der Blumenbeete und den Gehölzschnitt.

Stelle die Funktionen im Koordinatensystem dar, gib die Funktionsgleichungen an und ergänze die Wertetabellen.

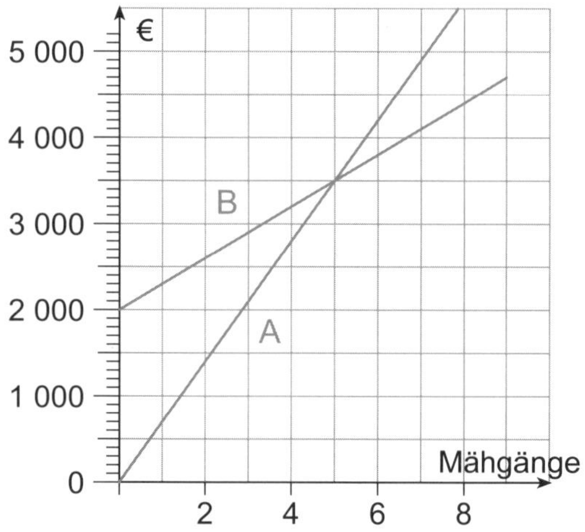

Angebot A: $y = 700 \cdot x$

Anzahl der Mähgänge	1	2	3	4	5	6
Gesamtkosten (€)	700	1 400	2 100	2 800	3 500	4 200

Angebot B: $y = 300 \cdot x + 2\,000$

Anzahl der Mähgänge	1	2	3	4	5	6
Gesamtkosten (€)	2 300	2 600	2 900	3 200	3 500	3 800

3 Mitglieder bezahlen im Erlebnisbad 1,50 € für die Tageskarte; der Mitgliedsbeitrag beträgt 100,00 €. Für Nichtmitglieder kostet die Tageskarte 4,00 €.

Ergänze die Wertetabellen, stelle die Funktionen Anzahl der Besuche ↦ Kosten im Koordinatensystem dar und gib die Funktionsgleichungen an.

Anzahl der Tageskarten	10	20	30	40	60
Mitglieder Kosten (€)	115	130	145	160	190

Mitglieder: $y = 1{,}5 \cdot x + 100$

Anzahl der Tageskarten	10	20	30	40	60
Nichtmitglieder Kosten (€)	40	80	120	160	240

Nichtmitglieder: $y = 4 \cdot x$

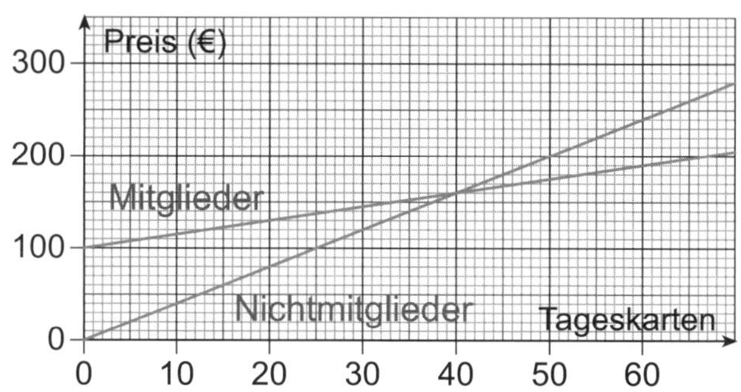

Stellt Fragen zu den Sachverhalten (Aufgaben 1 bis 3) und beantwortet sie.

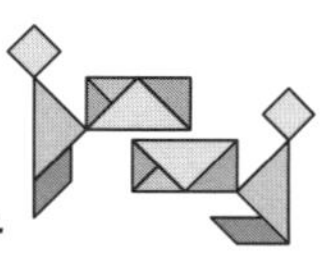

1 Die Steigung/das Gefälle einer Straße wird auf Verkehrszeichen in Prozent ausgedrückt.

Die Angabe von 12 % Steigung bedeutet, dass pro 100 m in waagrechter Richtung die Höhe um 12 m zunimmt.

Man dividiert 12 m (y) durch 100 m (x), und dies führt zum Ergebnis 0,12 (12 %).

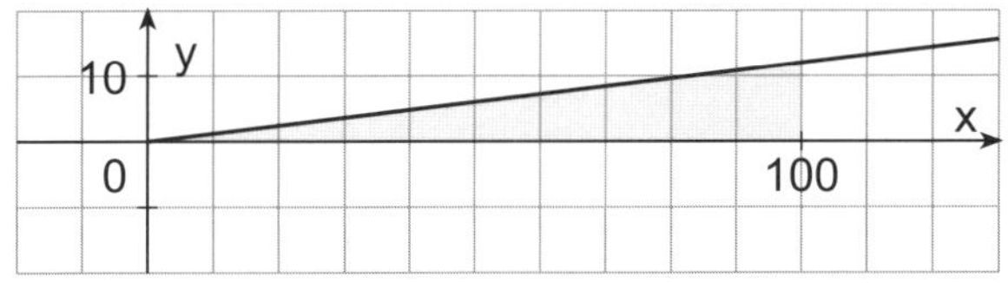

Die Angabe von 8 % Gefälle bedeutet, dass pro 100 m in waagrechter Richtung die Höhe um 8 m abnimmt.

Man dividiert –8 m (y) durch 100 m (x), und dies führt zum Ergebnis –0,08 (–8 %).

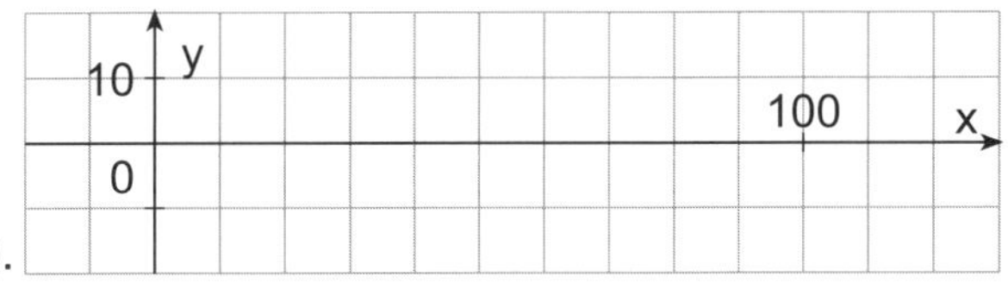

2 Kennzeichne jeweils ein geeignetes Steigungsdreieck, notiere die Funktionsgleichung und ergänze die Wertetabelle.

a)

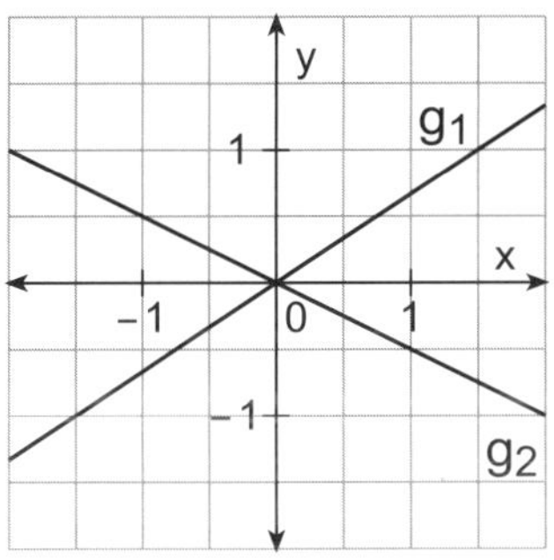

g_1: ....

x			
y	1	0	–1

g_2: ....

x	–1	1	2
y			

b)

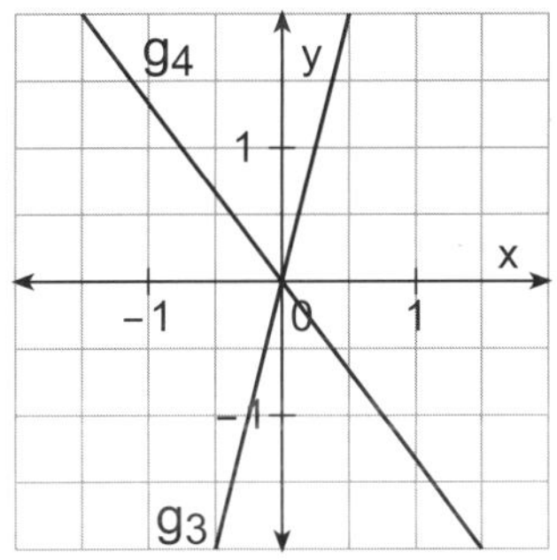

g_3: ....

x	0		1
y		1	

g_4: ....

x		1	
y	2		–2

3 Zeichne die Geraden jeweils mithilfe eines geeigneten Steigungsdreiecks.

a) g_1: $y = 2x$

g_2: $y = -\frac{3}{2}x$

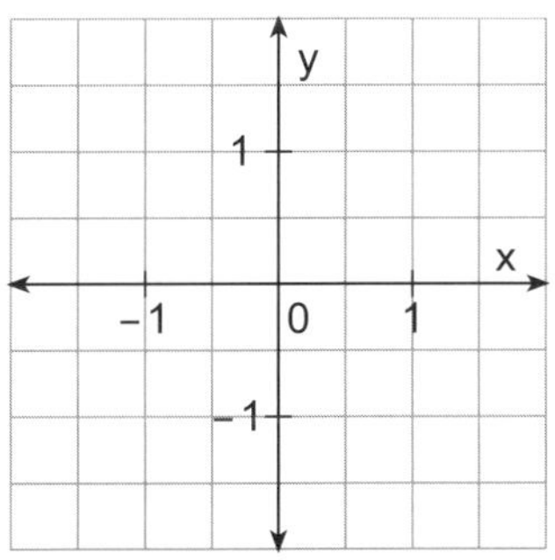

b) g_3: $y = -x$

g_4: $y = \frac{3}{4}x$

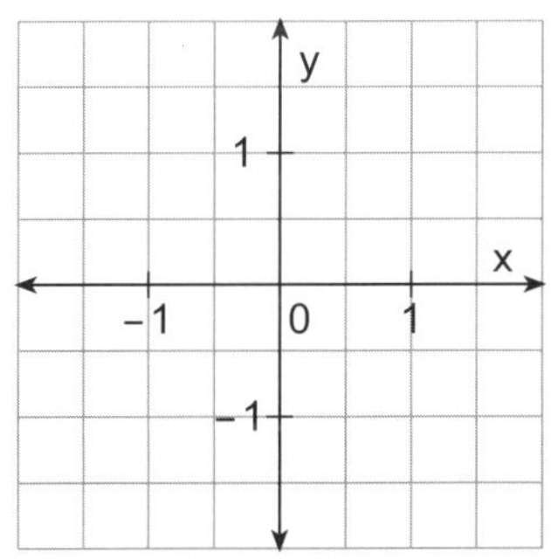

4 Zeichne jeweils Punkt A und durch diesen Punkt die Ursprungsgerade. Gib die Koordinaten eines Punktes B an, der auf der Geraden liegt. Gib die Funktionsgleichung an.

A(2|2) ....

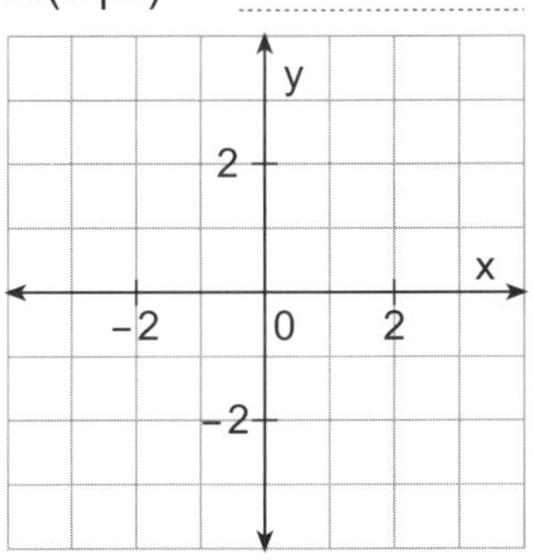

g_1: ....

A(–4|1) ....

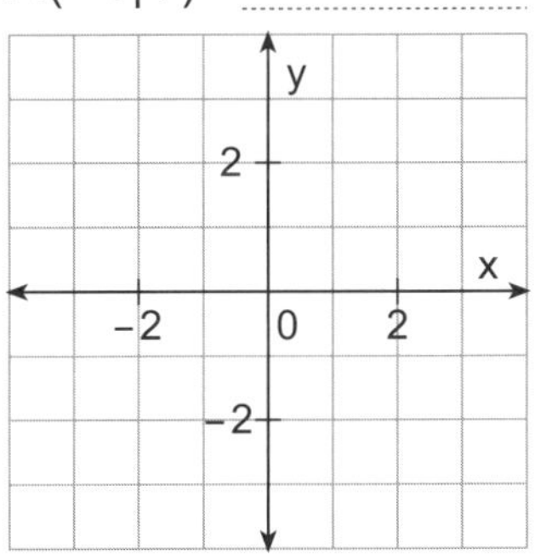

g_2: ....

A(4|–2) ....

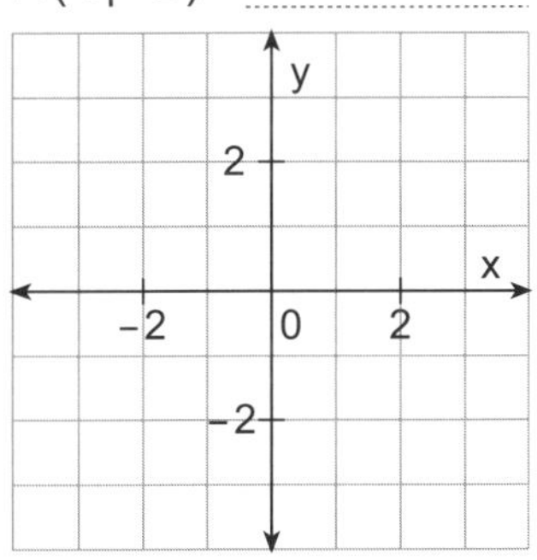

g_3: ....

A(–1|–3) ....

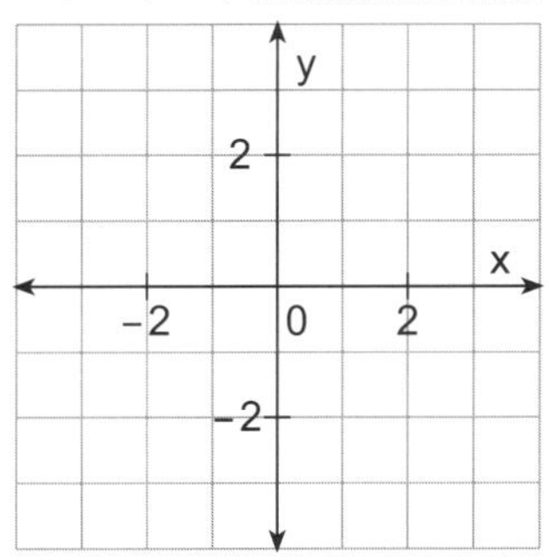

g_4: ....

1 Die Steigung/das Gefälle einer Straße wird auf Verkehrszeichen in Prozent ausgedrückt.

Die Angabe von 12 % Steigung bedeutet, dass pro 100 m in waagrechter Richtung die Höhe um 12 m zunimmt.

Man dividiert 12 m (y) durch 100 m (x), und dies führt zum Ergebnis 0,12 (12 %).

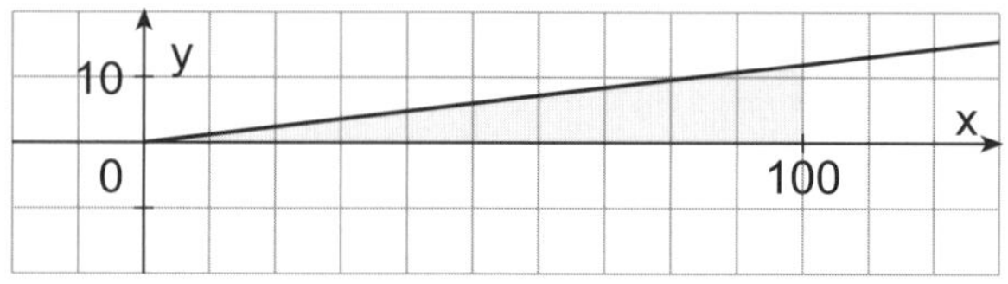

Die Angabe von 8 % Gefälle bedeutet, dass pro 100 m in waagrechter Richtung die Höhe um 8 m abnimmt.

Man dividiert –8 m (y) durch 100 m (x), und dies führt zum Ergebnis –0,08 (–8 %).

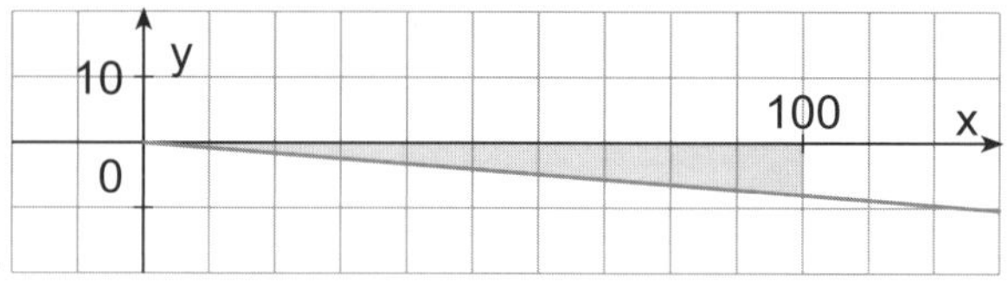

2 Kennzeichne jeweils ein geeignetes Steigungsdreieck, notiere die Funktionsgleichung und ergänze die Wertetabelle.

a)

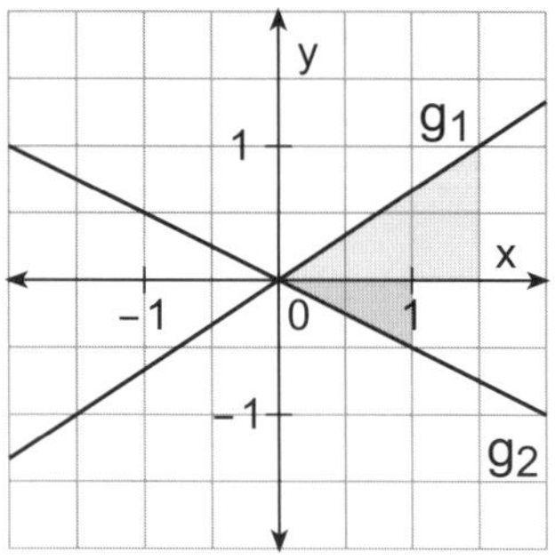

g_1: $y = \frac{2}{3}x$

x	$1\frac{1}{2}$	0	$-1\frac{1}{2}$
y	1	0	–1

g_2: $y = -\frac{1}{2}x$

x	–1	1	2
y	$\frac{1}{2}$	$-\frac{1}{2}$	–1

b)

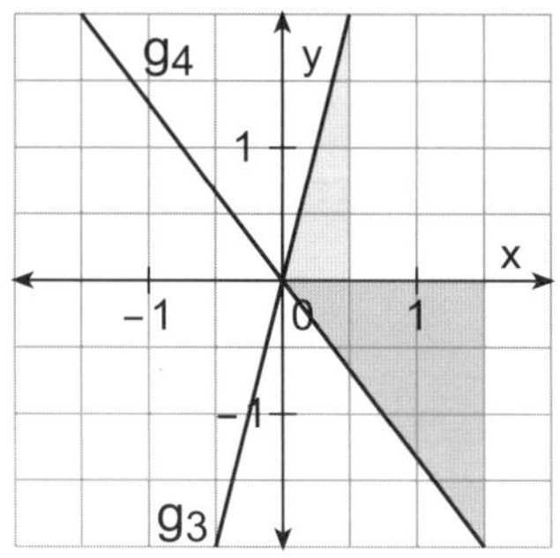

g_3: $y = 4x$

x	0	$\frac{1}{4}$	1
y	0	1	4

g_4: $y = -\frac{4}{3}x$

x	$-1\frac{1}{2}$	1	$1\frac{1}{2}$
y	2	$-\frac{4}{3}$	–2

3 Zeichne die Geraden jeweils mithilfe eines geeigneten Steigungsdreiecks.

a) g_1: $y = 2x$

g_2: $y = -\frac{3}{2}x$

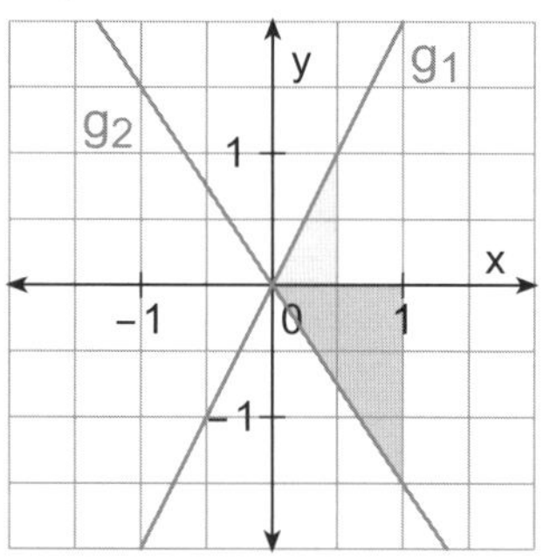

b) g_3: $y = -x$

g_4: $y = \frac{3}{4}x$

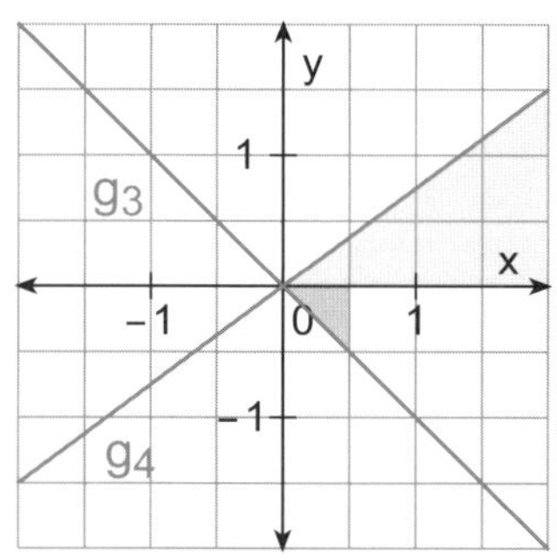

4 Zeichne jeweils Punkt A und durch diesen Punkt die Ursprungsgerade. Gib die Koordinaten eines Punktes B an, der auf der Geraden liegt. Gib die Funktionsgleichung an.

A(2|2) B(3|3)

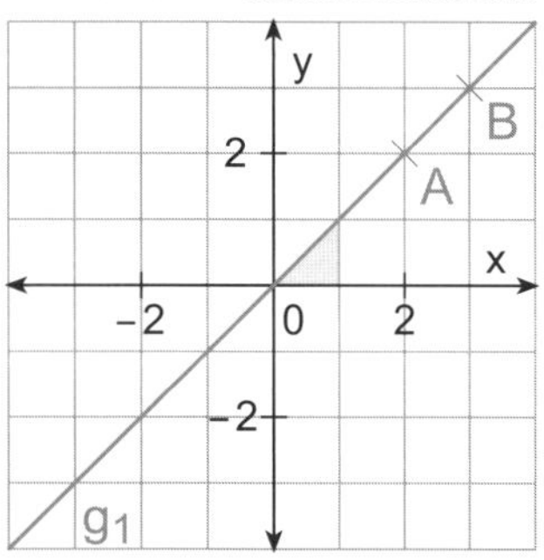

g_1: $y = x$

A(–4|1) B(4|–1)

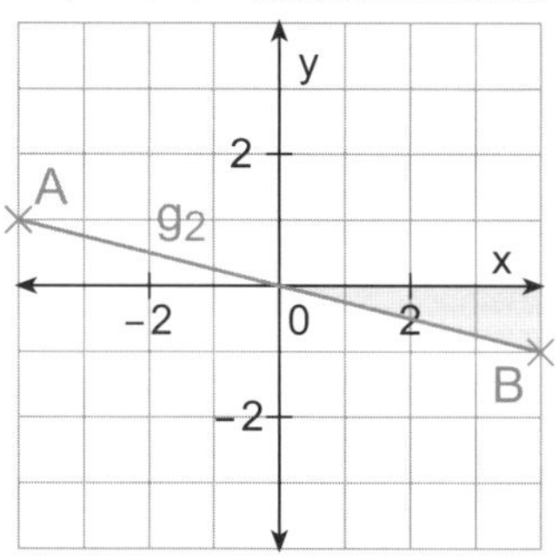

g_2: $y = -\frac{1}{4}x$

A(4|–2) B(–2|1)

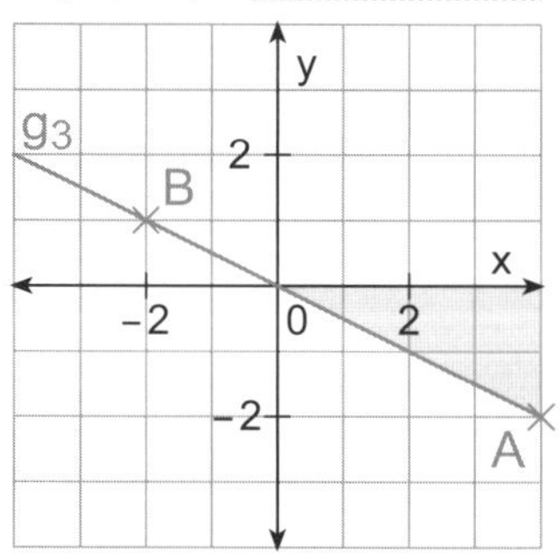

g_3: $y = -\frac{1}{2}x$

A(–1|–3) B(1|3)

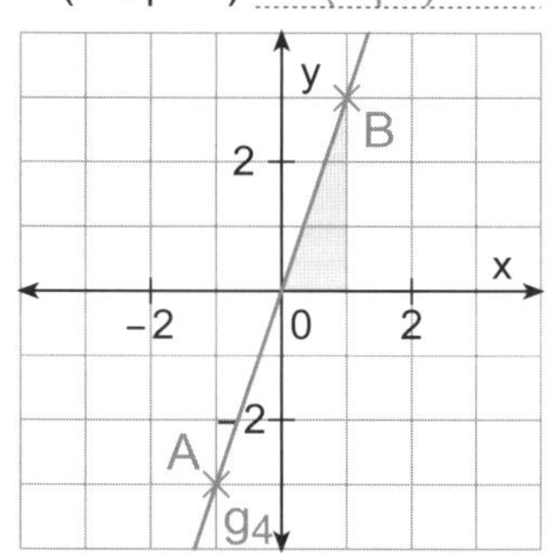

g_4: $y = 3x$

1 Löse die Aufgabe zunächst grafisch.

a) Ein Schwimmbecken ist bis zu einer Höhe von 0,5 m mit Wasser gefüllt.
Wasser wird eingelassen – pro Stunde steigt der Wasserspiegel um 0,3 m.

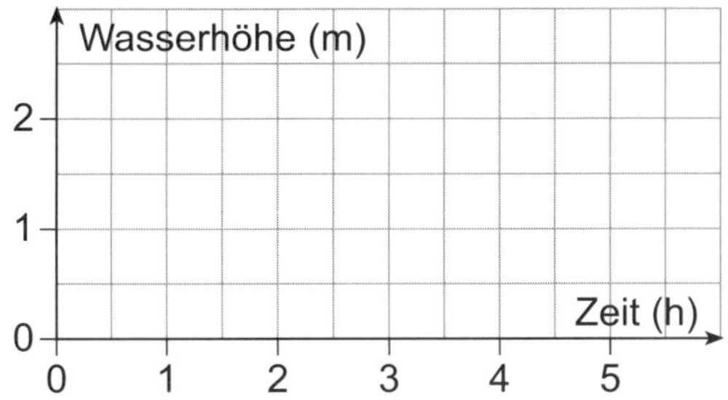

Nach welcher Zeit ist eine Wassertiefe von 2 Metern erreicht?

....

Funktionsgleichung: ....

b) Ein Schwimmbecken ist bis zu einer Höhe von 1,8 m mit Wasser gefüllt.
Wasser wird abgelassen – pro Stunde sinkt der Wasserspiegel um 0,4 m.

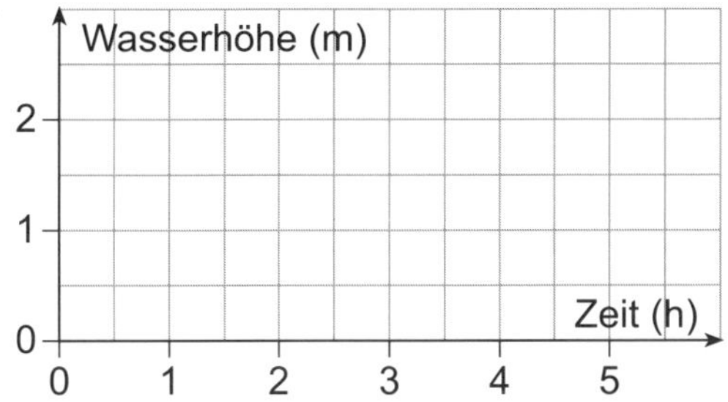

Nach welcher Zeit ist das Schwimmbecken leer?

....

Funktionsgleichung: ....

2 a) Ermittle bei den Geraden jeweils die Steigung m und den y-Achsenabschnitt t.
Stelle jeweils die Funktionsgleichung auf.

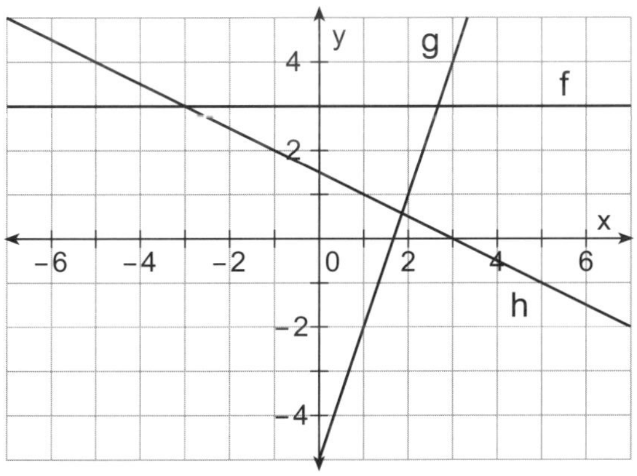

f: m = ... t = ... y = ...

g: m = ... t = ... y = ...

h: m = ... t = ... y = ...

b) Gib jeweils die Steigung m und den y-Achsenabschnitt t an.
Zeichne die Graphen.

f: $y = -3x - 2$ m = ... t = ...

g: $y = x + 3$ m = ... t = ...

h: $y = \frac{1}{4}x - 4$ m = ... t = ...

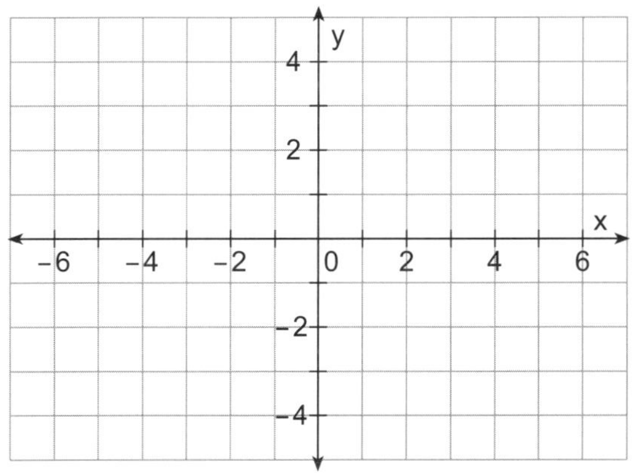

3 Welcher Graph gehört zu welcher linearen Funktionsgleichung? Ordne zu.
Tipp: Kennzeichne jeweils ein Steigungsdreieck.

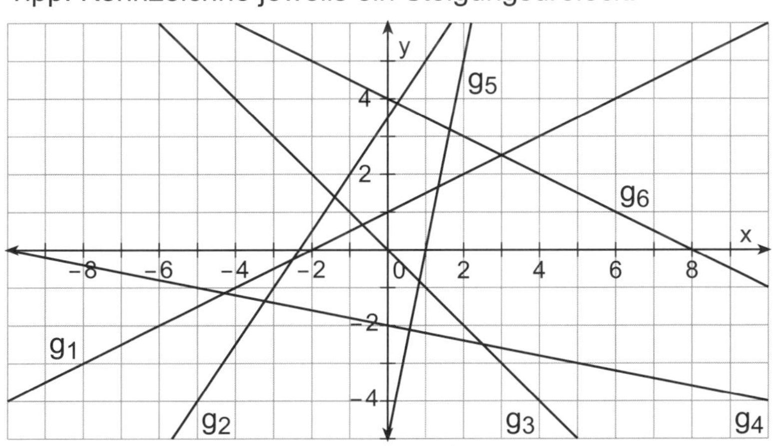

g_1	$y = -\frac{1}{5}x - 2$
g_2	$y = 5x - 5$
g_3	$y = -x$
g_4	$y = \frac{1}{2}x + 1$
g_5	$y = -\frac{1}{2}x + 4$
g_6	$y = \frac{3}{2}x + 3,5$

1 Löse die Aufgabe zunächst grafisch.

a) Ein Schwimmbecken ist bis zu einer Höhe von 0,5 m mit Wasser gefüllt.
Wasser wird eingelassen – pro Stunde steigt der Wasserspiegel um 0,3 m.

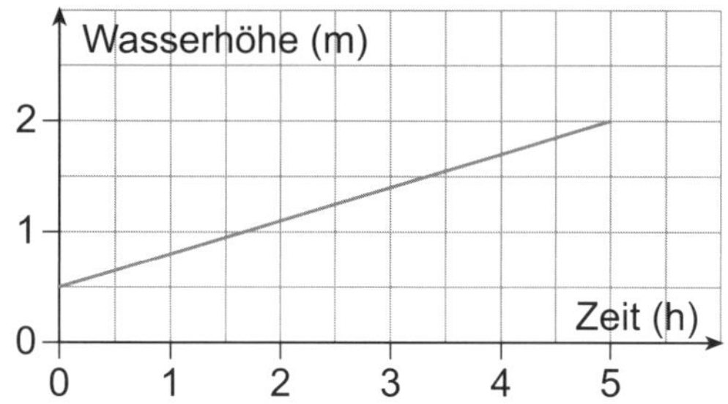

Nach welcher Zeit ist eine Wassertiefe von 2 Metern erreicht? nach 5 Stunden

Funktionsgleichung: $f(x) = 0{,}3x + 0{,}5$

b) Ein Schwimmbecken ist bis zu einer Höhe von 1,8 m mit Wasser gefüllt.
Wasser wird abgelassen – pro Stunde sinkt der Wasserspiegel um 0,4 m.

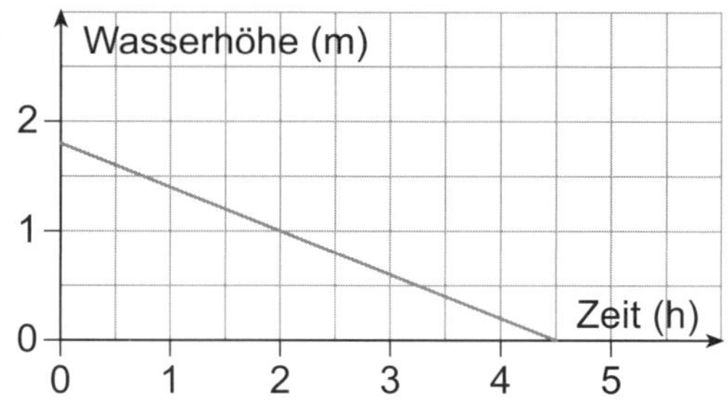

Nach welcher Zeit ist das Schwimmbecken leer? nach 4,5 Stunden

Funktionsgleichung: $f(x) = -0{,}4x + 1{,}8$

2 a) Ermittle bei den Geraden jeweils die Steigung m und den y-Achsenabschnitt t.
Stelle jeweils die Funktionsgleichung auf.

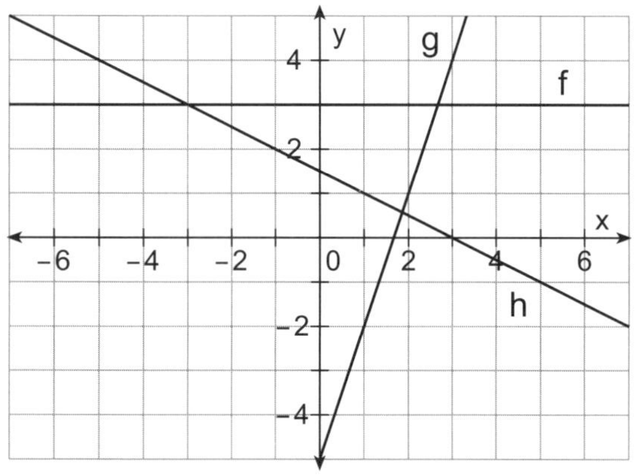

f: $m = 0$ $t = 3$ $y = 3$

g: $m = \frac{3}{1} = 3$ $t = -5$ $y = 3x - 5$

h: $m = -\frac{1}{2}$ $t = 1{,}5$ $y = -\frac{1}{2}x + 1{,}5$

b) Gib jeweils die Steigung m und den y-Achsenabschnitt t an.
Zeichne die Graphen.

f: $y = -3x - 2$ $m = -3$ $t = -2$

g: $y = x + 3$ $m = 1$ $t = 3$

h: $y = \frac{1}{4}x - 4$ $m = \frac{1}{4}$ $t = -4$

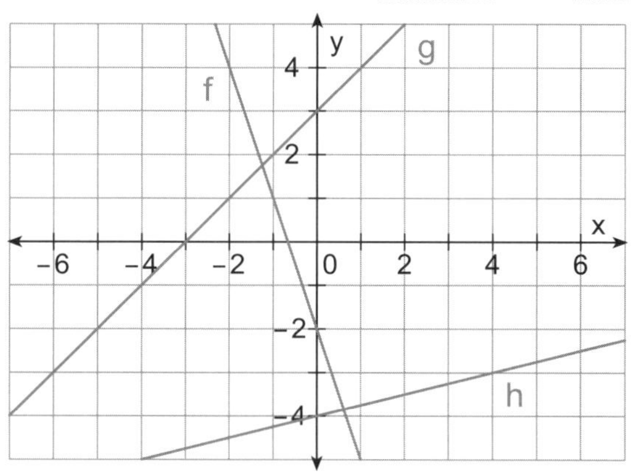

3 Welcher Graph gehört zu welcher linearen Funktionsgleichung? Ordne zu.
Tipp: Kennzeichne jeweils ein Steigungsdreieck.

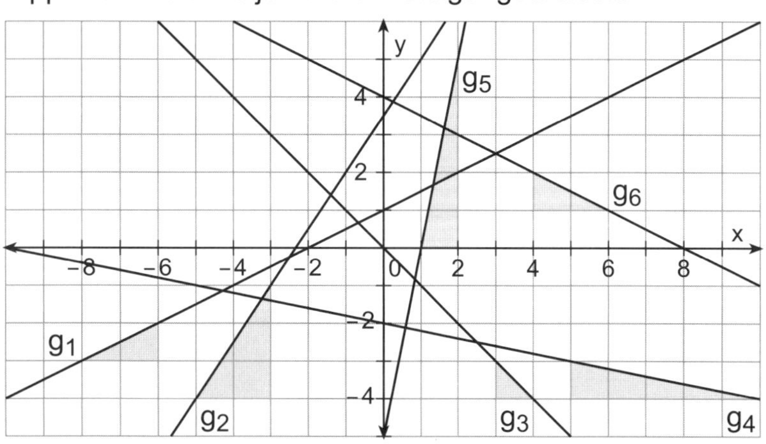

g_1	$y = -\frac{1}{5}x - 2$
g_2	$y = 5x - 5$
g_3	$y = -x$
g_4	$y = \frac{1}{2}x + 1$
g_5	$y = -\frac{1}{2}x + 4$
g_6	$y = \frac{3}{2}x + 3{,}5$

1 a) Zeichne die Gerade g[A(–3|–5), B(3|–1)] in das Koordinatensystem.
Zeichne durch $P_1(6|3)$, $P_2(-3|0)$ und $P_3(-6|1)$ je eine Parallele zu g.

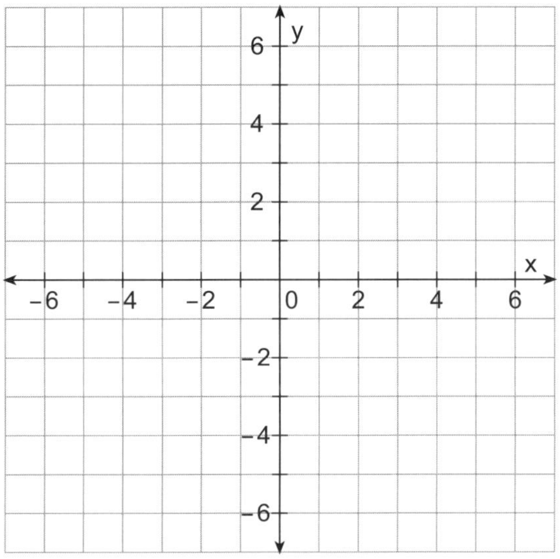

Gib die Steigung m, den y-Achsenabschnitt t und die Funktionsgleichung an.

g: m = ... t = ... y = ...

g_1: m = ... t = ... y = ...

g_2: m = ... t = ... y = ...

g_3: m = ... t = ... y = ...

b) Zeichne die Gerade h[A(–4|–3), B(0|5)] in das Koordinatensystem.
Zeichne durch $P_1(-4|5)$, $P_2(6|-3)$ und $P_3(2|-5)$ je eine Senkrechte zu h.

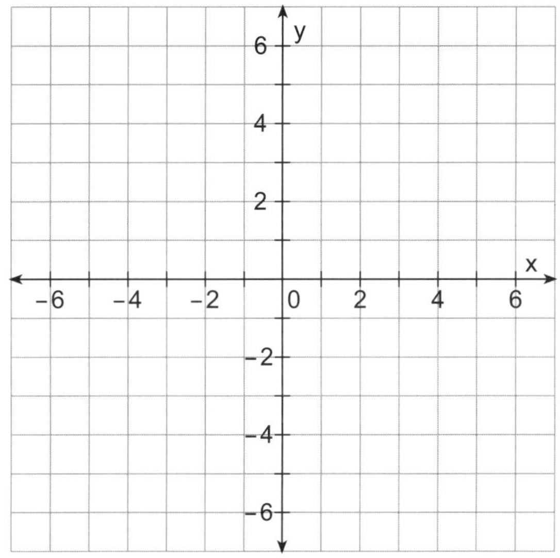

Gib die Steigung m, den y-Achsenabschnitt t und die Funktionsgleichung an.

h: m = ... t = ... y = ...

h_1: m = ... t = ... y = ...

h_2: m = ... t = ... y = ...

h_3: m = ... t = ... y = ...

2 Multiple-Choice-Fragen. Kreuze an. (Es sind mehrere Antworten möglich.)

a) Der Funktionsgraph geht durch den Ursprung.

- ☐ g: y = 7x + 3
- ☐ g: y = 0,5x
- ☐ g: y = x – 2
- ☐ g: y = –4

b) Die Geraden i und k sind parallel.

- ☐ i: y = 3x – 2; k: $y = \frac{1}{3}x$
- ☐ i: y = 2x – 1; k: y = 4x – 1
- ☐ i: y = –x + 3; k: y = x + 3
- ☐ i: y = x + 2; k: y = x + 0,2

c) Die Gerade g verläuft steiler als die Gerade h.

- ☐ g: y = 3x – 1; h: y = 2x – 1
- ☐ g: $y = -\frac{1}{2}x$; h: y = –2x
- ☐ g: y = 4; h: y = 3x
- ☐ g: y = 2x + 3; h: y = x – 2

3 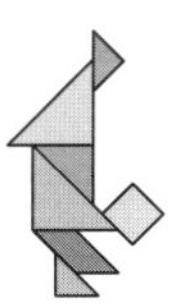

Zeichne die Graphen zu den Funktionen $f_1(x) = 3$ und $f_2(x) = 2x - 1$ in das Koordinatensystem.
Kannst du eine dritte Gerade so zeichnen, dass der von den drei Geraden eingeschlossene Flächeninhalt 18 Flächeneinheiten (Kästchen) beträgt?
Wie lautet deine Funktionsgleichung?

....

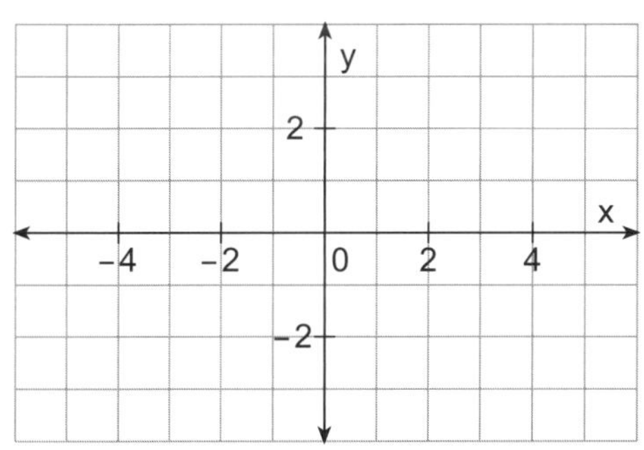

Ich kann Steigung und y-Achsenabschnitt einer linearen Funktion im Funktionsterm erkennen.	☺☺	☺	😐	☹

1 a) Zeichne die Gerade g[A(–3|–5), B(3|–1)] in das Koordinatensystem.
Zeichne durch $P_1(6|3)$, $P_2(-3|0)$ und $P_3(-6|1)$ je eine Parallele zu g.

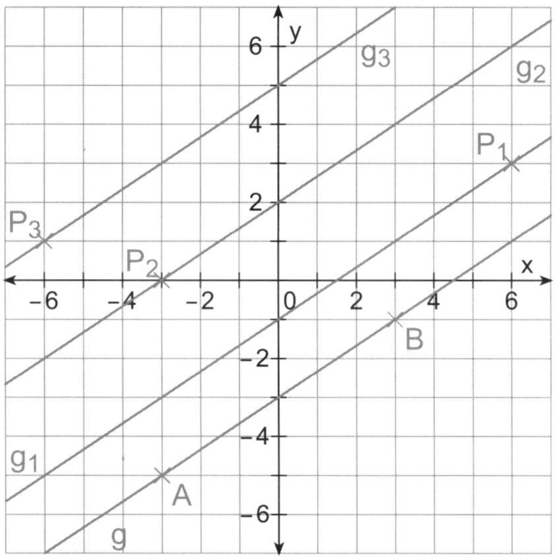

Gib die Steigung m, den y-Achsenabschnitt t und die Funktionsgleichung an.

g: $m = \frac{2}{3}$ $t = -3$ $y = \frac{2}{3}x - 3$

g_1: $m = \frac{2}{3}$ $t = -1$ $y = \frac{2}{3}x - 1$

g_2: $m = \frac{2}{3}$ $t = 2$ $y = \frac{2}{3}x + 2$

g_3: $m = \frac{2}{3}$ $t = 5$ $y = \frac{2}{3}x + 5$

b) Zeichne die Gerade h[A(–4|–3), B(0|5)] in das Koordinatensystem.
Zeichne durch $P_1(-4|5)$, $P_2(6|-3)$ und $P_3(2|-5)$ je eine Senkrechte zu h.

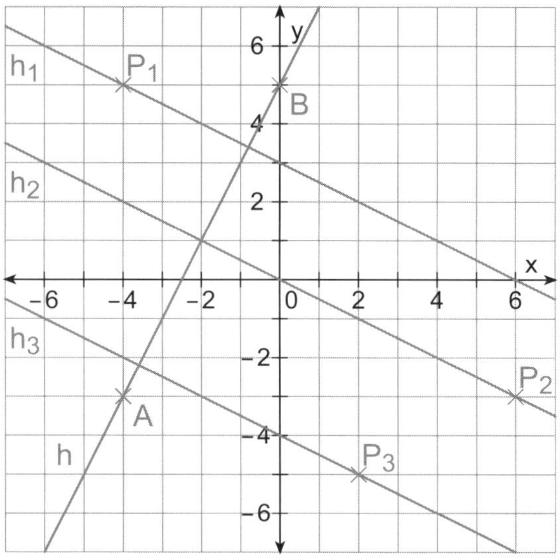

Gib die Steigung m, den y-Achsenabschnitt t und die Funktionsgleichung an.

h: $m = 2$ $t = 5$ $y = 2x + 5$

h_1: $m = -\frac{1}{2}$ $t = 3$ $y = -\frac{1}{2}x + 3$

h_2: $m = -\frac{1}{2}$ $t = 0$ $y = -\frac{1}{2}x$

h_3: $m = -\frac{1}{2}$ $t = -4$ $y = -\frac{1}{2}x - 4$

2 Multiple-Choice-Fragen. Kreuze an. (Es sind mehrere Antworten möglich.)

a) Der Funktionsgraph geht durch den Ursprung.

- [ ] g: y = 7x + 3
- [x] g: y = 0,5x
- [ ] g: y = x – 2
- [ ] g: y = –4

b) Die Geraden i und k sind parallel.

- [ ] i: y = 3x – 2; k: $y = \frac{1}{3}x$
- [ ] i: y = 2x – 1; k: y = 4x – 1
- [ ] i: y = –x + 3; k: y = x + 3
- [x] i: y = x + 2; k: y = x + 0,2

c) Die Gerade g verläuft steiler als die Gerade h.

- [x] g: y = 3x – 1; h: y = 2x – 1
- [ ] g: $y = -\frac{1}{2}x$; h: y = –2x
- [ ] g: y = 4; h: y = 3x
- [x] g: y = 2x + 3; h: y = x – 2

3

Zeichne die Graphen zu den Funktionen $f_1(x) = 3$ und $f_2(x) = 2x - 1$ in das Koordinatensystem.
Kannst du eine dritte Gerade so zeichnen, dass der von den drei Geraden eingeschlossene Flächeninhalt 18 Flächeneinheiten (Kästchen) beträgt?
Wie lautet deine Funktionsgleichung?

$f_3(x) = -2x - 5$

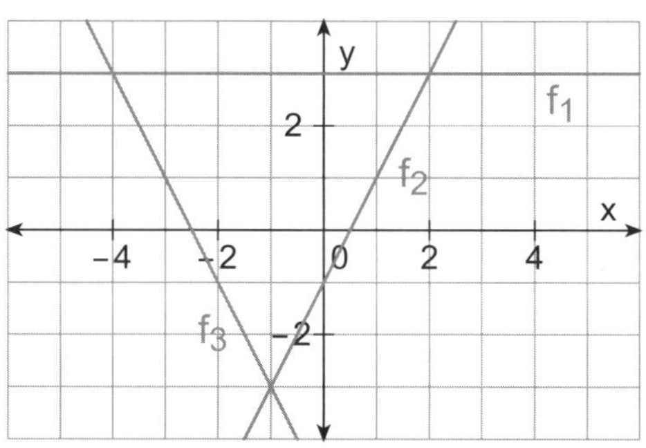

Ich kann Steigung und y-Achsenabschnitt einer linearen Funktion im Funktionsterm erkennen.	☺☺	☺	😐	☹

1 Im Jahr 2010 wurde in Deutschland mit dem Lkw, der Eisenbahn und der Binnenschifffahrt eine Beförderungsleistung von 603 Milliarden Tonnenkilometern erbracht.
[1 Tonnenkilometer (1 tkm) = Beförderung von Gütern im Gewicht von 1 t über 1 km.]
Berechne die Anteile in Prozent und veranschauliche sie.

Straße	434 Mrd. tkm	%
Schiene	107 Mrd. tkm	%
Binnenschiff	62 Mrd. tkm	%

Balkendiagramm

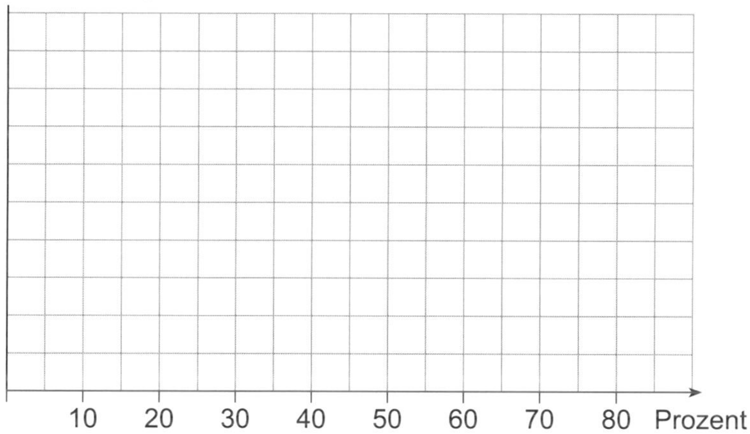

Kreisdiagramm

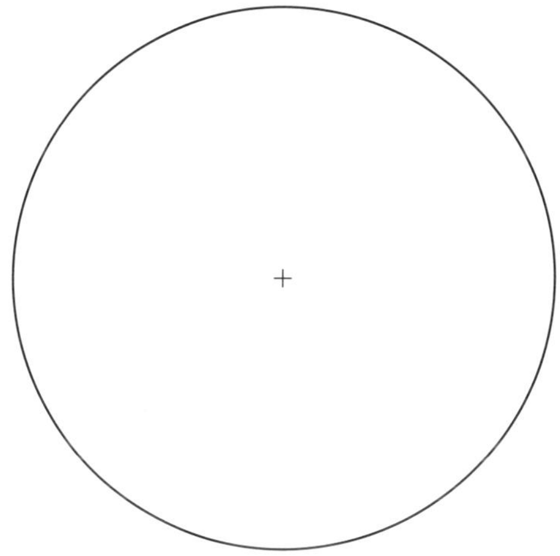

Streifendiagramm

2 Nichts ist vollständig!
Über den Getränkeeinkauf für den Schulkiosk soll eine Statistik erstellt werden.
Ist es möglich, die fehlenden Angaben in der Tabelle und dem Kreisdiagramm zu ergänzen?

Getränk	Absolute Häufigkeit	Relative Häufigkeit
Softdrinks		15 %
Säfte	200 l	
Mineralwasser	240 l	
Tee		10 %
Milchgetränke	160 l	

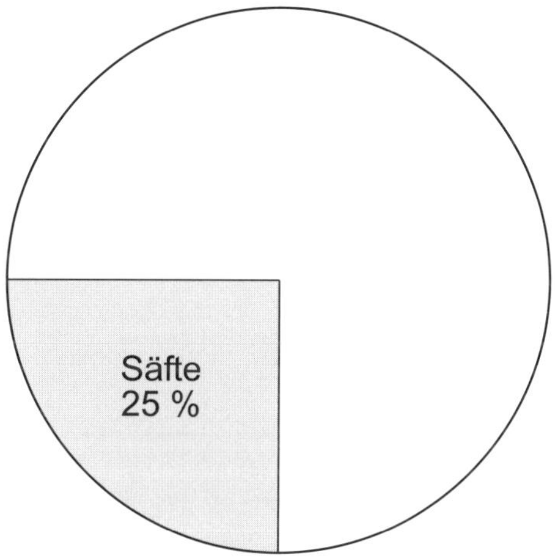

3 Findest du einen Sachverhalt, der zu dieser Veranschaulichung passt?
Beschrifte das Diagramm entsprechend.

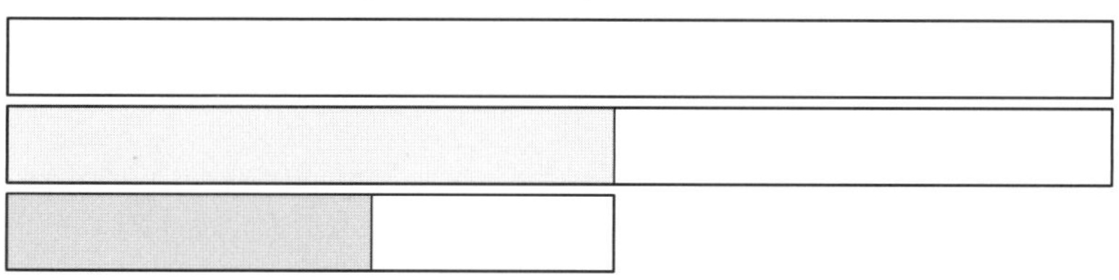

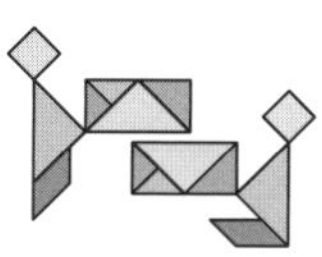

1 Im Jahr 2010 wurde in Deutschland mit dem Lkw, der Eisenbahn und der Binnenschifffahrt eine Beförderungsleistung von 603 Milliarden Tonnenkilometern erbracht.
[1 Tonnenkilometer (1 tkm) = Beförderung von Gütern im Gewicht von 1 t über 1 km.]
Berechne die Anteile in Prozent und veranschauliche sie.

Straße	434 Mrd. tkm	72 %	434 Mrd. : 603 Mrd. = 0,719... = 72 %
Schiene	107 Mrd. tkm	18 %	107 Mrd. : 603 Mrd. = 0,177... = 18 %
Binnenschiff	62 Mrd. tkm	10 %	62 Mrd. : 603 Mrd. = 0,102... = 10 %

Balkendiagramm

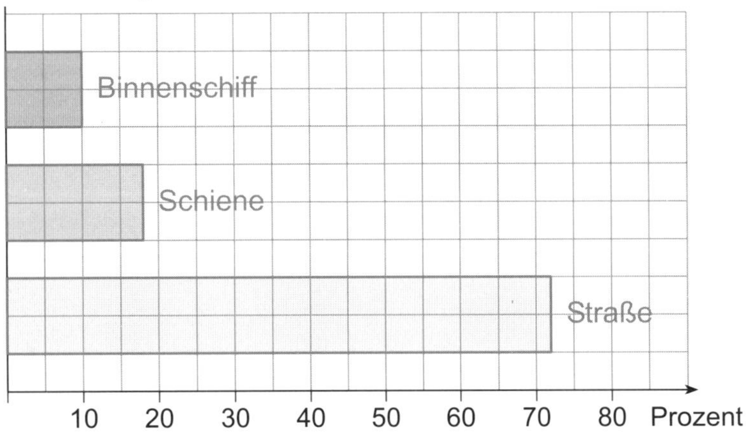

Kreisdiagramm

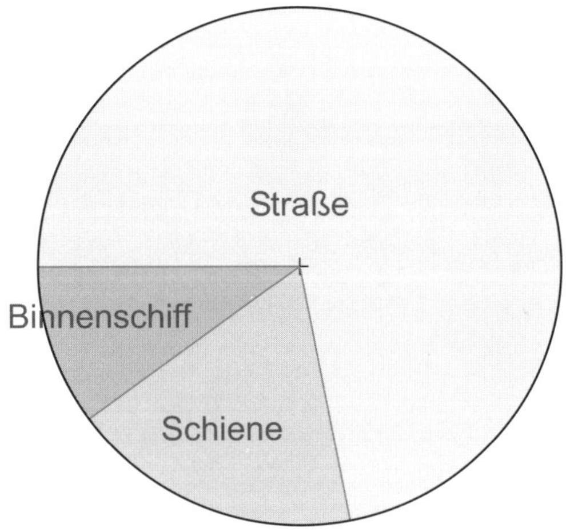

Streifendiagramm

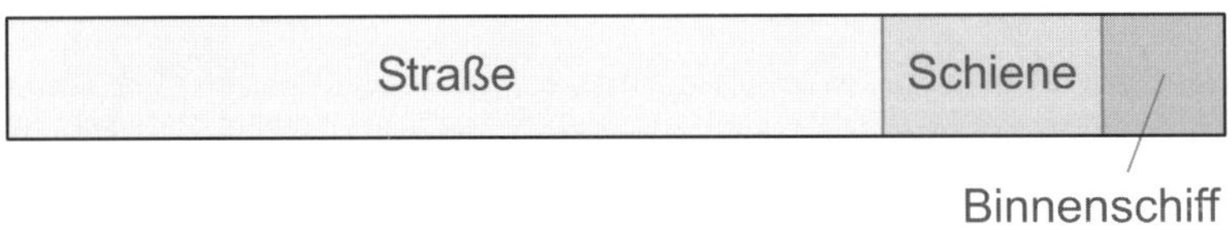

100 % ≙ 360°

1 % ≙ 3,6°

72 % ≙ 72 · 3,6° = 259,2°

2 Nichts ist vollständig!
Über den Getränkeeinkauf für den Schulkiosk soll eine Statistik erstellt werden.
Ist es möglich, die fehlenden Angaben in der Tabelle und dem Kreisdiagramm zu ergänzen?

Getränk	Absolute Häufigkeit	Relative Häufigkeit
Softdrinks	120 l	15 %
Säfte	200 l	25 %
Mineralwasser	240 l	30 %
Tee	80 l	10 %
Milchgetränke	160 l	20 %

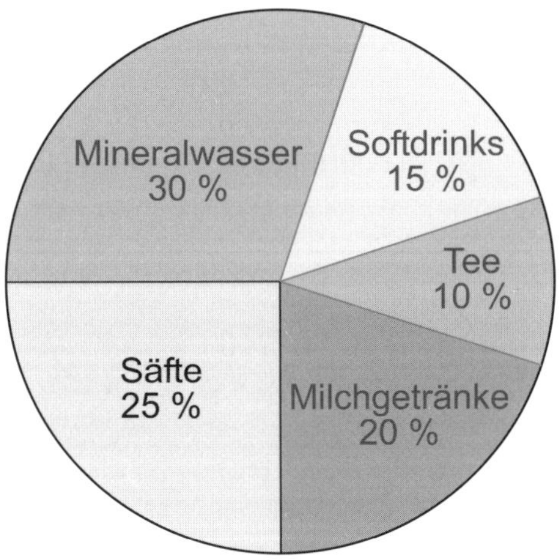

3 Findest du einen Sachverhalt, der zu dieser Veranschaulichung passt?
Beschrifte das Diagramm entsprechend.

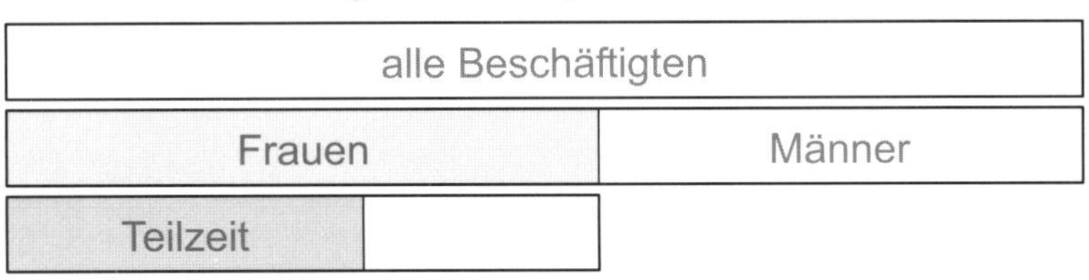

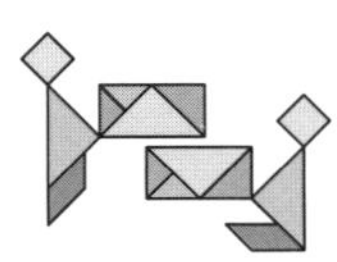

1 Verunglückte 15- bis 17-Jährige bei Straßenverkehrsunfällen 2010 nach Art der Verkehrsbeteiligung. Berechne die prozentualen Anteile, beschrifte das Kreisdiagramm und ergänze den Text.

Personenkraftwagen	5 539	
Mofa/Moped	5 066	
Fahrrad	3 898	
Motorrad	2 706	
Fußgänger	1 557	
Sonstige	531	
Insgesamt		

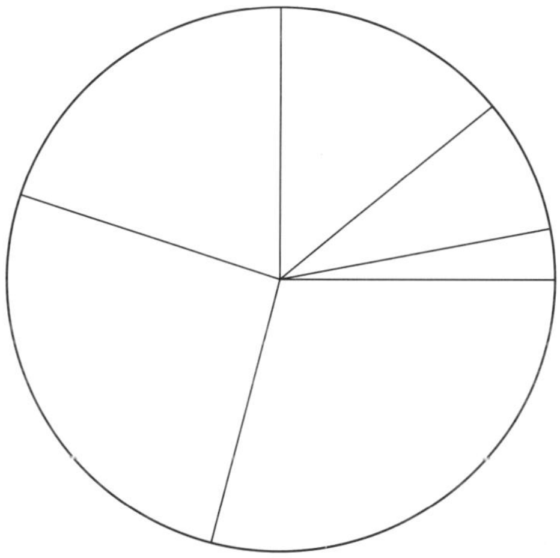

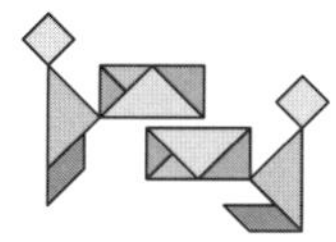

Die Daten von Verkehrsunfällen werden statistisch erfasst und jährlich veröffentlicht.
Diskutiert, welcher Zweck damit verfolgt wird, und ob Erfolge erzielt werden.
Was kannst du persönlich tun, um die Unfallgefahr zu verringern?

Überdurchschnittlich häufig verunglückten 15- bis 17-Jährige mit Zweirädern. Drei von fünf verunglückten Jugendlichen benutzten ein Zweirad, ... % ein motorisiertes Zweirad (........ ein Mofa/Moped, ... ein Motorrad) und weitere .... ein Fahrrad. In einem Pkw kamen .... der verunglückten Jugendlichen zu Schaden, als Fußgänger waren .... unterwegs.

2 Entwicklung der Straßenverkehrsunfälle. (Quelle: www.destatis.de)
Veranschauliche die Daten in einem Liniendiagramm.
Berechne die prozentualen Veränderungen 2000 bis 2010 sowie 2009 bis 2010.

Jahr	Verunglückte
2000	511 577
2001	501 752
2002	483 255
2003	468 783
2004	445 968
2005	438 804
2006	427 428
2007	436 368
2008	413 524
2009	401 823
2010	374 818

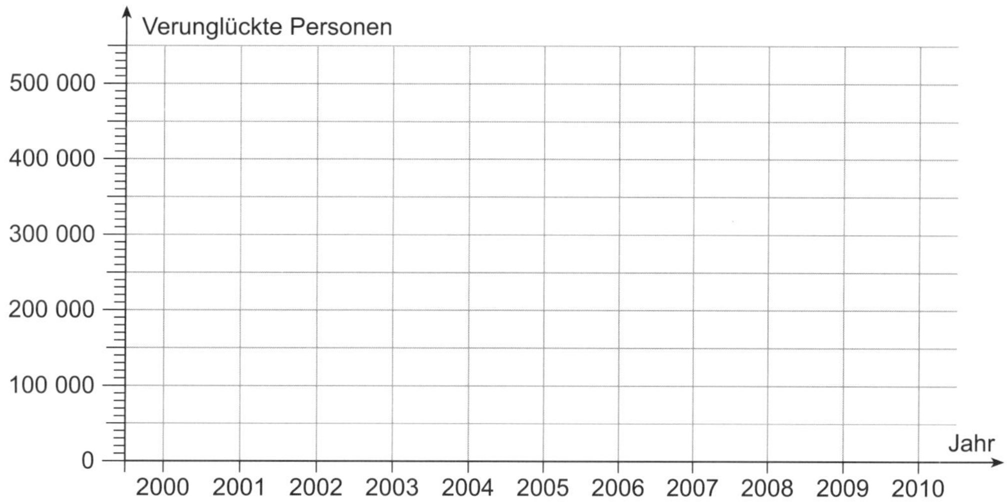

2000 bis 2010: ....

2009 bis 2010: ....

1 Verunglückte 15- bis 17-Jährige bei Straßenverkehrsunfällen 2010 nach Art der Verkehrsbeteiligung. Berechne die prozentualen Anteile, beschrifte das Kreisdiagramm und ergänze den Text.

Personenkraftwagen	5 539	29 %	5 539 : 19 297 = 0,287... = 29 %
Mofa/Moped	5 066	26 %	5 066 : 19 297 = 0,262... = 26 %
Fahrrad	3 898	20 %	3 898 : 19 297 = 0,202... = 20 %
Motorrad	2 706	14 %	2 706 : 19 297 = 0,140... = 14 %
Fußgänger	1 557	8 %	1 557 : 19 297 = 0,080... = 8 %
Sonstige	531	3 %	531 : 19 297 = 0,027... = 3 %
Insgesamt	19 297	100 %	

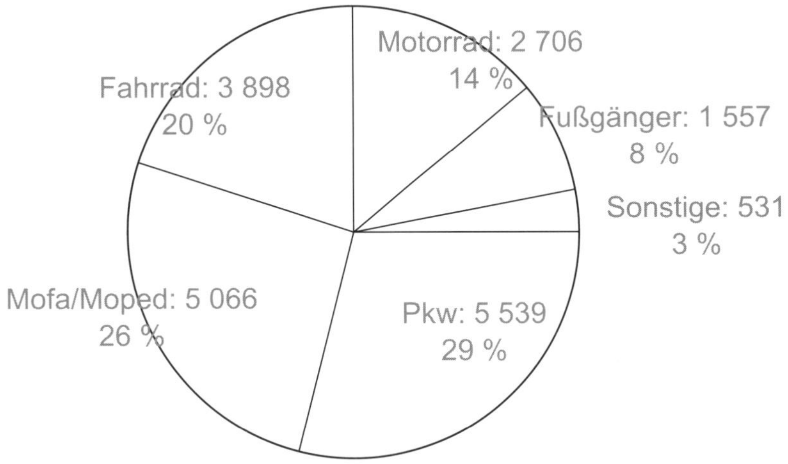

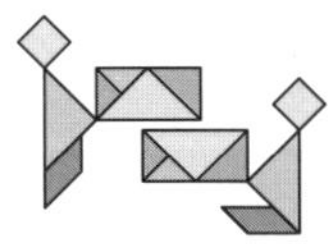

Die Daten von Verkehrsunfällen werden statistisch erfasst und jährlich veröffentlicht.
Diskutiert, welcher Zweck damit verfolgt wird, und ob Erfolge erzielt werden.
Was kannst du persönlich tun, um die Unfallgefahr zu verringern?

Überdurchschnittlich häufig verunglückten 15- bis 17-Jährige mit Zweirädern. Drei von fünf verunglückten Jugendlichen benutzten ein Zweirad, 40 % ein motorisiertes Zweirad (26 % ein Mofa/Moped, 14 % ein Motorrad) und weitere 20 % ein Fahrrad. In einem Pkw kamen 29 % der verunglückten Jugendlichen zu Schaden, als Fußgänger waren 8 % unterwegs.

2 Entwicklung der Straßenverkehrsunfälle. (Quelle: www.destatis.de)
Veranschauliche die Daten in einem Liniendiagramm.
Berechne die prozentualen Veränderungen 2000 bis 2010 sowie 2009 bis 2010.

Jahr	Verunglückte
2000	511 577
2001	501 752
2002	483 255
2003	468 783
2004	445 968
2005	438 804
2006	427 428
2007	436 368
2008	413 524
2009	401 823
2010	374 818

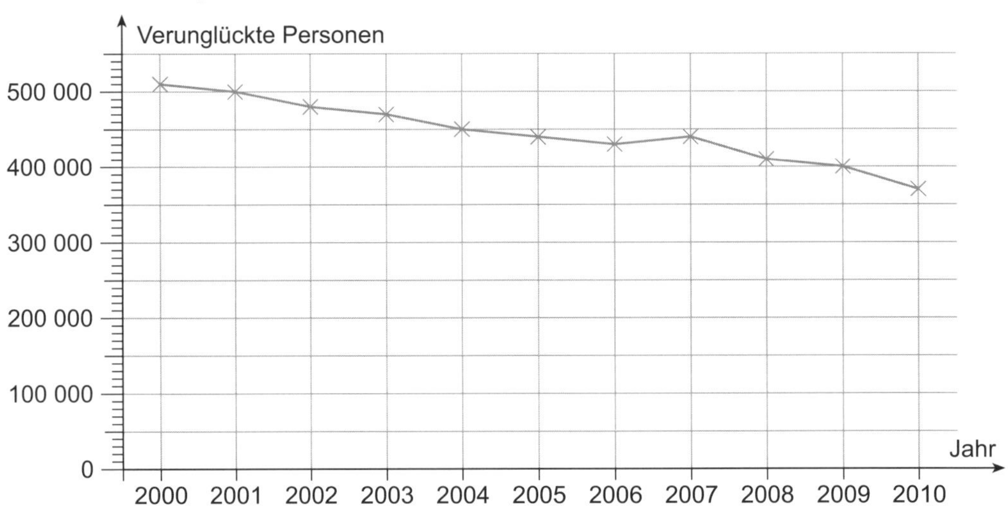

2000 bis 2010: 374 818 : 511 577 = 0,732... = 73 % Verminderung um 27 %

2009 bis 2010: 374 818 : 401 823 = 0,932... = 93 % Verminderung um 7 %

1

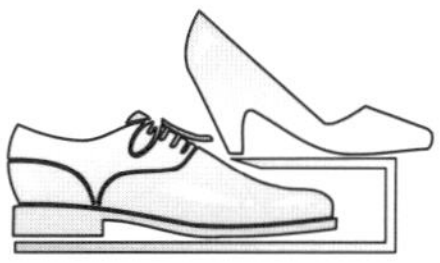

Ein Schuhgeschäft (Firmengründung!) legte zu Saisonbeginn für die Größen 36 bis 41 je 150 Paar Damenschuhe auf Lager.

Zum Ende der Saison waren viele übrig geblieben und mussten billig abverkauft werden.

Um Fehler nicht zu wiederholen, wurden Daten erhoben und auf verschiedene Weise ausgewertet.

Zwei Stunden lang wurden die Schuhgrößen der Kundinnen von Damenschuhen notiert.

Urliste:
39, 38, 39, 36, 37, 38, 38, 40, 37, 40,
37, 40, 38, 39, 38, 39, 39, 43, 39, 36.

a) Veranschauliche die Daten in einem Säulendiagramm.

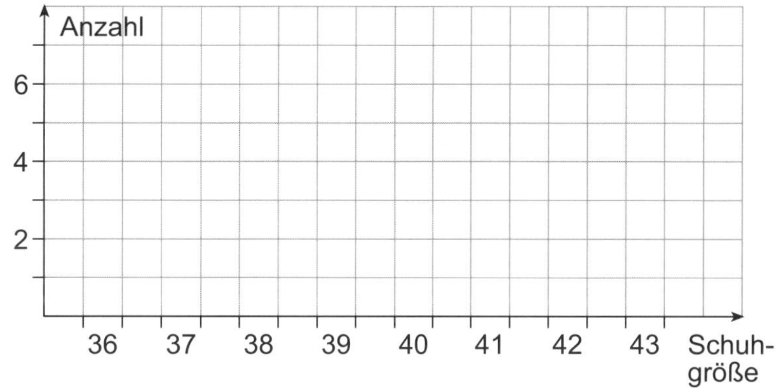

b) Ermittle das arithmetische Mittel ($\bar{x}$).

▶ Das arithmetische Mittel ist der Durchschnittswert (Summe der Werte durch Anzahl der Werte).

....

c) Erstelle eine Rangliste (ordne die Daten nach der Größe).

min q_1 med q_3 max

d) Ermittle das Minimum (min), das Maximum (max) und die Spannweite (R = max – min).

▶ Das Minimum ist der kleinste Wert in einer Rangliste, das Maximum der größte Wert. Die Spannweite ist die Differenz zwischen Maximum und Minimum.

....

e) Ermittle die Quartile: Median (med oder q_2), das untere Quartil (q_1) und das obere Quartil (q_3).

▶ Durch die Quartile wird die geordnete Datenmenge in vier gleich große „Teile" aufgeteilt.

Der Median (Zentralwert; zweites Quartil) ist der mittlere Wert in einer Rangliste bzw. der Durchschnitt der beiden mittleren Werte.

Das untere Quartil ist die 25%-Grenze (25 % der Datenwerte sind kleiner oder gleich q_1).

Das obere Quartil ist die 75%-Grenze (75 % der Datenwerte sind kleiner oder gleich q_3).

....

f) Die Daten sind in einem Boxplot veranschaulicht. Studiere das Diagramm und notiere an den entsprechenden Stellen die Abkürzungen der statistischen Kenngrößen min, max, q_1, med, q_3.

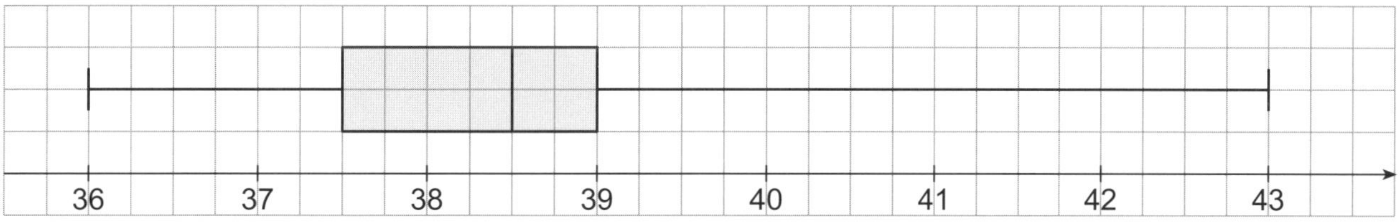

Professionelle Statistiker benutzen Boxplots als informelle Technik zur ersten Sichtung der Datenverteilung – vor allem, wenn es sich um eine große Menge von Daten handelt. Man erhält eine Aussage darüber, wie viele Daten in gewissen Grenzen liegen.

Für die Berechnung der Quartile werden verschiedene Berechnungsmethoden angewendet.

1

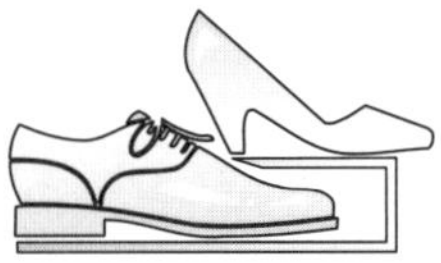

Ein Schuhgeschäft (Firmengründung!) legte zu Saisonbeginn für die Größen 36 bis 41 je 150 Paar Damenschuhe auf Lager.

Zum Ende der Saison waren viele übrig geblieben und mussten billig abverkauft werden.

Um Fehler nicht zu wiederholen, wurden Daten erhoben und auf verschiedene Weise ausgewertet.

Zwei Stunden lang wurden die Schuhgrößen der Kundinnen von Damenschuhen notiert.

Urliste:
39, 38, 39, 36, 37, 38, 38, 40, 37, 40, 37, 40, 38, 39, 38, 39, 39, 43, 39, 36.

a) Veranschauliche die Daten in einem Säulendiagramm.

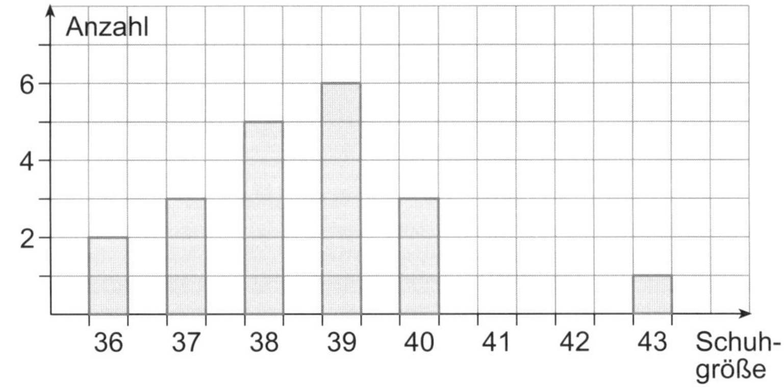

b) Ermittle das arithmetische Mittel ($\bar{x}$).

▶ Das arithmetische Mittel ist der Durchschnittswert (Summe der Werte durch Anzahl der Werte).

$$\bar{x} = \frac{2 \cdot 36 + 3 \cdot 37 + 5 \cdot 38 + 6 \cdot 39 + 3 \cdot 40 + 1 \cdot 43}{20} = \frac{770}{20} = 38{,}5$$

c) Erstelle eine Rangliste (ordne die Daten nach der Größe).

36	36	37	37	37	38	38	38	38	38	39	39	39	39	39	39	40	40	40	43
↓ min				↓ q_1					↓ med					↓ q_3					↓ max

d) Ermittle das Minimum (min), das Maximum (max) und die Spannweite (R = max – min).

▶ Das Minimum ist der kleinste Wert in einer Rangliste, das Maximum der größte Wert. Die Spannweite ist die Differenz zwischen Maximum und Minimum.

min = 36 max = 43 R = max – min = 43 – 36 = 7

e) Ermittle die Quartile: Median (med oder q_2), das untere Quartil (q_1) und das obere Quartil (q_3).

▶ Durch die Quartile wird die geordnete Datenmenge in vier gleich große „Teile" aufgeteilt.

Der Median (Zentralwert; zweites Quartil) ist der mittlere Wert in einer Rangliste bzw. der Durchschnitt der beiden mittleren Werte.

Das untere Quartil ist die 25%-Grenze (25 % der Datenwerte sind kleiner oder gleich q_1).

Das obere Quartil ist die 75%-Grenze (75 % der Datenwerte sind kleiner oder gleich q_3).

$q_1 = (37 + 38) : 2 = 37{,}5$ med = (38 + 39) : 2 = 38,5 $q_3 = 39$

f) Die Daten sind in einem Boxplot veranschaulicht. Studiere das Diagramm und notiere an den entsprechenden Stellen die Abkürzungen der statistischen Kenngrößen min, max, q_1, med, q_3.

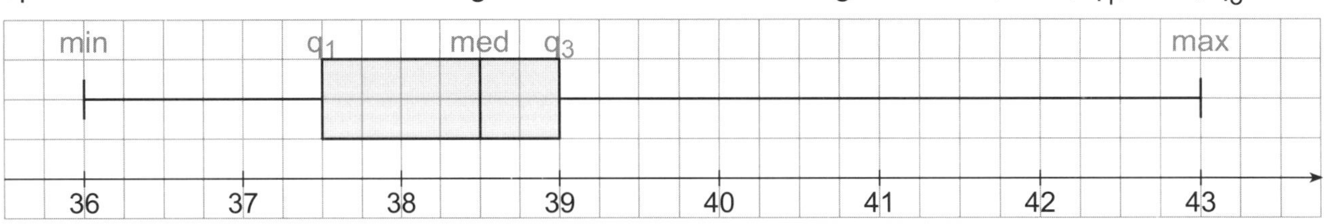

Professionelle Statistiker benutzen Boxplots als informelle Technik zur ersten Sichtung der Datenverteilung – vor allem, wenn es sich um eine große Menge von Daten handelt. Man erhält eine Aussage darüber, wie viele Daten in gewissen Grenzen liegen.

Für die Berechnung der Quartile werden verschiedene Berechnungsmethoden angewendet.

1 Wer wird gewinnen?
Welche Mannschaft hat aufgrund der Körpergröße der Spieler die besseren Voraussetzungen?
Interpretiere die Daten:
Erstelle jeweils eine Rangliste und veranschauliche die Daten in einem Boxplot-Diagramm. Berechne auch das arithmetische Mittel. Vergleiche!

Die elf Spieler der Mannschaft *KorbNehmer* haben folgende Körpergrößen:
178, 187, 184, 183, 194, 193, 187, 176, 188, 173, 174. (Maße in cm.)

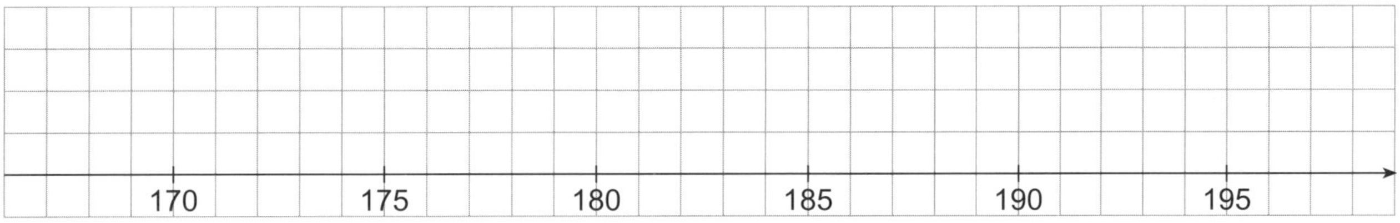

Die zwölf Spieler der Mannschaft *BasketBaller* haben folgende Körpergrößen:
183, 184, 195, 186, 186, 170, 192, 185, 181, 183, 188, 187. (Maße in cm.)

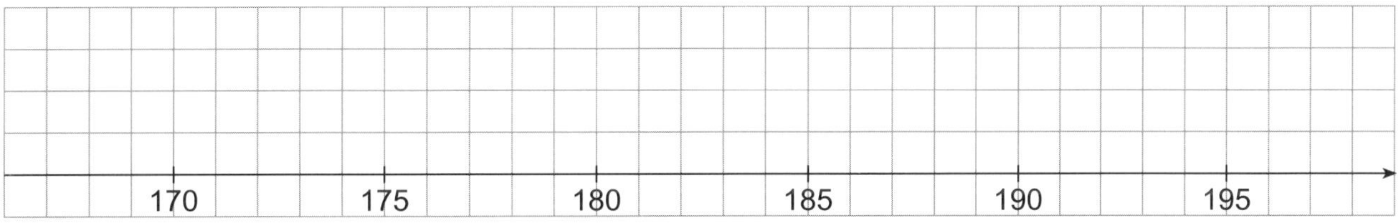

2 Fünf Spielerinnen einer Volleballmannschaft haben folgende Körpergrößen:
1,78 m, 1,79 m, 1,85 m, 1,75 m, 1,81 m.
Wie groß ist die sechste Spielerin, wenn das arithmetische Mittel genau 1,80 m beträgt?

A:

1 Wer wird gewinnen?
Welche Mannschaft hat aufgrund der Körpergröße der Spieler die besseren Voraussetzungen?
Interpretiere die Daten:
Erstelle jeweils eine Rangliste und veranschauliche die Daten in einem Boxplot-Diagramm. Berechne auch das arithmetische Mittel. Vergleiche!

Die elf Spieler der Mannschaft *KorbNehmer* haben folgende Körpergrößen:
178, 187, 184, 183, 194, 193, 187, 176, 188, 173, 174. (Maße in cm.)

173	174	176	178	183	184	187	187	188	193	194
↓ min		↓ q_1			↓ med			↓ q_2		↓ max

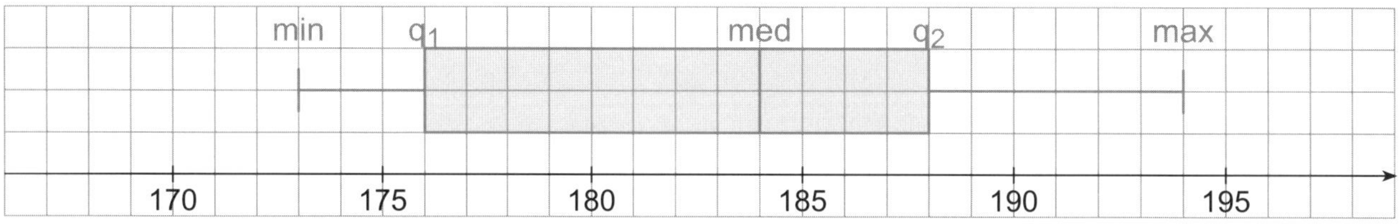

$$\bar{x} = \frac{173 + 174 + 176 + 178 + 183 + 184 + 187 + 187 + 188 + 193 + 194}{11} = \frac{2017}{11} = 183{,}\overline{36}$$

Die zwölf Spieler der Mannschaft *BasketBaller* haben folgende Körpergrößen:
183, 184, 195, 186, 186, 170, 192, 185, 181, 183, 188, 187. (Maße in cm.)

170	181	183	183	184	185	186	186	187	188	192	195
↓ min		↓ q_1			↓ med			↓ q_2			↓ max

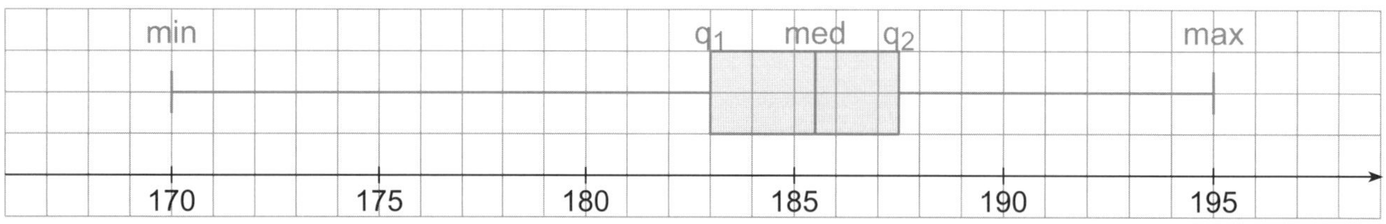

$$\bar{x} = \frac{170 + 181 + 183 + 183 + 184 + 185 + 186 + 186 + 187 + 188 + 192 + 195}{12} = \frac{2220}{12} = 185$$

2 Fünf Spielerinnen einer Volleballmannschaft haben folgende Körpergrößen:
1,78 m, 1,79 m, 1,85 m, 1,75 m, 1,81 m.
Wie groß ist die sechste Spielerin, wenn das arithmetische Mittel genau 1,80 m beträgt?

$$1{,}80 = \frac{1{,}78 + 1{,}79 + 1{,}85 + 1{,}75 + 1{,}81 + x}{6}$$

$$1{,}80 = \frac{8{,}98 + x}{6} \quad | \cdot 6$$

$$10{,}80 = 8{,}98 + x \quad | - 8{,}98$$

$$x = 1{,}82$$

A: Die sechste Spielerin hat eine Körpergröße von 1,82 m.

1 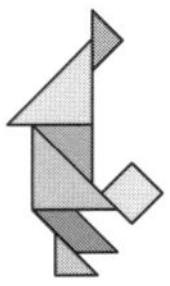

Wenn du mit einem idealen 6er-Würfel sechsmal hintereinander würfelst, welche der folgenden Abfolgen wirst du am wahrscheinlichsten nicht beobachten? Kreuze an.

☐ 1 2 3 4 5 6 ☐ 2 2 4 1 3 3 ☐ 6 6 6 6 6 6 ☐ Alle angegebenen Abfolgen sind gleich wahrscheinlich.

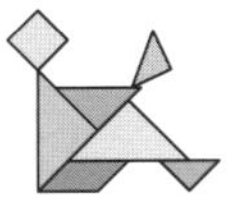

Allgemein bekannt sind 6er-Würfel, die man beispielsweise für „Mensch ärgere dich nicht“ verwendet. Es gibt aber auch Spielwürfel mit anderen Seitenzahlen.
Beispiele:

W 6 **Hexaeder** (Würfel)
Platonischer Körper aus sechs Quadraten.

W 10 **Trapezoeder**
Körper aus zehn Drachenvierecken (angenähert die Form einer Doppelpyramide).

W 12 **Dodekaeder**
Platonischer Körper aus zwölf regelmäßigen Fünfecken.

W 20 **Ikosaeder**
Platonischer Körper aus zwanzig gleichseitigen Dreiecken.

2 Bestimme jeweils die Gewinnchance bei einem Wurf mit dem angegebenen (idealen) Würfel. Kreuze danach an, mit welchem Würfel bzw. mit welchen Würfeln die Wahrscheinlichkeit, zu gewinnen, am größten ist.

	W 6 	W 10 	W 12 	W 20 
eine 6	$\frac{1}{6} = 0,1\overline{6}$ ☐	☐	☐	☐
eine Zahl kleiner als 6	☐	☐	☐	☐
eine Zahl größer als 6	☐	☐	☐	☐
eine gerade Zahl	☐	☐	☐	☐
eine durch 3 teilbare Zahl	☐	☐	☐	☐
eine durch 3 oder durch 4 teilbare Zahl	☐	☐	☐	☐
eine Zahl, die ein Vielfaches von 4 ist	☐	☐	☐	☐
eine Primzahl	☐	☐	☐	☐

▶ **Summenregel**: Die Wahrscheinlichkeit für ein Ereignis ist die Summe der Wahrscheinlichkeiten der Ergebnisse, die das Ereignis bilden.

3 Ein Glücksrad wurde 15-mal gedreht. Dabei ergaben sich dreimal ein Hauptgewinn, einmal ein Trostpreis und elfmal eine Niete als Ergebnis.
Entscheide für jede der folgenden Aussagen, ob sie richtig (✓) oder falsch (f) ist.

☐ Bei 11 % der Drehungen wurde eine Niete erzielt.

☐ Es ist möglich, bei den nächsten 15 Drehungen nur Nieten zu erzielen.

☐ Die relative Häufigkeit für einen Hauptgewinn beträgt 0,2.

☐ Bei den nächsten 15 Drehungen wird sicher genau einmal ein Trostpreis erzielt.

1 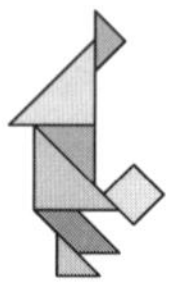

Wenn du mit einem idealen 6er-Würfel sechsmal hintereinander würfelst, welche der folgenden Abfolgen wirst du am wahrscheinlichsten nicht beobachten? Kreuze an.

☐ 1 2 3 4 5 6 ☐ 2 2 4 1 3 3 ☐ 6 6 6 6 6 6 ☒ Alle angegebenen Abfolgen sind gleich wahrscheinlich.

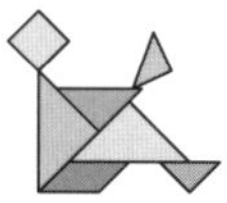

Allgemein bekannt sind 6er-Würfel, die man beispielsweise für „Mensch ärgere dich nicht" verwendet. Es gibt aber auch Spielwürfel mit anderen Seitenzahlen.
Beispiele:

W 6 **Hexaeder** (Würfel)
Platonischer Körper aus sechs Quadraten.

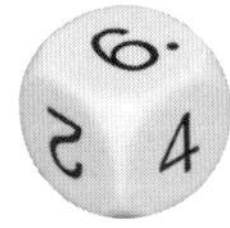

W 10 **Trapezoeder**
Körper aus zehn Drachenvierecken (angenähert die Form einer Doppelpyramide).

W 12 **Dodekaeder**
Platonischer Körper aus zwölf regelmäßigen Fünfecken.

W 20 **Ikosaeder**
Platonischer Körper aus zwanzig gleichseitigen Dreiecken.

2 Bestimme jeweils die Gewinnchance bei einem Wurf mit dem angegebenen (idealen) Würfel. Kreuze danach an, mit welchem Würfel bzw. mit welchen Würfeln die Wahrscheinlichkeit, zu gewinnen, am größten ist.

	W 6 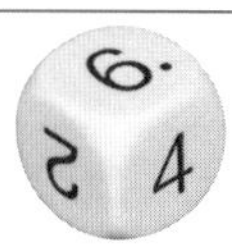	W 10 	W 12 	W 20 
eine 6	$\frac{1}{6} = 0{,}1\overline{6}$ ☒	$\frac{1}{10} = 0{,}1$ ☐	$\frac{1}{12} = 0{,}08\overline{3}$ ☐	$\frac{1}{20} = 0{,}05$ ☐
eine Zahl kleiner als 6	$\frac{5}{6} = 0{,}8\overline{3}$ ☒	$\frac{5}{10} = \frac{1}{2} = 0{,}5$ ☐	$\frac{5}{12} = 0{,}41\overline{6}$ ☐	$\frac{5}{20} = \frac{1}{4} = 0{,}25$ ☐
eine Zahl größer als 6	0 ☐	$\frac{4}{10} = \frac{2}{5} = 0{,}4$ ☐	$\frac{6}{12} = \frac{1}{2} = 0{,}5$ ☐	$\frac{14}{20} = \frac{7}{10} = 0{,}7$ ☒
eine gerade Zahl	$\frac{3}{6} = \frac{1}{2} = 0{,}5$ ☒	$\frac{5}{10} = \frac{1}{2} = 0{,}5$ ☒	$\frac{6}{12} = \frac{1}{2} = 0{,}5$ ☒	$\frac{10}{20} = \frac{1}{2} = 0{,}5$ ☒
eine durch 3 teilbare Zahl	$\frac{2}{6} = \frac{1}{3} = 0{,}\overline{3}$ ☒	$\frac{3}{10} = 0{,}3$ ☐	$\frac{4}{12} = \frac{1}{3} = 0{,}\overline{3}$ ☒	$\frac{6}{20} = \frac{3}{10} = 0{,}3$ ☐
eine durch 3 oder durch 4 teilbare Zahl	$\frac{3}{6} = \frac{1}{2} = 0{,}5$ ☒	$\frac{5}{10} = 0{,}5$ ☒	$\frac{6}{12} = \frac{1}{2} = 0{,}5$ ☒	$\frac{10}{20} = \frac{1}{2} = 0{,}5$ ☒
eine Zahl, die ein Vielfaches von 4 ist	$\frac{1}{6} = 0{,}\overline{3}$ ☒	$\frac{2}{10} = 0{,}2$ ☐	$\frac{3}{12} = \frac{1}{3} = 0{,}\overline{3}$ ☒	$\frac{5}{20} = \frac{1}{4} = 0{,}25$ ☐
eine Primzahl	$\frac{3}{6} = \frac{1}{2} = 0{,}5$ ☒	$\frac{4}{10} = 0{,}4$ ☐	$\frac{5}{12} = 0{,}416$ ☐	$\frac{8}{20} = \frac{4}{10} = 0{,}4$ ☐

▶ **Summenregel**: Die Wahrscheinlichkeit für ein Ereignis ist die Summe der Wahrscheinlichkeiten der Ergebnisse, die das Ereignis bilden.

3 Ein Glücksrad wurde 15-mal gedreht. Dabei ergaben sich dreimal ein Hauptgewinn, einmal ein Trostpreis und elfmal eine Niete als Ergebnis.
Entscheide für jede der folgenden Aussagen, ob sie richtig (✓) oder falsch (f) ist.

[f] Bei 11 % der Drehungen wurde eine Niete erzielt.

[✓] Es ist möglich, bei den nächsten 15 Drehungen nur Nieten zu erzielen.

[✓] Die relative Häufigkeit für einen Hauptgewinn beträgt 0,2.

[f] Bei den nächsten 15 Drehungen wird sicher genau einmal ein Trostpreis erzielt.

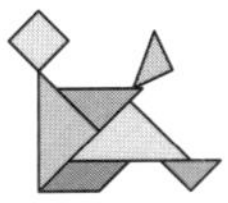

Viele Aufgaben der Wahrscheinlichkeitsrechnung, z. B. mehrstufige Zufallsversuche, lassen sich mithilfe eines Baumdiagramms übersichtlich darstellen und berechnen.

1

Zahl Wappen

Wird eine Münze geworfen, kann das Ergebnis „Zahl“ (Z) oder „Wappen“ (W) auftreten. Beide Ergebnisse sind gleich wahrscheinlich.
Eine Münze wird zweimal geworfen.
Ergänze das Baumdiagramm, trage die Teilwahrscheinlichkeiten ein und berechne die Wahrscheinlichkeiten für alle möglichen Ergebnisse.

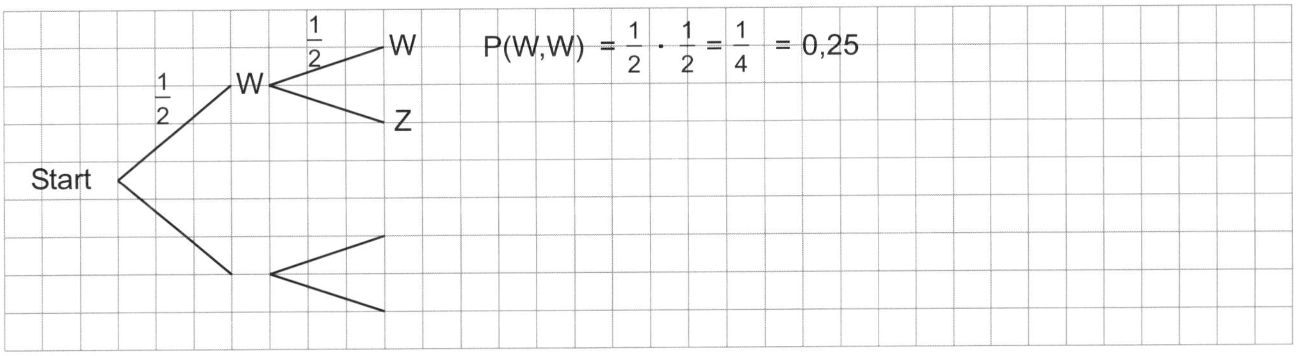

▶ **Produktregel**: Die Wahrscheinlichkeit eines Pfades im Baumdiagramm erhält man, indem man die Wahrscheinlichkeiten entlang eines Pfades multipliziert.

Bestimme die Wahrscheinlichkeit für folgende Ereignisse. (Denke an die Summenregel!)

(A) Genau einmal Zahl: P(A) = P(W,Z) + P(Z,W) = ...

(B) Mindestens einmal Zahl: ....

(C) Höchstens einmal Zahl: ....

2

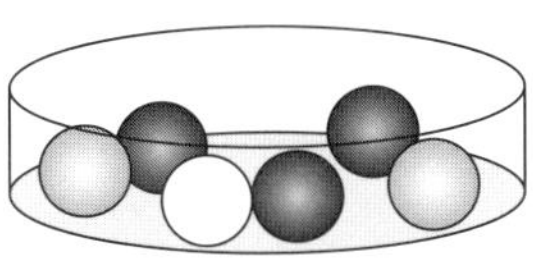

In einem Gefäß liegen drei schwarze, zwei graue und eine weiße Kugel. Mit geschlossenen Augen werden nacheinander (ohne Zurücklegen!) zwei Kugeln gezogen.
Ergänze das Baumdiagramm und trage die Teilwahrscheinlichkeiten ein.

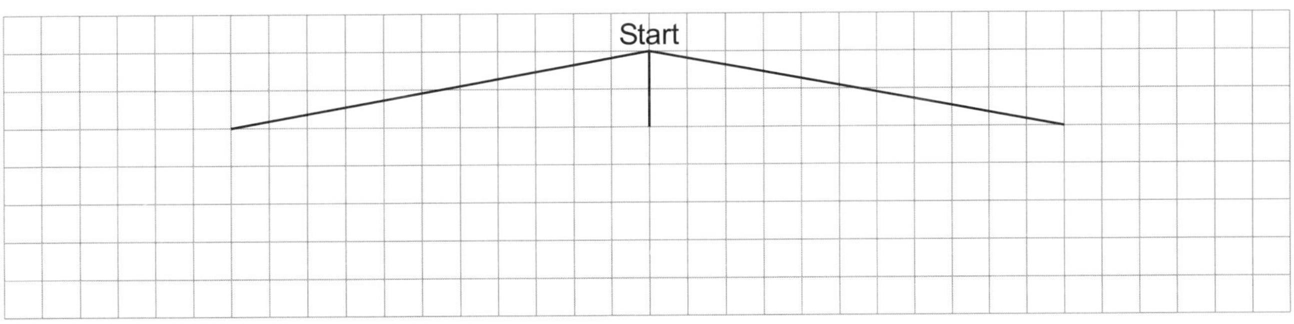

Bestimme die Wahrscheinlichkeit für folgende Ereignisse:

(A) eine graue und eine weiße Kugel: ....

(B) eine weiße und eine schwarze Kugel: ....

(C) mindestens eine schwarze Kugel: ....

(D) keine weiße Kugel: ....

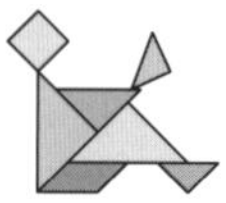

Viele Aufgaben der Wahrscheinlichkeitsrechnung, z. B. mehrstufige Zufallsversuche, lassen sich mithilfe eines Baumdiagramms übersichtlich darstellen und berechnen.

1

Zahl Wappen

Wird eine Münze geworfen, kann das Ergebnis „Zahl" (Z) oder „Wappen" (W) auftreten. Beide Ergebnisse sind gleich wahrscheinlich.
Eine Münze wird zweimal geworfen.
Ergänze das Baumdiagramm, trage die Teilwahrscheinlichkeiten ein und berechne die Wahrscheinlichkeiten für alle möglichen Ergebnisse.

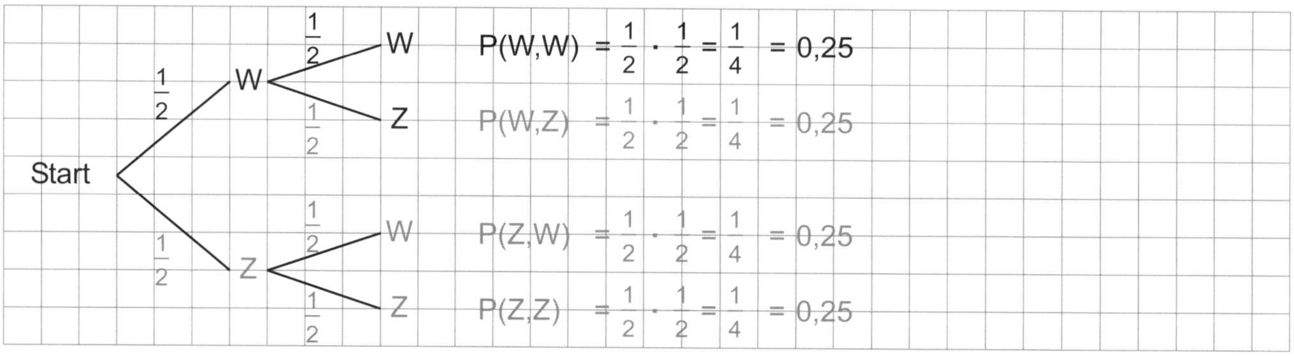

▶ **Produktregel**: Die Wahrscheinlichkeit eines Pfades im Baumdiagramm erhält man, indem man die Wahrscheinlichkeiten entlang eines Pfades multipliziert.

Bestimme die Wahrscheinlichkeit für folgende Ereignisse. (Denke an die Summenregel!)

(A) Genau einmal Zahl: P(A) = P(W,Z) + P(Z,W) = 0,25 + 0,25 = 0,5

(B) Mindestens einmal Zahl: P(B) = P(W,Z) + P(Z,W) + P(Z,Z) = 0,25 + 0,25 + 0,25 = 0,75

(C) Höchstens einmal Zahl: P(B) = P(W,W) + P(W,Z) + P(Z,W) = 0,25 + 0,25 + 0,25 = 0,75

2

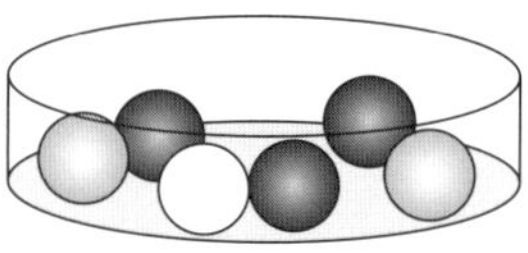

In einem Gefäß liegen drei schwarze, zwei graue und eine weiße Kugel. Mit geschlossenen Augen werden nacheinander (ohne Zurücklegen!) zwei Kugeln gezogen.
Ergänze das Baumdiagramm und trage die Teilwahrscheinlichkeiten ein.

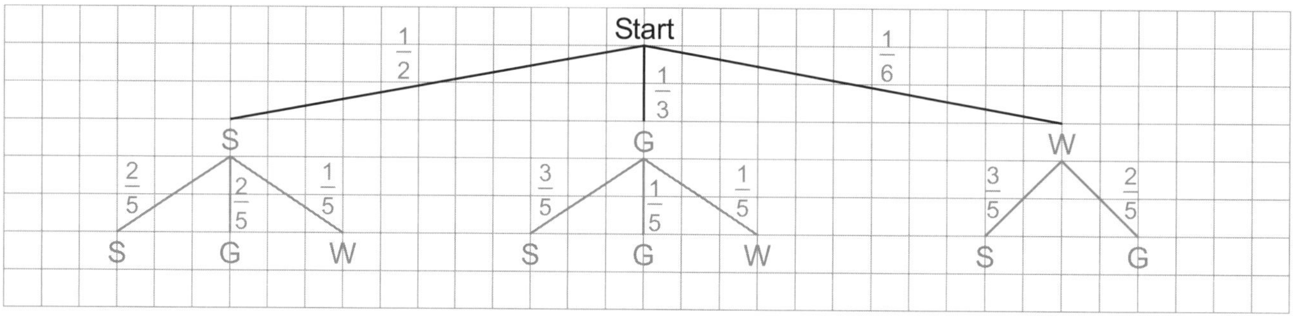

Bestimme die Wahrscheinlichkeit für folgende Ereignisse:

(A) eine graue und eine weiße Kugel:

$P(A) = \frac{1}{3} \cdot \frac{1}{5} = \frac{1}{15} = 0{,}0\overline{6}$

(B) eine weiße und eine schwarze Kugel:

$P(B) = \frac{1}{6} \cdot \frac{3}{5} = \frac{1}{10} = 0{,}1$

(C) mindestens eine schwarze Kugel:

$P(C) = \frac{1}{2} + \frac{1}{3} \cdot \frac{3}{5} + \frac{1}{6} \cdot \frac{3}{5} = \frac{1}{2} + \frac{1}{5} + \frac{1}{10} = \frac{8}{10} = 0{,}8$

(D) keine weiße Kugel:

$P(D) = \frac{1}{2} \cdot \frac{4}{5} + \frac{1}{3} \cdot \frac{4}{5} = \frac{2}{5} + \frac{4}{15} = \frac{10}{15} = \frac{2}{3} = 0{,}\overline{6}$

Ilse Mayer
Mathematik
an Schwerpunkten produktiv üben
Arbeitsblätter
mit ansteigendem Schwierigkeitsgrad
für kompetenzorientierten Unterricht
Kopiervorlagen mit Lösungen
Sekundarstufe 1
5. Klasse

Ilse Mayer
Mathematik
an Schwerpunkten produktiv üben
Arbeitsblätter
mit ansteigendem Schwierigkeitsgrad
für kompetenzorientierten Unterricht
Kopiervorlagen mit Lösungen
Sekundarstufe 1
6. Klasse

Ilse Mayer
Mathematik
an Schwerpunkten produktiv üben
Arbeitsblätter
mit ansteigendem Schwierigkeitsgrad
für kompetenzorientierten Unterricht
Kopiervorlagen mit Lösungen
Sekundarstufe 1
7. Klasse

Ilse Mayer
Mathe
Würfelaufgaben
Motivierende Aufgaben und Spiele
für das eigenverantwortliche Lernen
Kopiervorlagen mit Lösungen
Sekundarstufe 1
ab Klasse 5